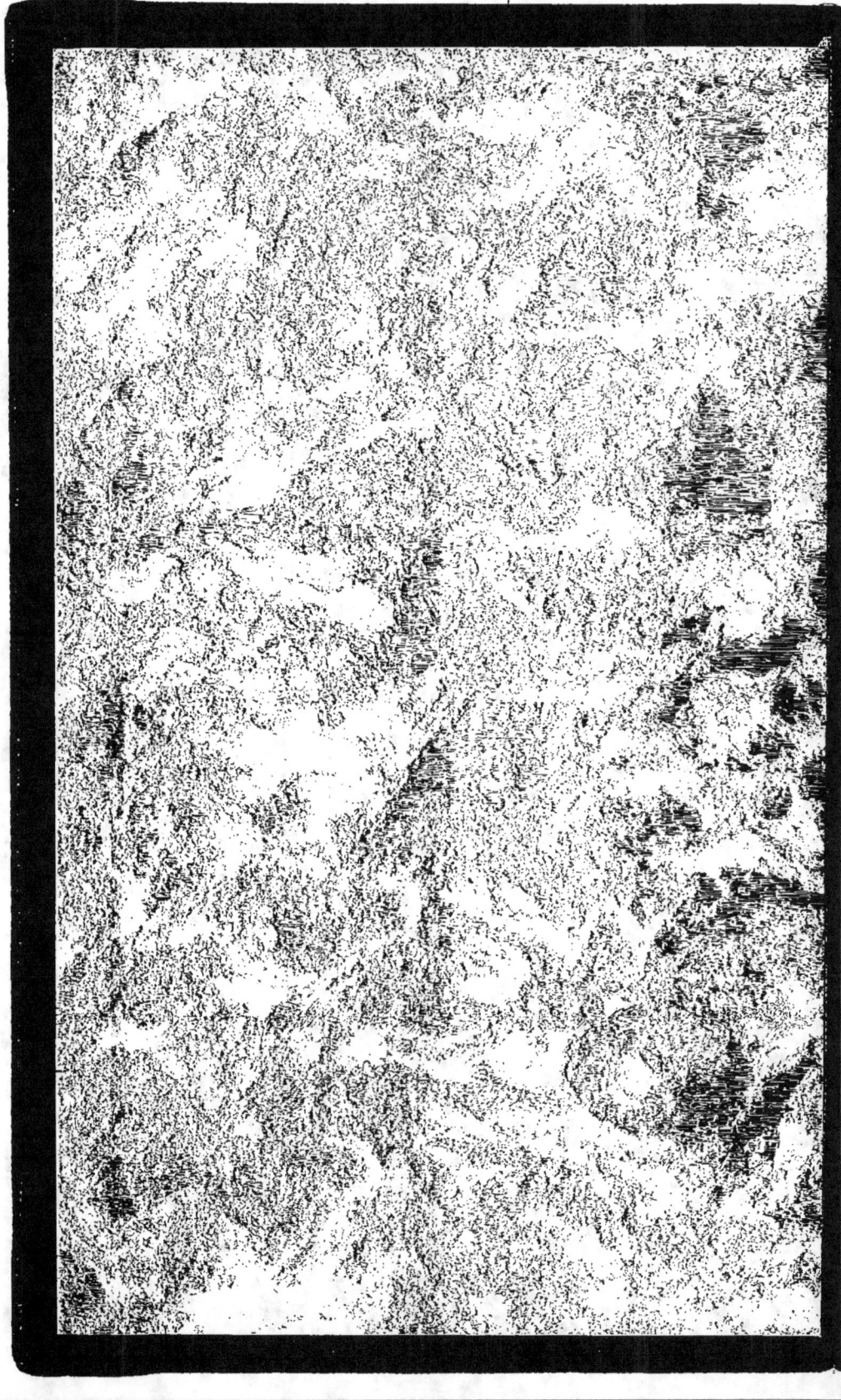

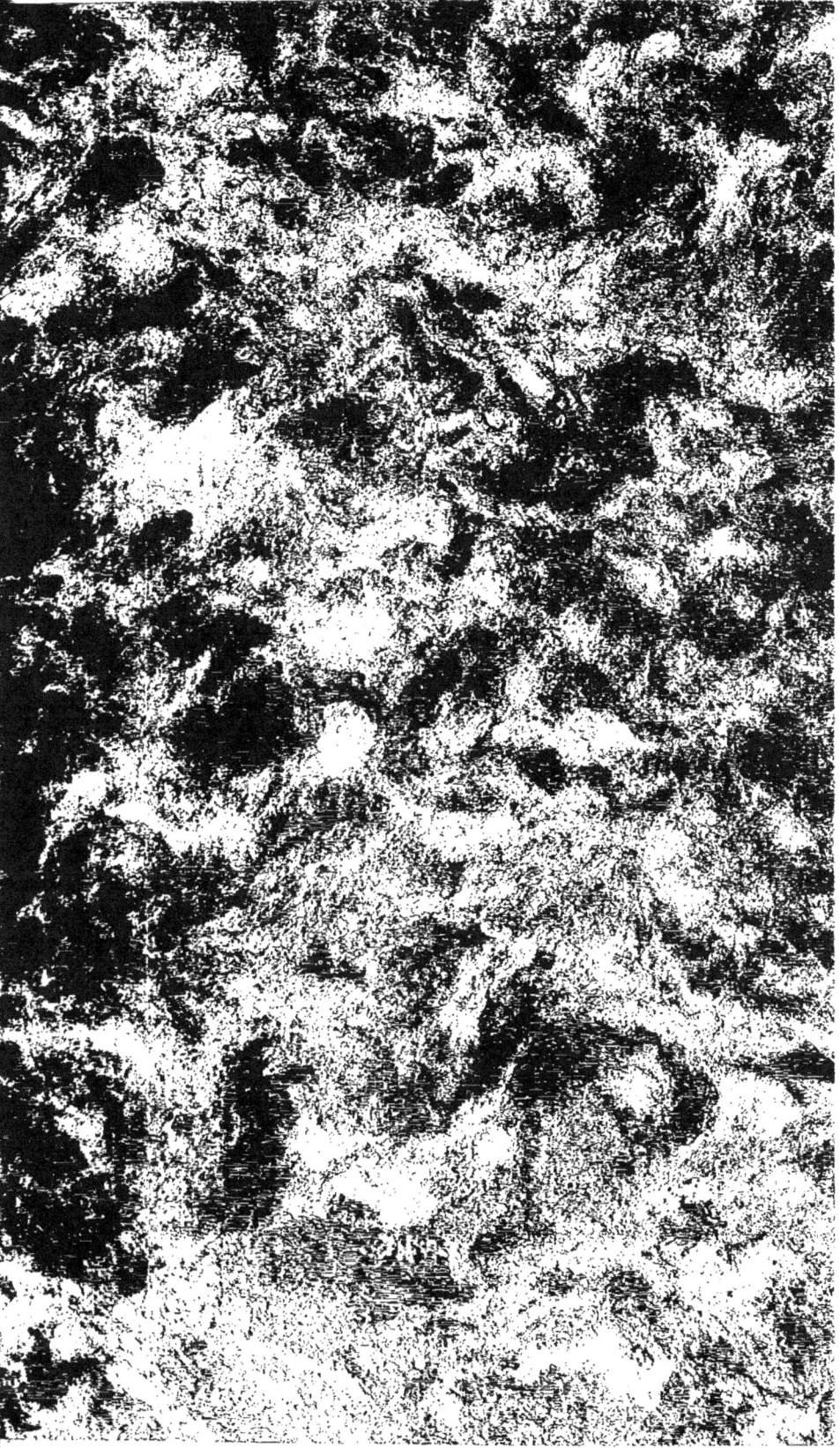

L'ART DE RECONNAÎTRE LES STYLES

LE STYLE

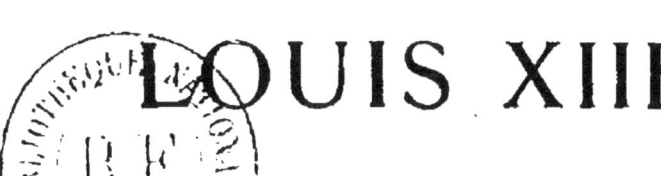

LOUIS XIII

464

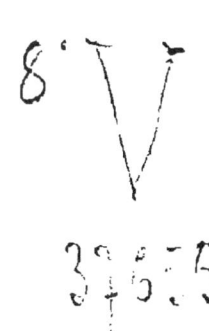

OUVRAGES DE L'AUTEUR, A LA MÊME LIBRAIRIE

————

L'Art du bon goût (Conseils esthétiques relatifs au mobilier, au costume, au geste, etc.).

Les Grands Maîtres de l'Art.

L'Art de reconnaître les Styles (30e mille).

Le Style Empire (17e mille).

Le Style Louis XVI (13e mille).

Les Styles Régence et Louis XV (10e mille).

Le Style Louis XIV (5e mille).

Le Style Renaissance }
Le Style Moderne } *En préparation.*

ÉMILE-BAYARD

INSPECTEUR AU MINISTÈRE DES BEAUX-ARTS

L'ART DE RECONNAÎTRE LES STYLES

LE STYLE
LOUIS XIII

OUVRAGE ORNÉ DE 144 GRAVURES

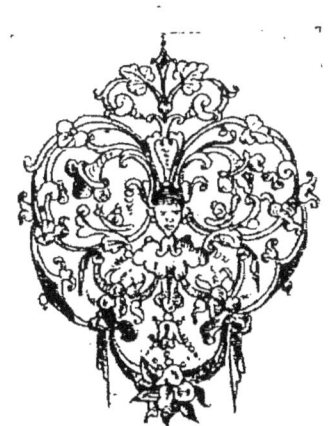

PARIS

LIBRAIRIE GARNIER FRÈRES

6, RUE DES SAINTS-PÈRES, 6

A mon ami

*E. B*AUDOUIN-BUGNET

E.-B.

que Michel-Ange muscle vigoureusement au mépris
du canon des Grecs. Au début du xviiᵉ siècle, Puget

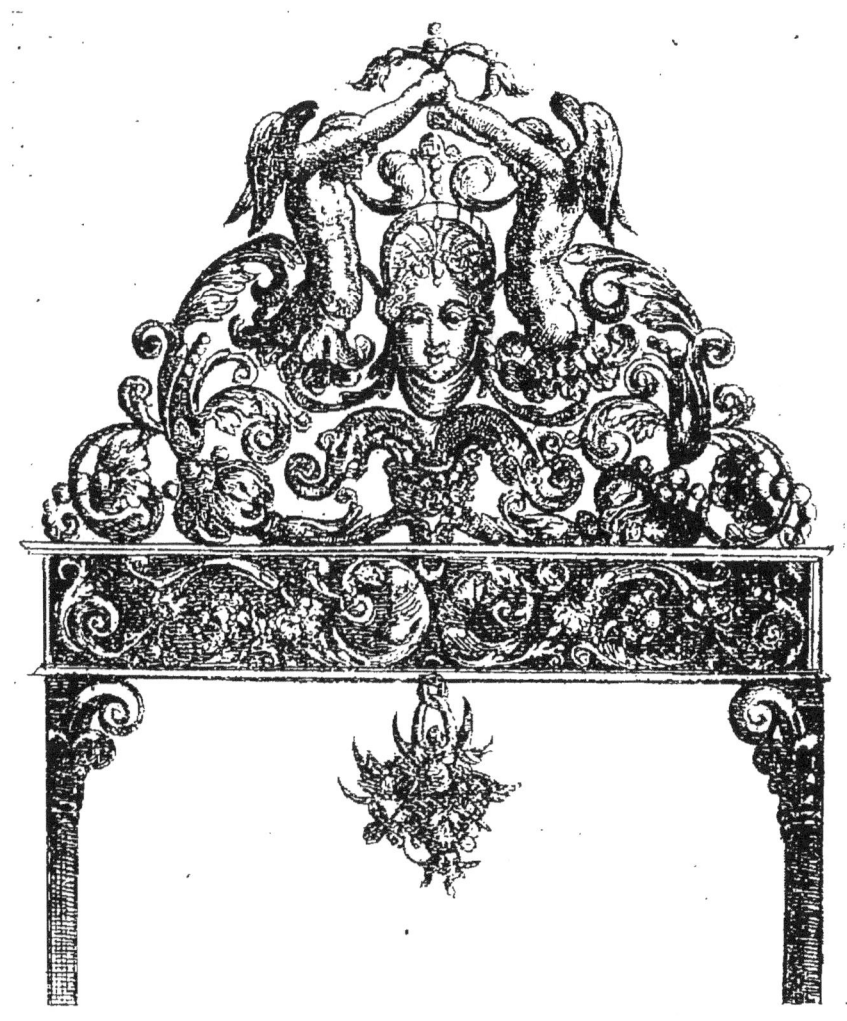

Fig. 3. — *Motif décoratif* (fronton).

poursuit la puissance en immolant plutôt la grâce
chantée par Jean Goujon, tandis que Coysevox, après,
exalte la ligne dans le pittoresque, et que Bouchardon ne retient, au xviiiᵉ siècle, que le charme. Puis

viendront, au début du XIXe siècle, les sculpteurs
régis par David, qui retourneront au type gréco-
romain, sans en saisir le caractère ; alors que, dès le
milieu du même siècle, les Rude, les Dalou, chan-
tèrent simplement la chair palpitante et que nos jours

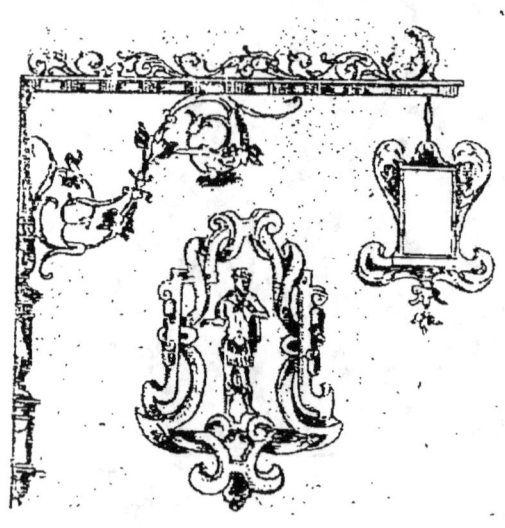

indécis semblent su-
bordonner la plas-
tique à la pensée.

Or, l'époque qui
nous occupe est re-
présentée dans son
opulence massive, is-
sue de l'influence fla-
mande, par la femme
de Rubens. C'est la
femme de Rubens que
nous voyons déambu-
ler parmi ces architec-

FIG. 4. — *Motifs décoratifs.*

tures de Henri IV et de Louis XIII, sans même que son
souvenir s'évanouisse complètement, sous Louis XIV.
Louis XIV, d'ailleurs, a conservé un peu de la lourdeur précédente, mais il lui a communiqué plus de
noblesse, plus de souffle ; il remplaça aussi la tristesse qu'il hérita, par de la majesté ; il fit hautaine-
ment sourire les ors.

Tandis que, dans la peinture — au chapitre du
Louis XIII (*les Styles*) — H. Havard observe judicieu-

sement que « la nudité des Madeleines au désert se charge d'un embonpoint engageant, de carnations potelées, appétissantes », nous voyons, en sculpture, la distinction précédente s'altérer. L'art tout entier devient trapu et engoncé; il est néanmoins original et grandiose, du moins en ce qui concerne particulièrement l'architecture, puisqu'il donnera au roi Soleil les bases sur lesquelles celui-ci édifiera sa grandeur monumentale. D'ail-

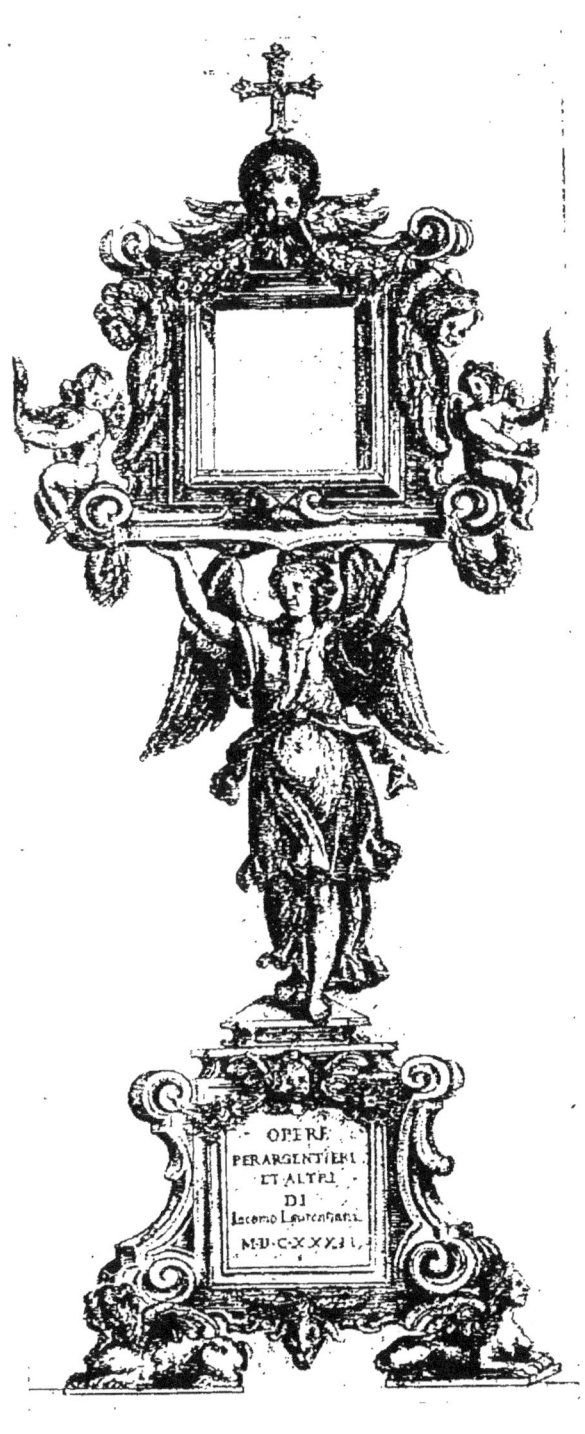

FIG. 5. — *Ostensoir* (dessin).

leurs, aux architectes de Henri IV et de Louis XIII
revient le mérite de cet art français de l'unité duquel
nous ne pouvons encore nous affranchir. Après la délicieuse Renaissance, on s'ingéniera dans la construction — et la construction dicte au meuble ainsi qu'au
costume, ses lois — à s'adapter à l'esprit nouveau.
Au lieu de viser exclusivement, comme auparavant, à
l'agrément privé, le bâtiment s'efforcera désormais à
réaliser une harmonie constructive dont le public,
unanimement, bénéficiera. C'est là le début de nos
agglomérations de maisons, de notre groupement
par quartiers, succédant aux palais isolés, d'une
beauté hautaine et distante.

Dès Henri IV, la royauté se fonde sur des bases
nouvelles et le trône demeure inébranlable, si toutefois les ministères, appelés alors aux affaires, sont
aussi instables que les nôtres. L'idée d'une communion avec le peuple semble germer à cette époque
où le Béarnais institue « la poule au pot » démocratique, et Louis XIII sera surnommé *le Juste*. Toujours est-il que le vulgaire va être dès maintenant
convié par l'architecture à des commodités, à une
fantaisie, que les précédents seigneurs avaient acca-
parées, et il résultera de cette légitime concession,
une façade, une régularité, d'où naîtront nos rues
ordonnées par un style. Ainsi le cœur de la noblesse
commencera-t-il à battre à l'unisson de celui de la

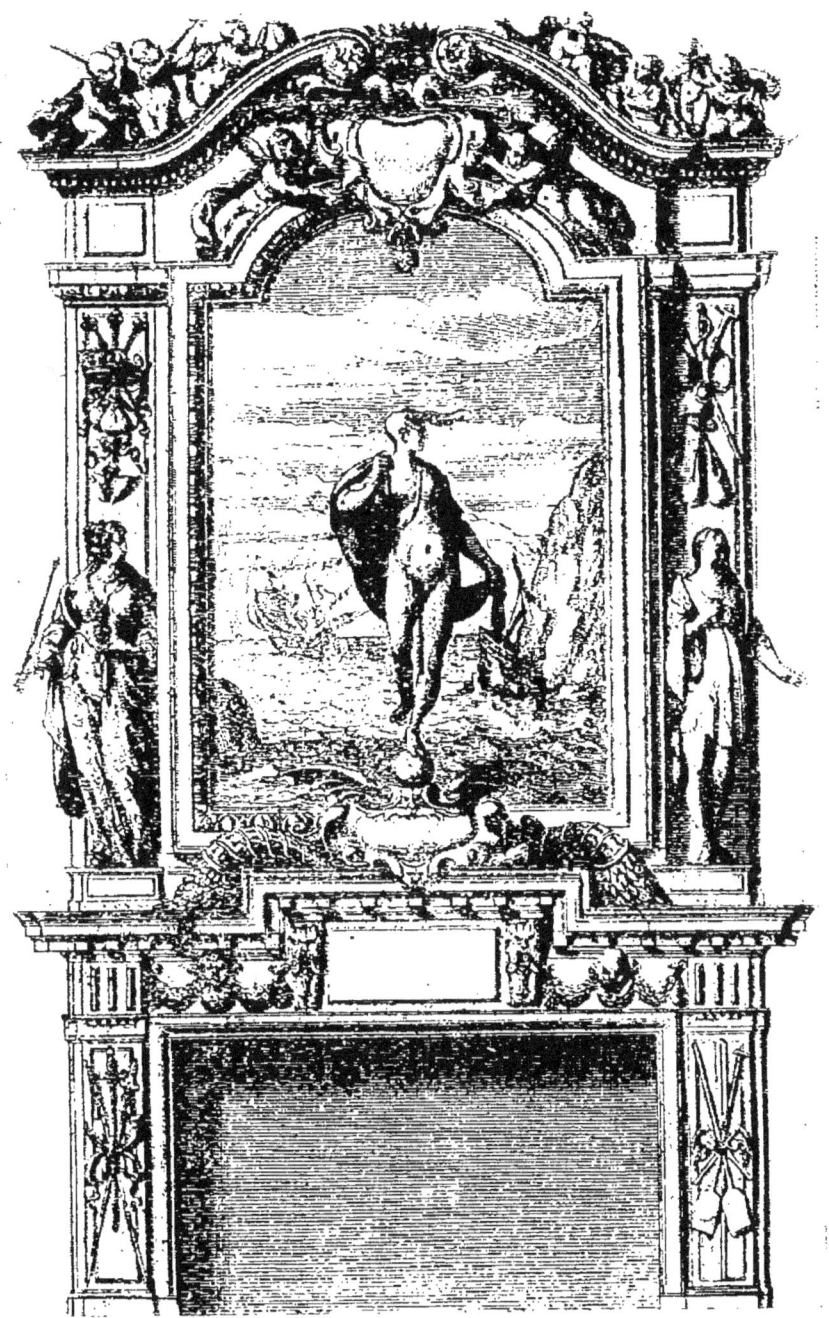

FIG. 6. — *Cheminée* (dessin).

1*

foule, et Henri IV aimera les paysans dont, avec Sully, il flattera la terre pour le plus grand essor de la richesse nationale.

Les villes sont nées de l'idéal mis en commun, des aspirations associées en vue du bien-être général, et un pays ne vaut que par la fortune de ses villes solidaires. C'est ce que Henri IV semble le premier avoir compris, lorsqu'il restaura l'autorité royale après avoir réorganisé la France dévastée par les guerres de religion, depuis Charles IX.

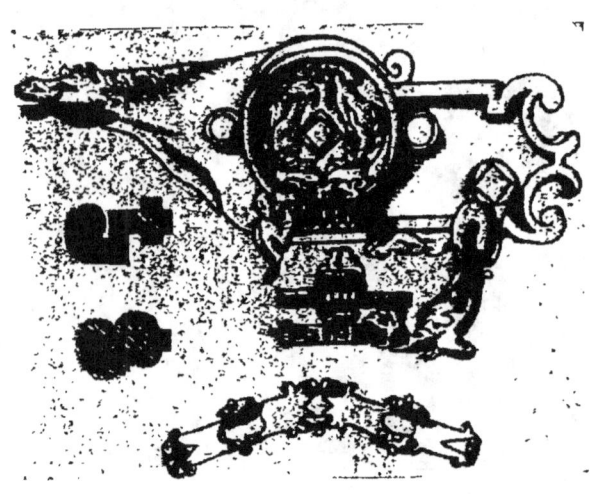

Fig. 7. — *Motifs décoratifs.*

Bref, bâtiments royaux et habitations privées fraternisent maintenant dans l'accord de l'architecture, et l'art tout entier va commencer à s'unir en condescendant à l'agrément de tous.

Mais répétons-le, l'originalité constructive, en rupture de Renaissance, va tomber fatalement dans l'exagération de sa réaction, et c'en est fait des légèretés, des découpures et des fragilités précédentes. On prend tout, même, à contre-pied, et cela se conçoit, si tant est que la personnalité ne se dégage qu'à travers des

A la fin du xvi⁰ siècle
et au commencement
du xvii⁰, le centre glo-
rieux des arts s'est effectivement transporté en
Flandre, où rayonne
principalement Ru-
bens, et en Hollande,
où Rembrandt règne.
Sans compter que Ve-
lasquez est le maître
incontesté de l'école
espagnole si florissante
également, à cette
heure.

Jamais l'étranger n'a
tant brillé dans les arts,
et, seule, l'Angleterre
attend le xviii⁰ siècle
pour se distinguer. Or,
si l'Italie conserve in-
discutablement la tra-
dition où nos artistes
fortifieront leur génie,
il n'en est pas moins
vrai que le geste étoffé
de Rubens et de son

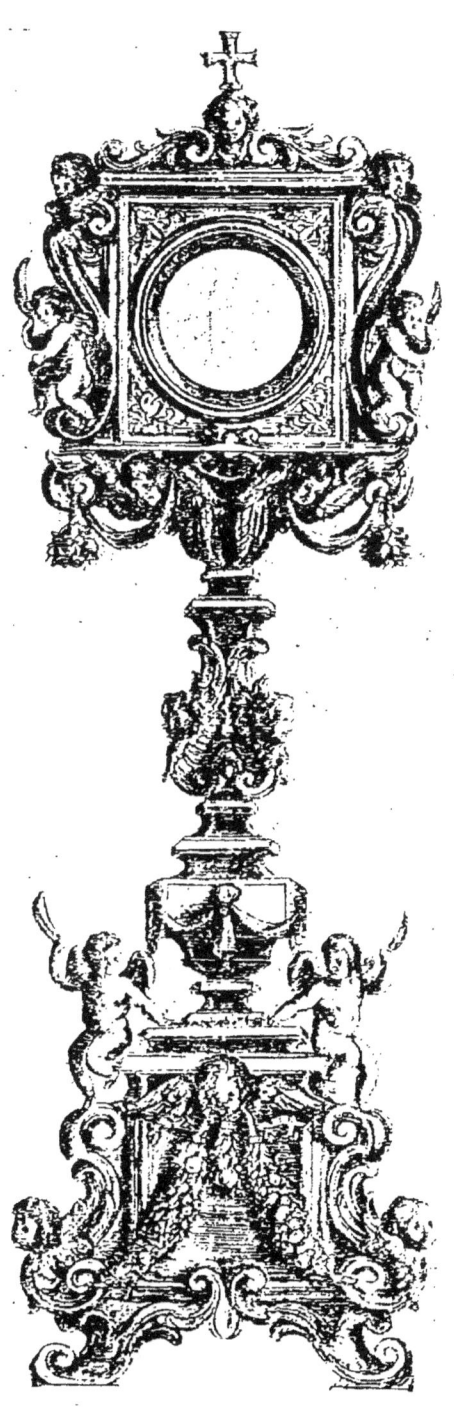

Fig. 9. — *Ostensoir* (dessin).

école a produit sur notre art décoratif une étonnante impression. A l'heure où l'Italie succombait au maniérisme avec des peintres comme l'Albane, l'expression sincère et vivante inaugurée en Flandre et en Hollande, voire en Espagne, fut un avertissement pour des grands artistes comme Poussin et Le Sueur qui réagirent contre la manière affectée d'un Simon Vouet, par exemple. Cependant, tandis que l'idéal antique masquait à la vision douce du Poussin, de Le Sueur et de Claude Gelée, la vérité poignante d'un Rembrandt, d'un Velasquez, Rubens seul, parmi les réalistes — il est vrai que le réalisme de Rubens est d'une fantaisie extraordinaire — devait exercer plutôt une action directe sur l'art français du xviie siècle. Voyez Le Brun empruntant au maître flamand son ampleur et sa richesse ornementale, voyez Puget prenant tantôt à Michel-Ange, tantôt à Rubens, l'emphase de ses reliefs. Mais ces deux génies français appartiennent en propre au siècle de Louis XIV dont ils reflètent l'enthousiasme grandiloquent et, pour l'instant, il ne faut retenir de l'influence flamande, hollandaise et espagnole, qu'une ambiance de lourdeur, et peut-être de liberté contenue, propice à la sévérité du jour.

L'ordre et la règle commandent aux arts dans tout le xviie siècle et, plus que jamais, la tradition, au moins apparemment, guide le génie aux heures de gravité que nous examinons, au seuil du grand siècle.

D'ailleurs, des désordres de tout genre ont marqué
l'avènement au trône de Louis XIII ; l'autorité royale

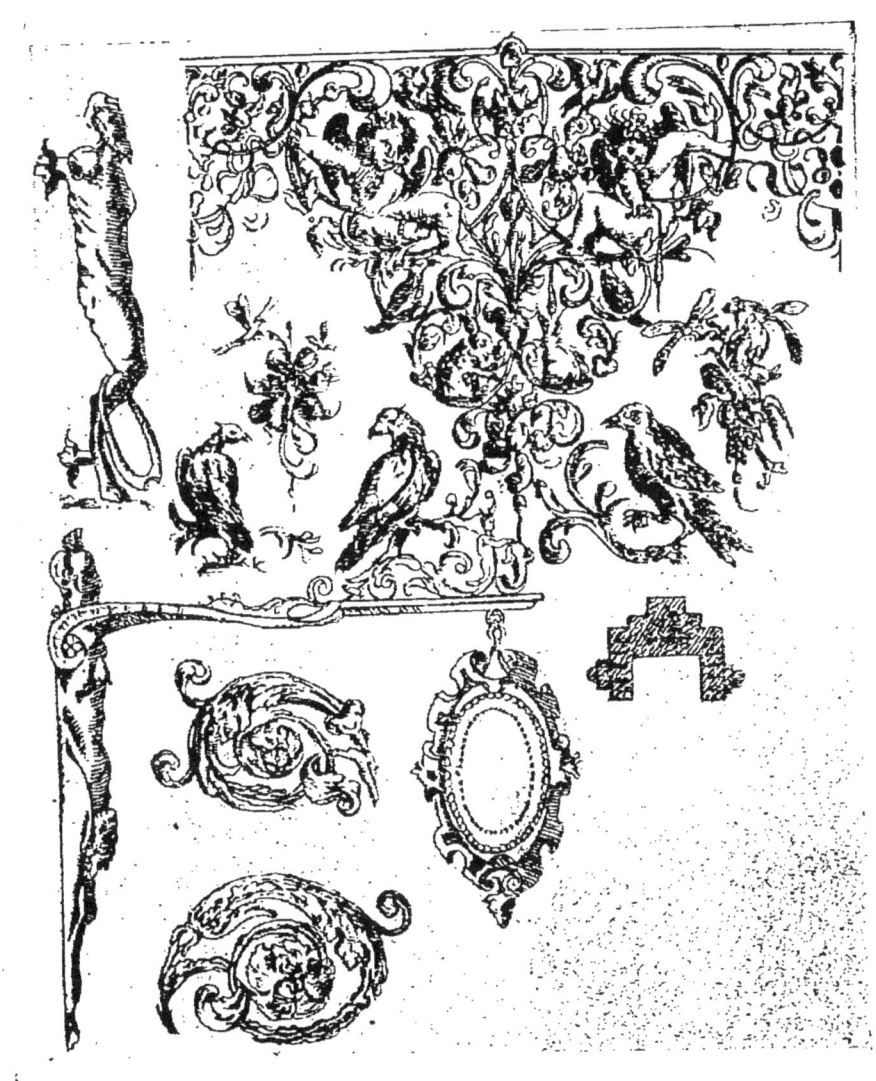

FIG. 10. — *Motifs décoratifs.*

restaurée par Henri IV est violemment battue en
brèche par les princes et les nobles; il n'en faut pas
davantage pour que le monarque se départe du
despotisme et de l'exclusivisme précédents.

On renoncera donc à la beauté riante de la Renaissance sous l'empire des mœurs déshonorantes : basses intrigues, habitudes des assassinats et des duels. Déjà, dans les dernières années du règne de Henri IV, la marquise de Rambouillet avait quitté la cour, froissée de sa grossièreté, grossièreté dans laquelle Louis XIII se serait fâcheusement distingué. On sait la simplicité de Henri IV et celle de la reine Marie de Médicis, recevant « sans façon » au Louvre ; bref, ce relâchement des mœurs, frappant pendant la dernière moitié du xvie siècle, que Louis XIV devait réprimer, par contre-coup, dans l'art, avec tant de grandeur et de solennité, influa singulièrement sur le style de Louis XIII, d'une austérité et d'une sobriété répressives, caractéristiques.

« Il faudrait singulièrement méconnaître les rapports intimes qui unissent les arts et les mœurs, écrit H. Havard (*les Styles*), pour supposer que cette stabilité si laborieusement acquise, cet équilibre mieux pondéré, cette régularité dans les institutions, n'eurent pas leur retentissement dans les productions de l'esprit. Conséquence facile à prévoir, l'élégance dégagée et plutôt fragile des époques précédentes disparaît promptement de l'architecture. »

Or, l'équilibre mieux pondéré et cette régularité dans les institutions (qui n'eurent pas d'ailleurs uniquement leur répercussion dans l'architecture) auxquels

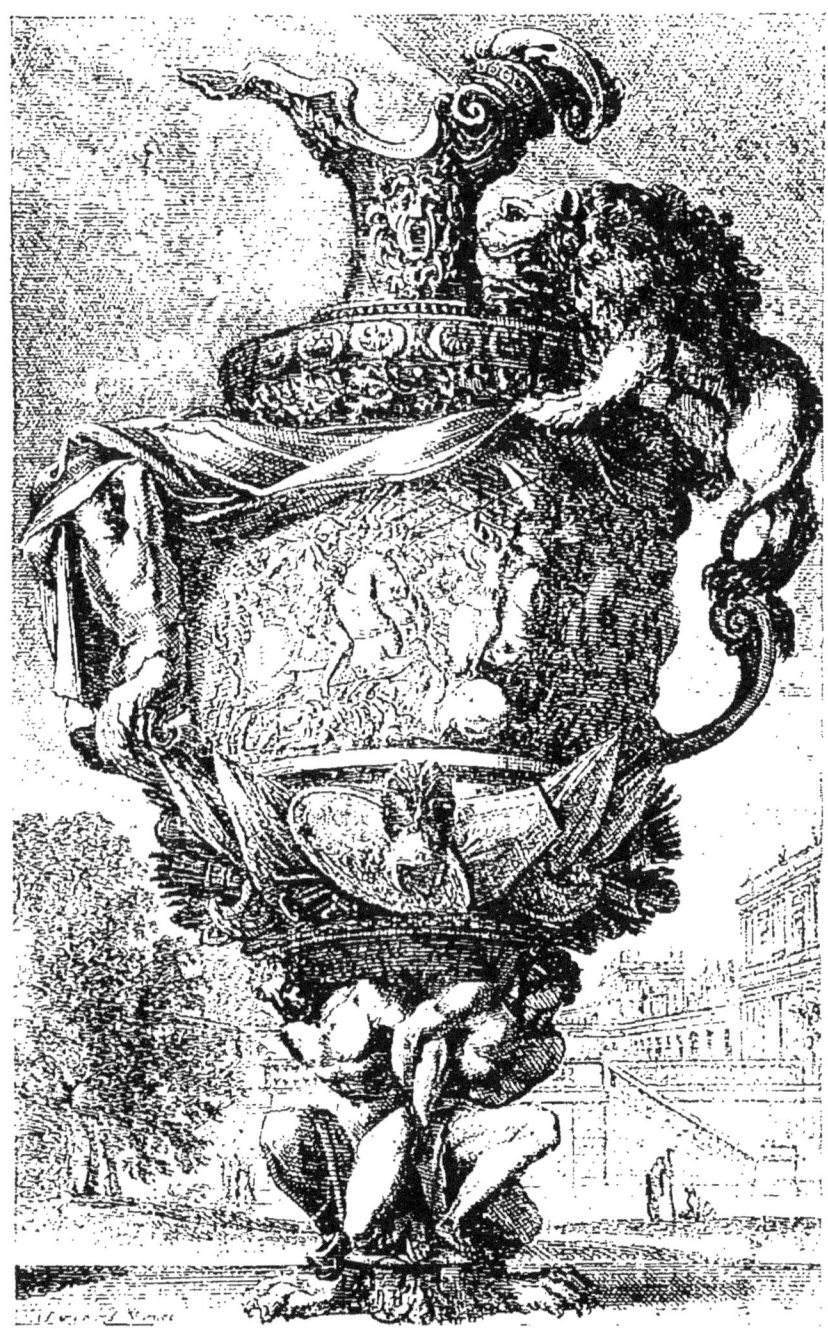

Fig. 11. — *Composition pour un vase* (xviie siècle).

l'auteur fait ici allusion, sont l'œuvre de Richelieu, premier ministre de Louis XIII, roi sans couronne, de Richelieu ambitieux de toutes les gloires, protecteur des lettres et des beaux-arts.

Si toutefois l'ambition de Richelieu pouvait être opposée à l'orgueil tyrannique de Louis XIV, on donnerait au cardinal l'avantage, étant donné que l'Éminence rouge traça la voie brillante du second. Effectivement, c'est de Louis XIII, et même de Henri IV, que date, répétons-le, l'unité artistique des villes, la fin de l'égoïsme de la Beauté, privilège exclusif, auparavant, d'une catégorie de seigneurs. En devenant ainsi plus pratique, l'architecture créa les hôtels, et l'art qui présida à leur aménagement, ouvrit à l'émulation esthétique un concours favorable. On s'ingénia, dès lors, à une personnalité de l'art, au luxe d'un « chez soi » adapté au goût individuel; on commença, en un mot, à organiser l'état social.

Déjà Henri IV avait régénéré les industries périclitantes, la draperie, la tapisserie, et si Sully, économiquement, démocratiquement, presque, s'efforça de réagir contre la vogue rétablie des soieries et des velours, dont il croyait la fabrication susceptible d'arracher les paysans aux champs, le Béarnais plaça singulièrement à la tête du contrôle général du commerce son ancien valet de chambre.

Mais, après Henri IV, les industries de luxe dispa-

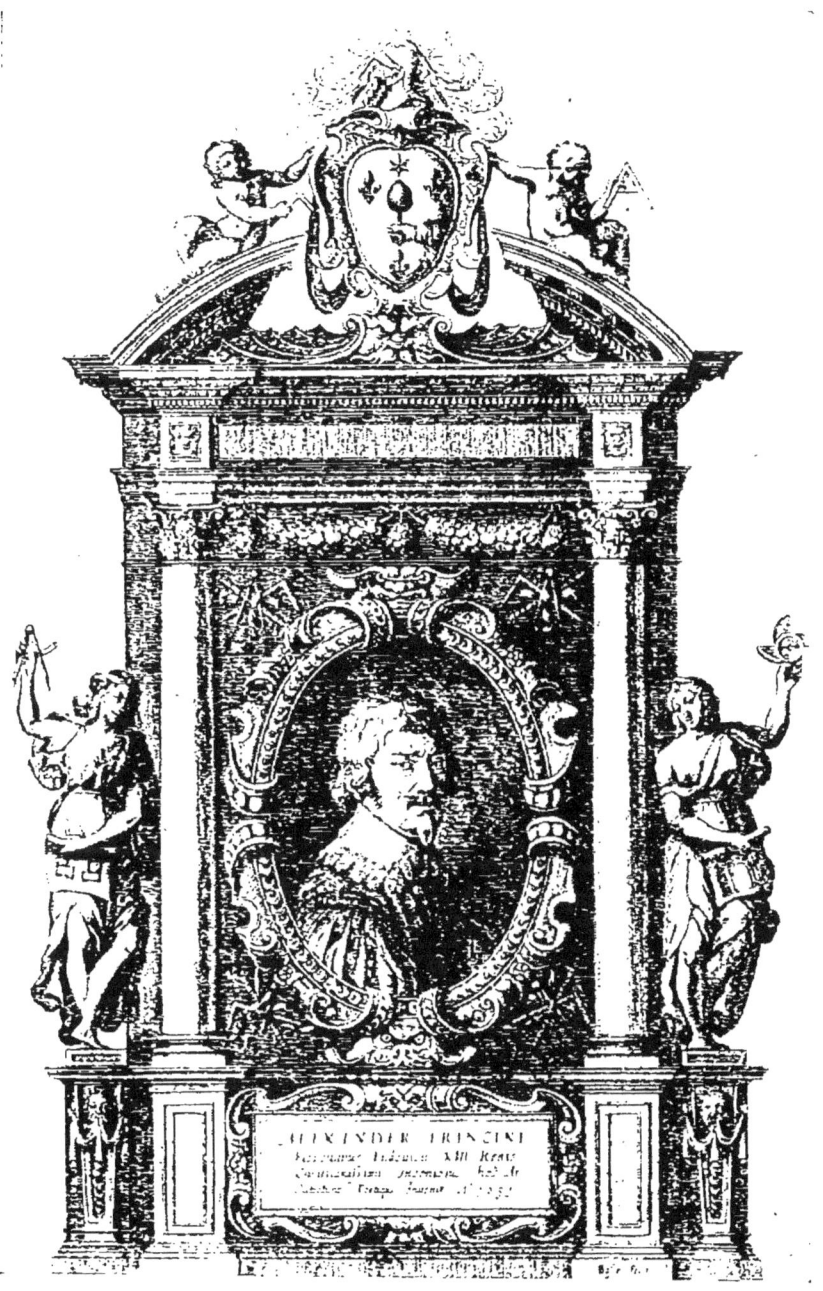

Fig. 12. — *Frontispice*, par Alexandre Francini.

rurent, du moins en partie, et c'est Louis XIII, que dis-je, Richelieu, qui leur donna un nouvel essor. Pour conclure, il faut rendre hommage d'abord, au nom de l'art, notre seul souci présent, à Henri IV qui rêva de la paix universelle; puis à Louis XIII, son fils, dont le ministre de génie, Richelieu, continua pour ainsi dire le relèvement de la France.

Une constatation reste à faire qui expliquera, à côté de l'influence flamande subie par les arts, celle non moins impérieuse de l'Espagne. N'oublions pas le mariage de Louis XIII avec Anne d'Autriche, fille aînée du roi d'Espagne, Philippe III. Anne d'Autriche qui, au dire de Mme de Motteville, « ne prenait plaisir qu'à ce qui lui rappelait l'Espagne », impressionna certainement, de ses préférences nationales, la parure, le vêtement et l'ameublement, et surtout, ainsi que nous le verrons plus tard, l'orfèvrerie de son temps.

Quant à l'influence de la Flandre, ne peut-on pas la supposer issue, en France, du spectacle de son bien-être? Rappelons-nous la quiétude et la joie dans laquelle s'énoncèrent les maîtres flamands sous les archiducs Albert et Isabelle, en 1598, dès la reconnaissance des Pays-Bas en gouvernement particulier !

Il est permis dès lors, d'envisager l'idéal français se reposant à l'ombre des conceptions paisibles, profitant d'autrui sans abdiquer pourtant sa pensée

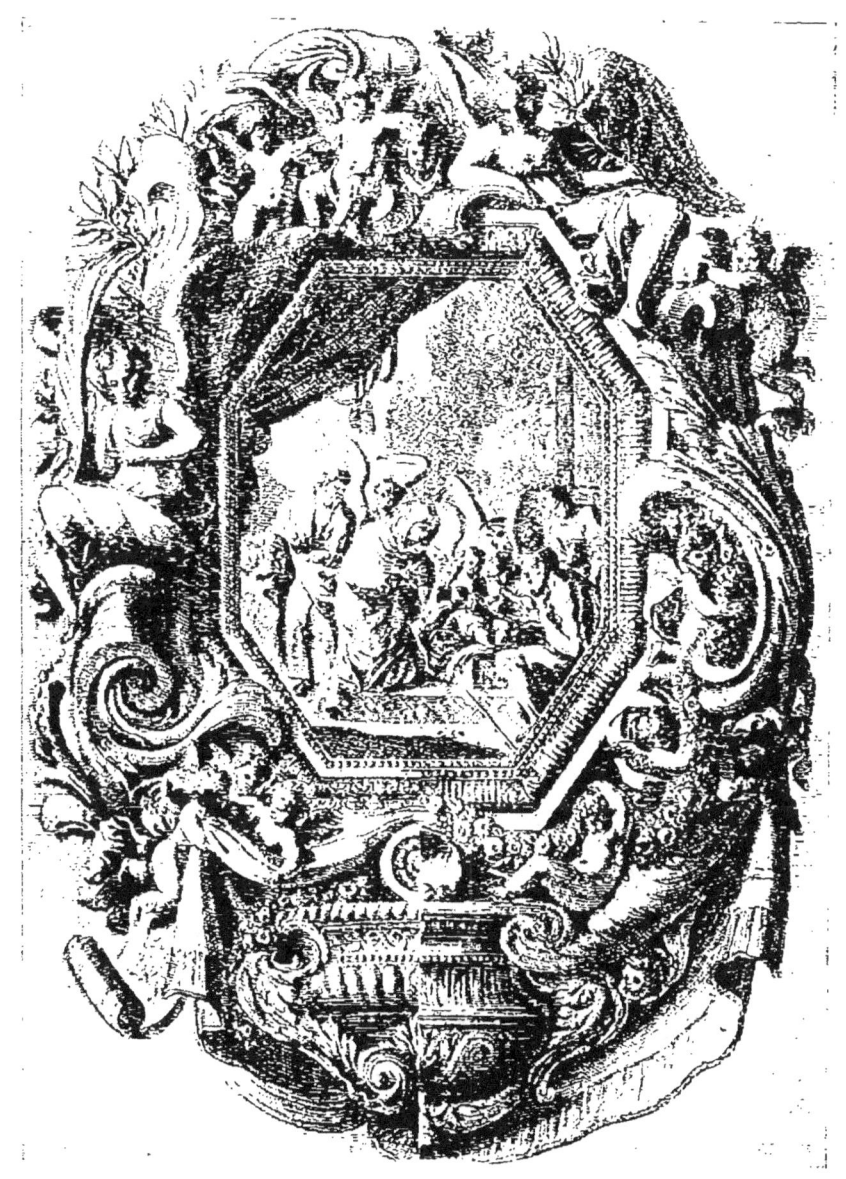

Fig. 13. — *Encadrements* (xviiᵉ siècle) [dessin].

propre, mais perfectionnant son éducation italienne,

au contact de beautés sinon plus émancipées, du moins plus imprévues.

Après l'éloquence des Italiens, la profondeur d'un Rembrandt ne pouvait laisser l'art français indifférent, et, de même, malgré le modèle grec hallucinant, la simplicité vraie des petits maîtres flamands ne pouvait point ne pas trouver écho dans notre esprit national.

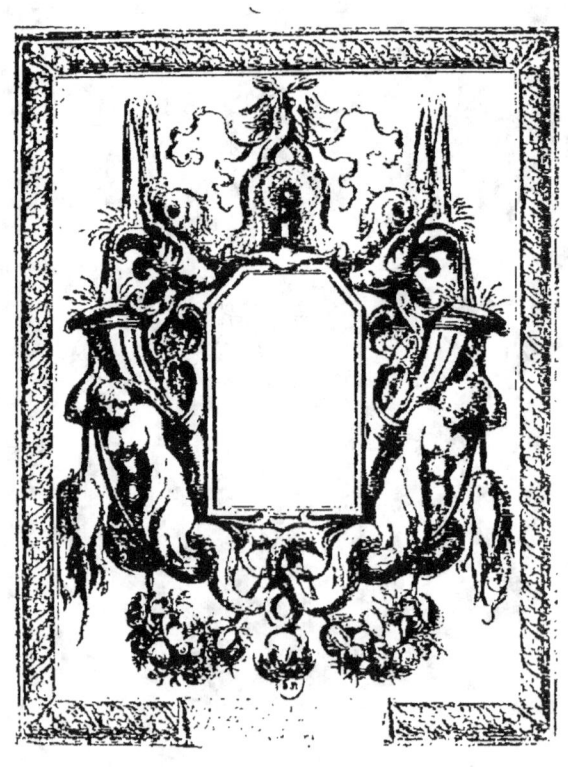

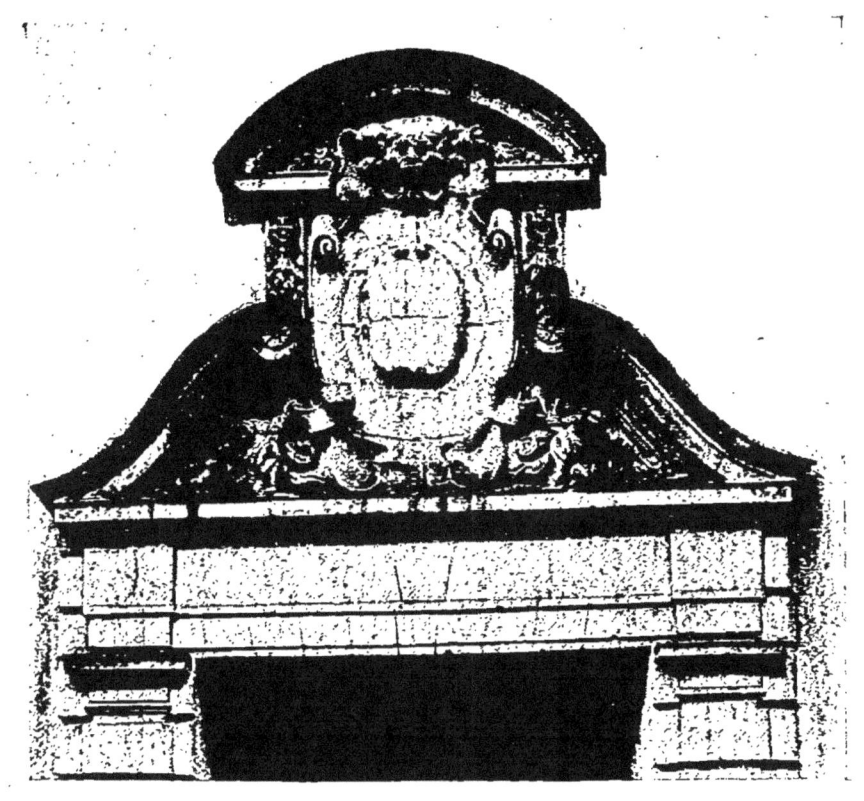

Fig. 15. — *Fronton* (château de Selles-sur-Cher).

CHAPITRE II

L'Art et la Cour

L'exemple de l'art part toujours de la cour qui centralise la beauté, l'encourage et la régit. C'est à la cour, également, que se reflètent l'âme et les mœurs d'un peuple, à ces époques où la nation n'était représentée que par le rang et la fortune. Nous avons vu, cependant, Henri IV améliorer le sort du paysan ;

mais cette attention ne s'adresse guère qu'à l'Agriculture qui domine l'homme, dans la pensée du bon roi, intéressé avant tout, comme son ministre Sully, à la nourriture de l'État : « Pâturage et labourage, etc. » D'autre part, en restaurant les industries françaises, le Béarnais songea plutôt à la sauvegarde des intérêts économiques de notre production nationale, qu'à l'ouvrier. Néanmoins, nous vîmes l'architecture, dès Henri IV, profiter d'une sorte de démocratisation au bénéfice artistique des villes et, comme l'architecture est solidaire du meuble, nous assisterons maintenant, au début du bien-être public à l'hôtel, sinon encore à la maison.

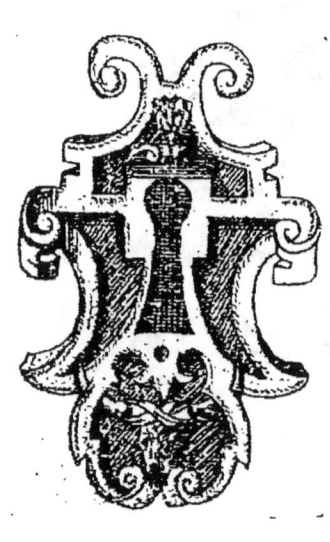

Fig. 16.
Entrée de serrure.

Le mobilier a quitté le palais exclusif ; le style aussi, est sorti du musée ; le mobilier ne sera plus désormais, rigoureusement d'apparat. Si Henri IV prépara l'œuvre de son fils, il orienta sans doute encore ce style Louis XIII, plutôt fort que gracieux, qui se place entre la Renaissance et le règne de Louis XIV. Cependant, le passage de la victime de Ravaillac n'a guère laissé de traces d'art palpables — de cet art qui fut d'un goût peut-être plus septentrional que le suivant — et d'au-

cuns ne séparent guère le style de Louis le Juste de
celui du roi Soleil, dans la manifestation générale du
XVIIe siècle. Est-ce à dire que le style Louis XIII n'est
point personnel? Que non pas, il fournit, au contraire,
à l'éclatant style qui suivra, les bases de son originalité même. Sa pesante franchise est évidente comme

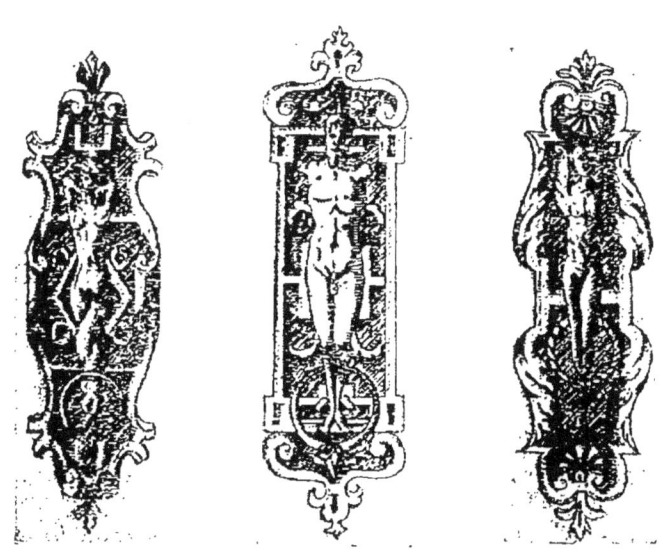

Fig. 17. — *Motifs décoratifs.*

sa carrure moins dégagée, moins noble, que celle de
Louis XIV ; quelque incivilité, quelque rudesse
choquent encore, non sans intérêt, dans ce style
Louis XIII que le grand Roi devait éduquer. Ces caractéristiques et tant d'autres que nous détaillerons, dis-
joignent nettement deux expressions nées de mœurs
opposées, successives seulement. C'est l'instant de
comparer la cour de Louis XIII à celle de Louis XIV.

Quelle différence entre les deux esprits, toute la
nuance de la délicatesse! Nous avons vu, sous
Henri IV, la marquise de Rambouillet inaugurer la
politesse française qui atteindra à son délicieux pa-
roxysme au xviiie siècle, et la grande dame que le
bon ton de la cour de Louis XIV eût charmée,
aurait fui, nous le savons, devant l'incorrection de
Louis XIII.

Avant d'analyser le caractère de Louis XIII, deux
mots de celui de la régente, Marie de Médicis. La
veuve de Henri IV était, dit-on, d'intelligence bor-
née et de caractère faible; quant à Louis XIII, son
rôle reste effacé à côté de Richelieu, malgré qu'il ait
été d'esprit ouvert, laborieux et brave. On le représente cependant triste, renfermé, rancuneux et mé-
fiant, à la suite du chagrin qu'il éprouva de la mort
tragique de son père et aussi de l'insouciance de sa
mère.

Douloureusement mélancolique, Louis XIII semble
porter un deuil éternel dans son costume de velours
noir. Résistant à la grâce féminine, le fils du Vert-
Galant coule chastement ses jours mornes entre la
robe couleur de sang de son premier ministre et la
lumineuse beauté d'Anne d'Autriche à laquelle il
demeure insensible. Un art désinvolte et riant ne
saurait germer dans cette atmosphère d'où le charme
est banni, malgré qu'il passe dans cette ombre, où

s'enfonce la triste figure du roi, les Ninon de Lenclos, les Marion Delorme, les duchesse de Chevreuse, aux rayonnants visages.

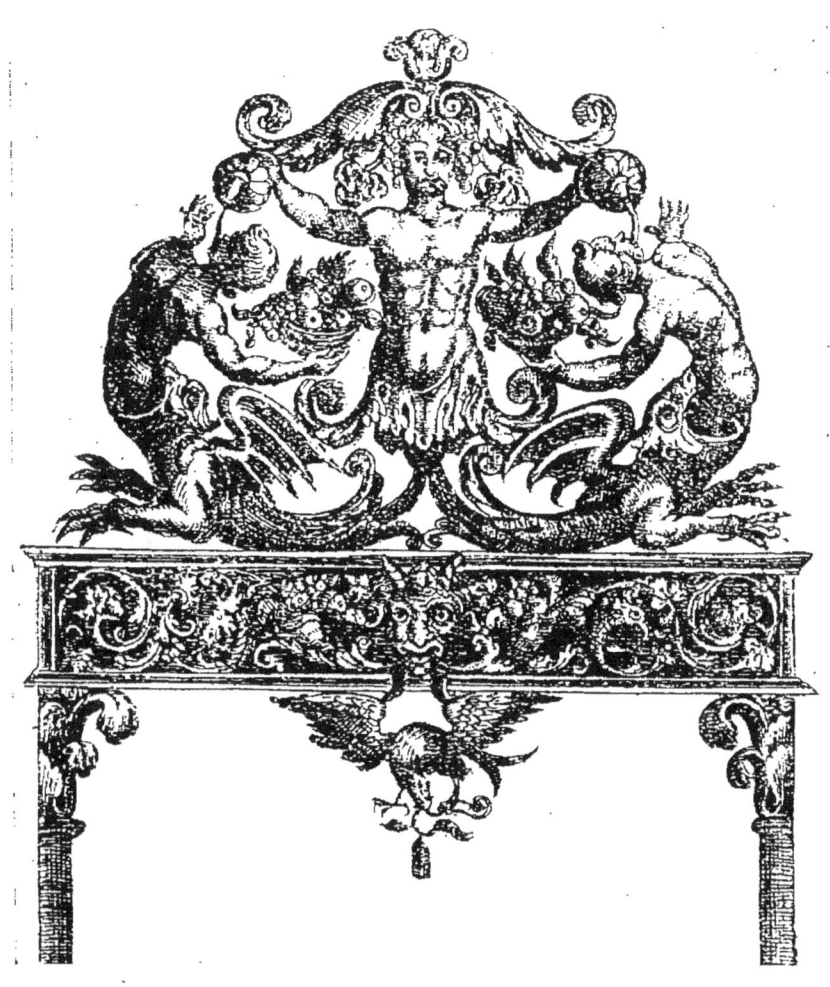

Fig. 18. — *Motif décoratif* (fronton).

Mais voici qui est plus grave, l'incivilité royale, sa grossièreté! Glissons même sur cette tare, car certains récits qu'on en fait répugnent à notre plume. Il est vrai que quelques historiens détruisent cette

« légende » et rendent au contraire hommage à la
distinction du monarque, artiste même à ses heures.
Simon Vouet, effectivement, enseigna la peinture
à Louis XIII, auteur de deux portraits au crayon
de couleurs, conservés, l'un à Chantilly, l'autre
au musée de Nancy (portrait du peintre lorrain De-
ruet). D'autre part, un nom-
mé Guédron passe pour avoir

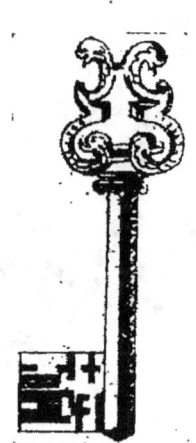 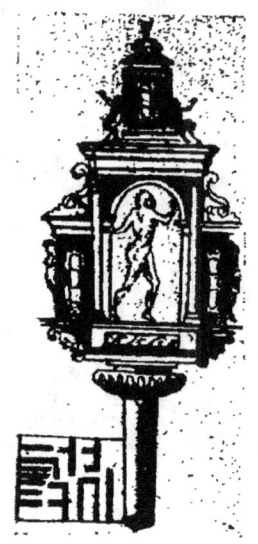

FIG. 19. — *Clés.*

donné des leçons de musique à Sa Majesté, qui aurait
fait œuvre de compositeur agréable, tout comme
son père.

Au surplus, un auteur ancien, après avoir constaté
que Louis XIII fut un des rois qui s'ennuyèrent le
plus : « du matin jusqu'au soir il bâillait », poursuit
ainsi : « ... Dans son désœuvrement, il n'est chose à
laquelle il n'ait occupé ses mains. Tantôt il jouait du

violon, tantôt il fabriquait des étuis de cuir ou des

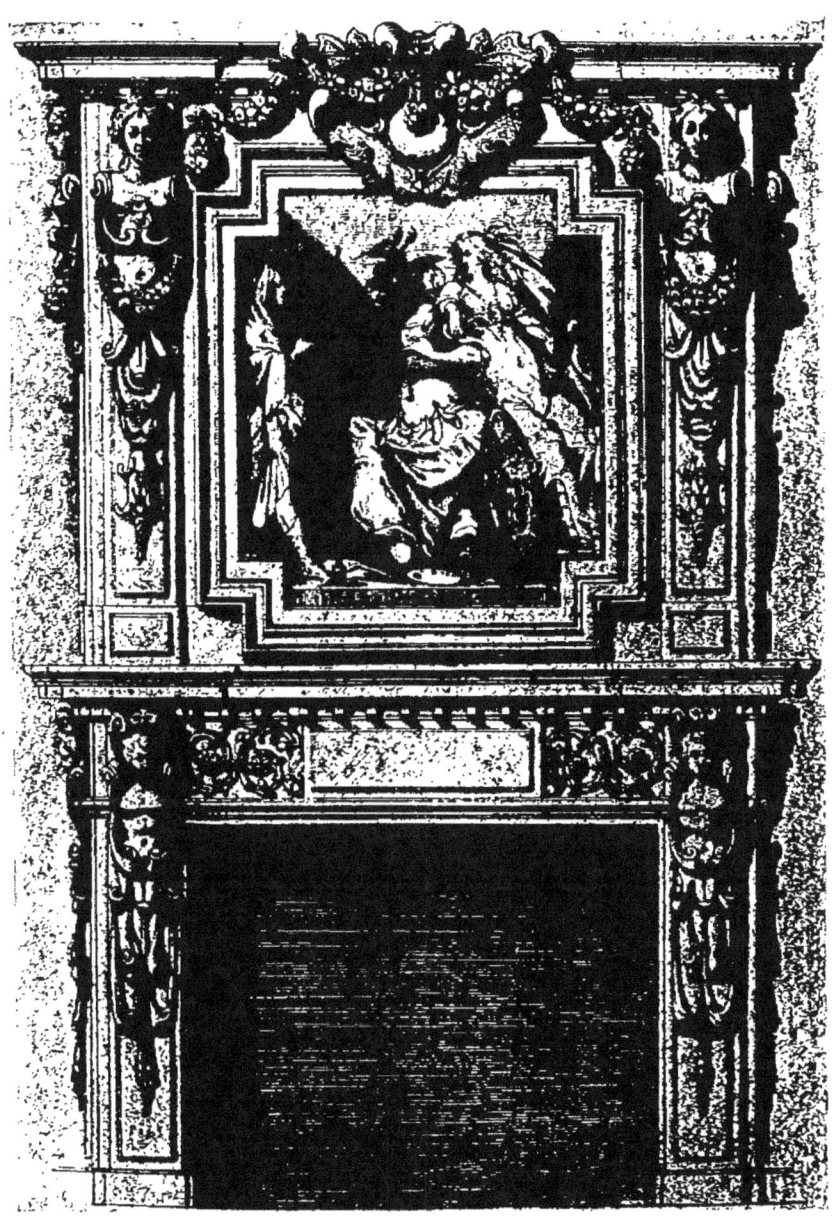

FIG. 20. — *Cheminée* (dessin).

filets pour la chasse ; il savait aussi faire des confi-
tures et larder même des fricandeaux. »

2*

Mais n'insistons pas davantage sur les dons artistiques, manuels, inhérents ou concédés au fils de
Henri IV, dons fatalement comprimés sous une couronne sanglante et nés, sans idéal, dans l'inaction
morne. Pour clore, d'ailleurs, de manière plaisante, le
chapitre des passe-temps de notre personnage, nous
lisons encore qu' « il avait la main légère pour raser »,
et nous trouvons la preuve de ce nouveau talent dans
certaine coupe de barbe *à la royale*, dont nous reparlerons, innovée par Sa Majesté au bas du menton de
tous ses officiers.

Que vaut, au reste, la pratique de tant de facultés,
fussent-elles artistiques, à côté de l'amateurisme superbe d'un Louis XIV encourageant tous les arts dans
la joie ? Et puis, lorsque l'on oppose, malgré soi, en
dépit de la controverse, un roi Soleil saluant jusqu'à
une laveuse de vaisselle, à un Louis XIII souillant, en
manière de plaisanterie, à la fin d'un repas, le corsage
d'une dame, on sent toute la délicatesse qui sépare
les deux cours. Ici le désordre des mœurs, là la discipline des mœurs. Ici l'ombre et l'inquiétude, là la
pleine lumière et la sérénité. Ici l'art robuste, mais
comme apeuré, ployant sous le faix d'un lourd héritage de beauté, art où l'atavisme huguenot pèse encore,
esthétiquement symbolisé par un fronton bas, de toute
une austérité répressive ; là, l'audace altière de la
coupole !

C'est le modeste château de Versailles, le simple pavillon de chasse servant de palais au fils de Henri IV,
comparé au fastueux palais que Louis XIV devait
habiter dans ce même Versailles dont il avait fait le
siège de la cour.

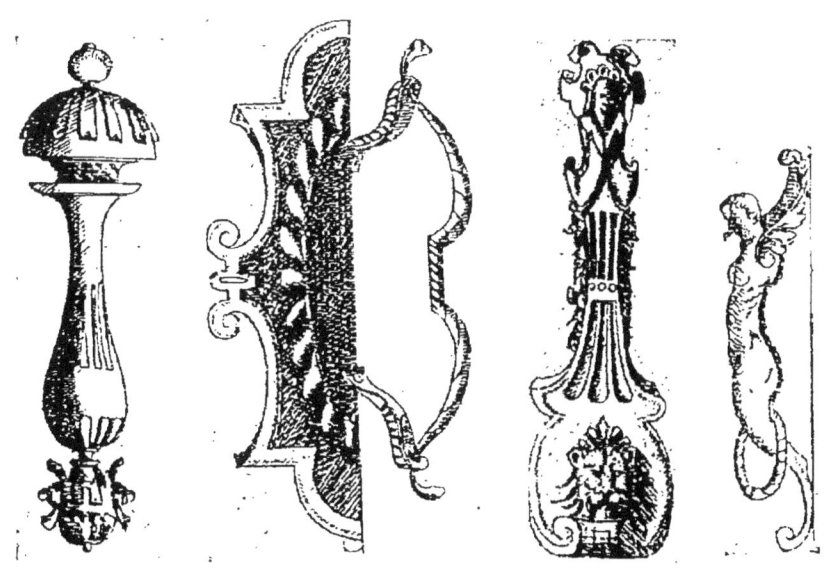

FIG. 21. — *Marteaux de portes.*

L'ancienne demeure de Louis XIII, comme écrasée
sous le développement extraordinaire des bâtiments
ajoutés par Le Vau et Jules Hardouin-Mansard, semble
déterminer la proportion entre les deux règnes. L'un,
continuateur de la simplicité relative de Henri IV,
l'autre brochant sur cette simplicité, l'or le plus éclatant. Un geste d'envolée après l'esquisse d'un geste!
Sous Louis XIII, la femme domine, mais elle ne
règne pas, à cause d'un cardinal, roi du roi; sous

Louis XIV, l'homme triomphe avec un roi Soleil et, au xviiie siècle, ce sera l'ère de la Femme. Autant de différences sentimentales qui ont singulièrement impressionné le style monumental et décoratif de ces époques.

Pour l'instant, nous préparons l'éclat du xviie siècle tout entier ; mais, répétons-le, le plus grand bénéfice en reviendra à Louis XIV, car le style Louis XIII est en somme, transitoire, malgré qu'il ait son évidente personnalité.

De quelle manière, maintenant, a-t-on encouragé les arts depuis le début du xviie siècle ? Certes, l'économie, qui point dans la construction, pourrait restreindre les coûteux élans de l'architecture, mais le palais du Luxembourg, notamment, dément cette supposition. Salomon Debrosse, sur le désir de Marie de Médicis, s'inspirera du palais Pitti, à Florence, pour triompher somptueusement dans son art. C'est Marie de Médicis encore, qui confiera à Rubens mandé à Paris, la décoration de la galerie des fêtes de son palais et, après avoir célébré en vingt et une toiles éblouissantes, l'histoire de la reine, l'illustre peintre flamand devra, sur le désir de la fille de François Ier, donner une suite à ses chefs-d'œuvre, en l'honneur de Henri IV.

Ainsi Marie de Médicis poursuit-elle dignement la tâche de son père, n'hésitant pas à faire venir de l'étranger les artistes qui devaient concourir à l'embellissement de la France. Cette fois, cependant, c'est la Flandre que l'on met judicieusement à contribution et ce choix honore le discernement artistique de la reine.

Pour en revenir à l'architecture, si Henri IV, au Louvre, n'avait vu que l'achèvement, en 1608, par les soins de Dupérac et de Méte-

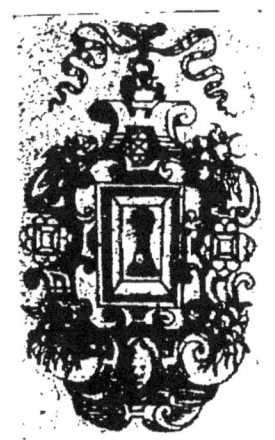 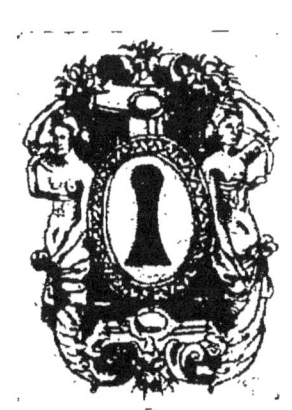

FIG. 22. — *Entrées de serrures.*

zeau, de la longue galerie dite la grande galerie (*fig.* 46) parallèle à la Seine, qui reliait l'œuvre de François Ier au palais des Tuileries, il ne faut pas oublier qu'on doit au père de Louis XIII la construction des châteaux des Tuileries, de Saint-Germain-en-Laye et de Fontainebleau.

Quant à Louis XIII, il importe de lui attribuer une collaboration typique au vaste Louvre que Louis XIV, toujours plus opulent que son prédécesseur, devait rendre encore plus vaste.

Louis XIII, effectivement, a contribué, par son style, à la beauté du Louvre que Lemercier termina sur l'ordre de Richelieu. Au Louvre, le style de Louis XIII sert de lien entre la grâce de la Renaissance et la superbe de Louis XIV. Entre l'œuvre de Pierre Lescot et celle de Claude Perrault qui rappellent l'une la cour de François Ier et l'autre celle du roi Soleil, le style de Louis XIII offre la grandeur de sa gravité comme sacrifiée entre la joie et l'orgueil des deux époques les plus merveilleuses de la France.

Cette compression est virtuellement représentée par Marie de Médicis, la reine-mère, qui devait tenir campagne contre son fils, et par Richelieu dont l'ascendant sur Louis XIII ne fut pas moins pesant que le dédain dans lequel il enferma la fille de Philippe III. Anne d'Autriche, cependant, immortalisa sa dévotion minutieuse en faisant bâtir l'église du Val-de-Grâce et, en dehors de cette manifestation artistique, plutôt égoïste, nous ne voyons guère à attribuer à la femme de Louis XIII, qu'une occulte influence nationale sur le meuble et la décoration de son temps. Car les Flamands, avec les Espagnols, répétons-le, l'emportent alors sur les Italiens, du moins pour cette dernière expression.

Cependant, le Val-de-Grâce comme la Sorbonne.

qui fut rebâtie sur les plans de Lemercier, malgré qu'il ait été commandé par Richelieu, porte davantage la marque architecturale du règne de Louis XIV, symboliquement inséparable du dôme, malgré que ce dôme ait déjà figuré sur la façade, à l'entrée des châteaux du XVIe siècle. Mais ce dôme-là n'avait pas l'opulence et la liberté audacieuse de ceux du XVIIe siècle.

Du côté des artistes eux-mêmes, que voyons-nous ? Depuis Henri III et même depuis François Ier, les artistes

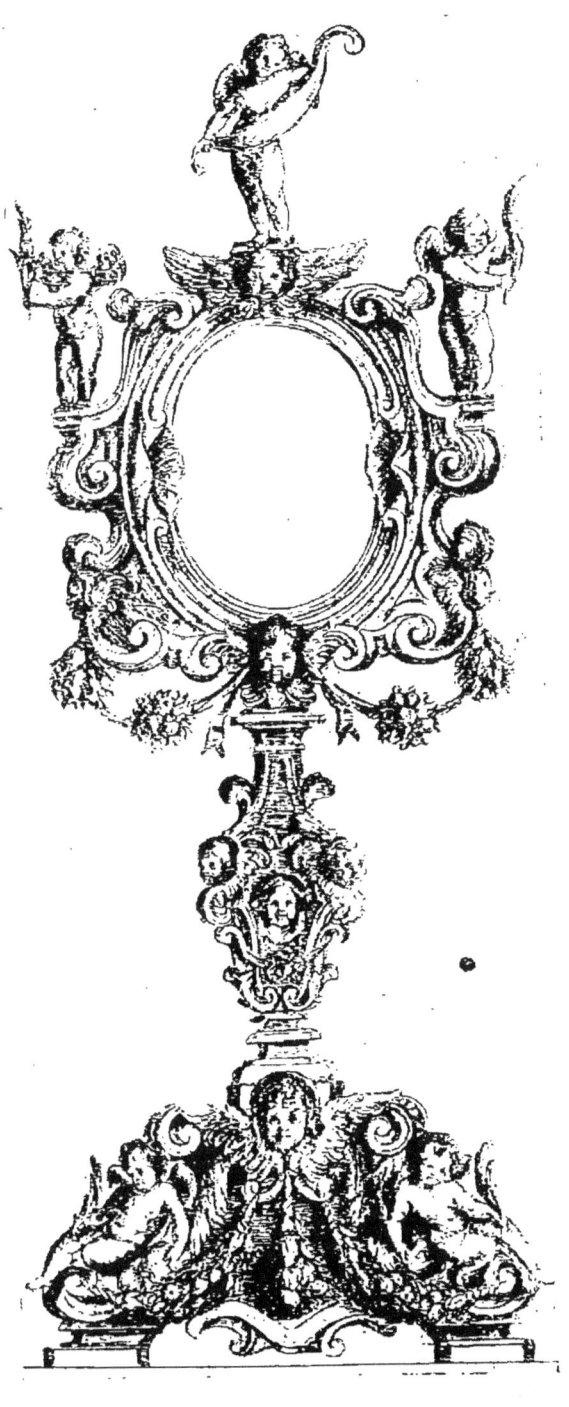

Fig. 23. — *Ostensoir* (dessin).

ne vivent plus guère dans le sillage de la cour, et Poussin qui ne désirait rien tant que de rester à Rome, vint en France appelé par Louis XIII qui fit de lui son peintre, un peintre très malheureux, malgré la faveur royale et les délices de la petite maison qu'on lui avait accordée dans le Jardin des Tuileries. D'ailleurs, Poussin, las des intrigues, abreuvé de dégoûts, ne devait pas tarder à quitter son pays natal pour n'y plus revenir. Quant à Le Sueur, que la misère avait empêché d'aller à Rome où il eût été si volontiers rejoindre le peintre des Andelys, son ami et initiateur, nous l'avons rattaché au style de Louis XIII, d'autant qu'il n'y aurait pas eu de rôle pour son génie indépendant dans cette splendide et pompeuse représentation qui fit la gloire de Louis XIV. Le Brun disant aux obsèques du peintre de la *Vie de saint Bruno* que « la mort venait de lui enlever une grande épine du pied », a donné, d'autre part, la mesure de sa jalousie haineuse à l'égard de l'un de ces hommes « à qui la destinée réserve la gloire de n'être jamais récompensés de leur vivant, et de rester des bienfaiteurs envers qui les États ne tentent même pas de s'acquitter ».

Cette dernière phrase empruntée à un vieil historien, nous permet d'associer Le Sueur au Poussin, dans l'indifférence sinon l'amertume rencontrées par ces maîtres à la cour. Quelle différence avec l'ac-

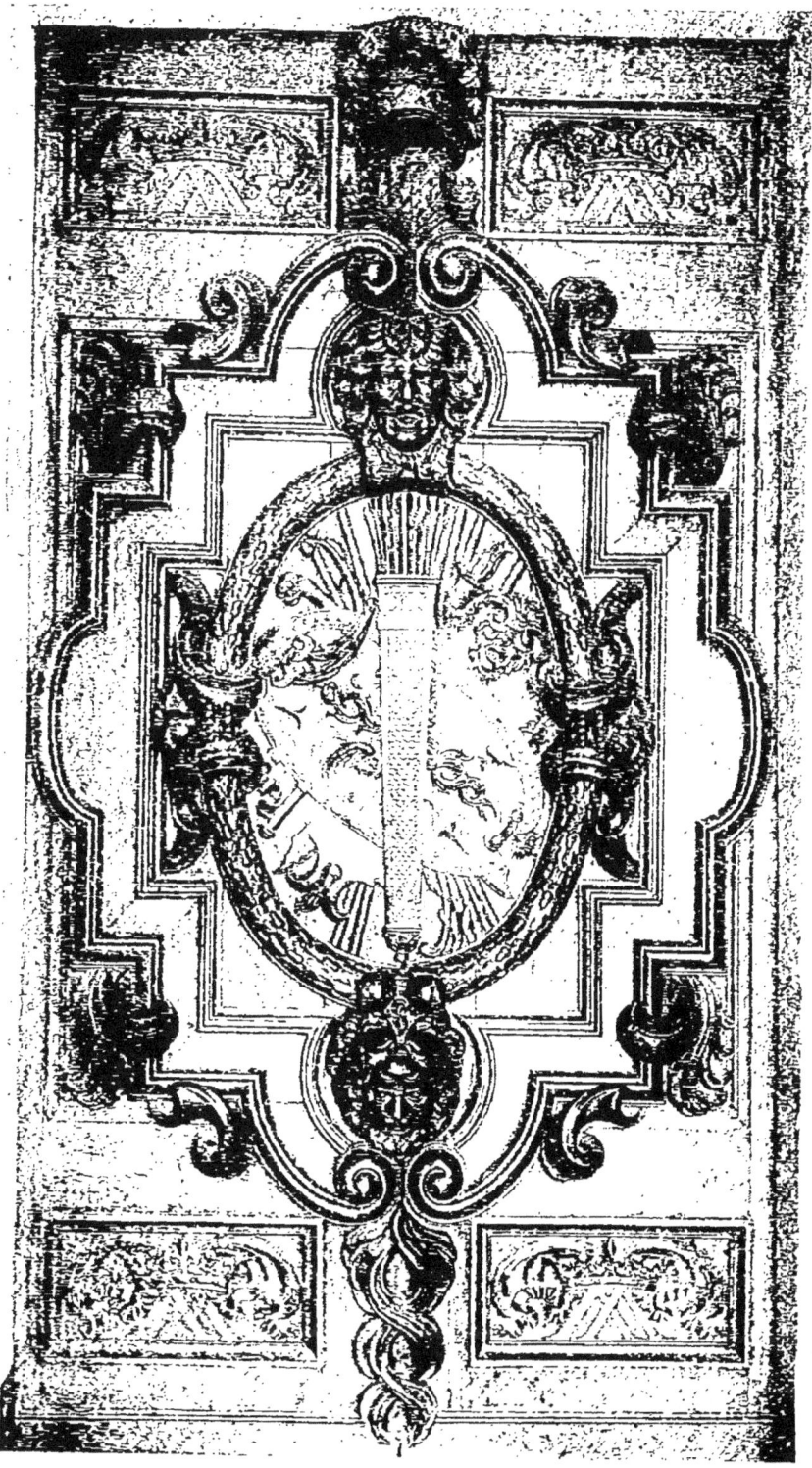

FIG. 24. — *Porte en bois sculpté (Palais de Fontainebleau)*

cueil et l'encouragement précieux qui saluèrent à l'étranger les Rubens, les Velasquez ! Tandis que Pierre-Paul Rubens menait une vie somptueuse, à la fois comme peintre et ambassadeur royal, Diego Rodriguez De Sylva Y Velasquez, peintre ordinaire du roi d'Espagne, ne rayonnait pas moins dans le faste, à la cour. Et durant ce temps, Nicolas Poussin vivait modestement dans cette Arcadie qu'il avait lui-même créée, sereine, grandiose, calme, et Eustache Le Sueur, profondément religieux, poursuivait avec résignation son œuvre suave, dans l'isolement de sa foi.

Mais un grand maître français encore, ira partager la quiétude des précédents ; c'est Claude Gelée dit *le Lorrain*. Claude Gelée, ami du Poussin comme Le Sueur, communia dans la pensée lointaine du peintre des *Bergers d'Arcadie* et, comme lui, la Nature l'éloigna de la cour. Le délicieux paysagiste voyagea en Italie, en Allemagne, et s'il peignit pour le roi d'Espagne, nous ne voyons pas que Louis XIII s'attarda à son génie. Claude Gelée, d'ailleurs, mourut à Rome où il avait puisé ses plus harmonieuses inspirations.

Si l'on ajoute à cette trinité de peintres indépendants, le nom de Jacques Callot, le souffle de liberté que nous tâchons de dégager dans l'art, à l'époque de Louis XIII, s'enfle encore. Jacques Callot artiste nomade, « mousquetaire épique », travailla certes, offi-

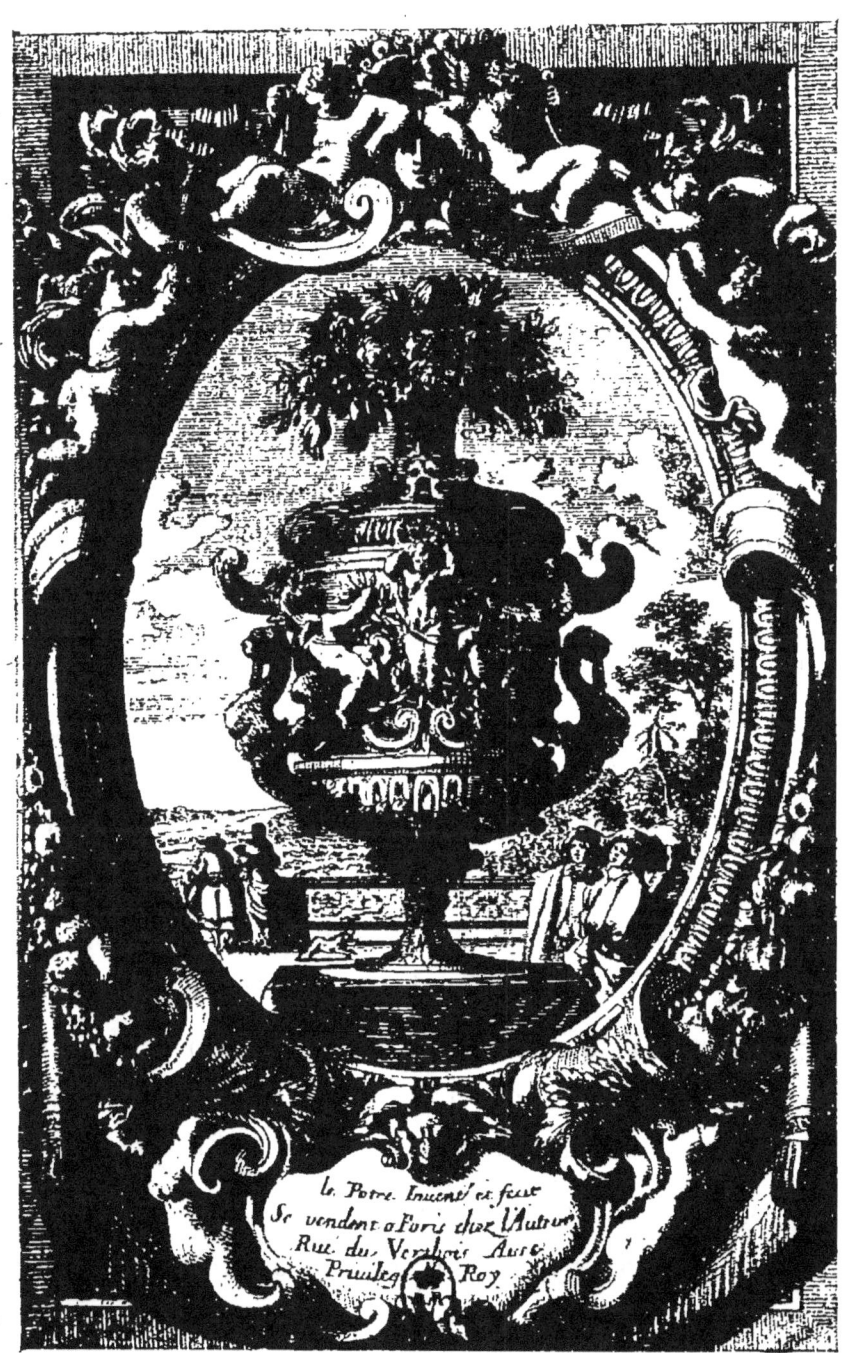

FIG. 25. — *Motif de vase et encadrement* (xvii⁰ siècle).

ciellement, pour son roi et pour son prince Henri de Lorraine, mais aussi avec quelle désinvolture il représenta la verve française au XVIIe siècle! Voyez-le courir de Florence à Rome, et de Rome à Florence, de Florence à Nancy, puis voyager aux Pays-Bas pour retourner en Lorraine; est-ce ainsi que l'on se représente un peintre de la cour?

Parmi les peintres fêtés par Louis XIII, en revanche, parmi les sédentaires, nous compterons des artistes comme Simon Vouet, comme Gaspard Dughet, beau-frère de Poussin, comme Jacques Stella et Valentin. Simon Vouet que ses élèves: Le Brun, Mignard et Le Sueur ne tardèrent pas à éclipser; Simon Vouet dont le talent fut aussi terne que l'avait été celui de Michel Fréminet, peintre en titre de Henri IV. Quant à Gaspard Dughet surnommé *Poussin*, à cause de la ressemblance de sa manière avec celle du peintre des Andelys, il a laissé une bien faible trace à côté de son glorieux homonyme. D'ailleurs, lorsque nous verrons Dughet en pleine activité de talent, travailler d'enthousiasme dans l'atelier de Claude Gelée, nous concevrons de justes appréhensions sur la force de son originalité. Point davantage que Jacques Stella, effectivement, Dughet ne fut un artiste personnel; et nous dirons de même de Valentin, pâle imitateur du Caravage.

Le nom de Philippe de Champaigne, peintre de la

cour, relève cependant, avec éclat, le prestige des élus officiels.

Nous retrouverons ces peintres au chapitre qui les

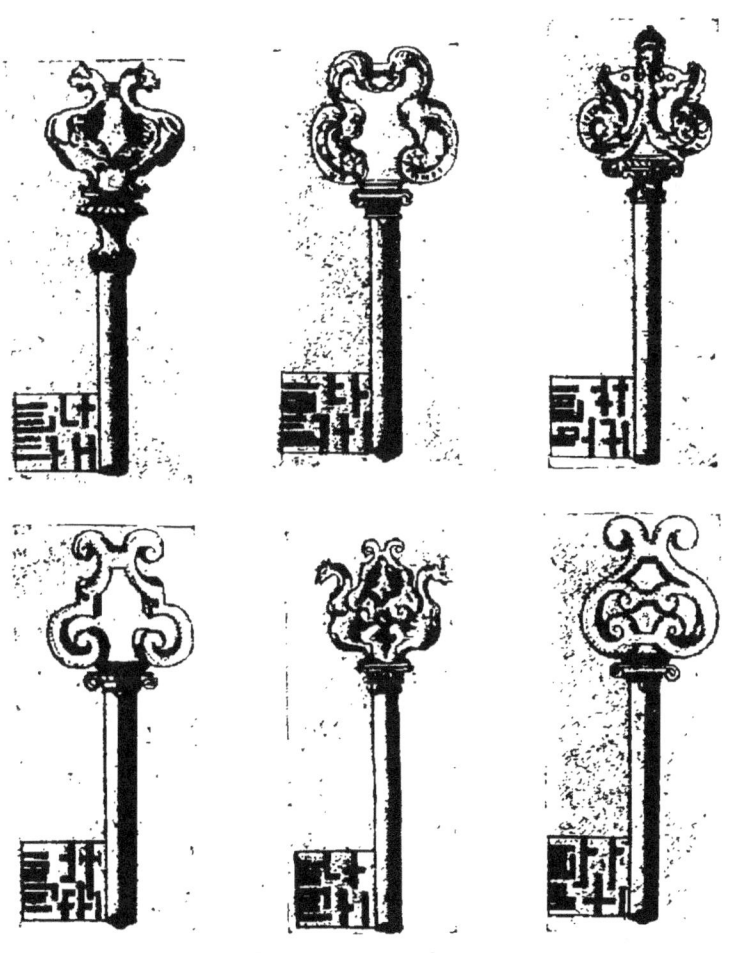

Fig. 26. — *Clés.*

concerne, mais, avant de quitter leur énumération, il est piquant de constater que, pour la plupart, ils allèrent mourir en Italie, c'est-à-dire loin de la cour de France qui, si peu qu'elle les employa, ne semble pas en tout cas les avoir retenus.

Du côté de la sculpture, les Guillain, les Sarrazin, les Anguier qui tous encore, étudièrent à Rome ainsi que les architectes, n'apparaissent point enrégimentés comme le seront les artistes de Louis XIV. Ils sont logés au Louvre, attachés à la cour certes — nous verrons même François Anguier promu garde du cabinet du roi, — mais c'est là, à ce qu'il semble, plutôt suivre une habitude royale qu'obéir à un élan personnel. On aimerait à se consoler du mol encouragement de la cour dans le triomphe d'un art plus neuf. Plus d'originalité, en effet, devrait se manifester à l'époque de Louis XIII étant donné l'essor plus individuel; or, les peintres de ce temps marchent, tous sinon à la remorque de Poussin, du moins pour la plupart, dans son sillage. Il ne s'agit point, cependant, à proprement parler, d'une école, on suit seulement un exemple d'idéal. Nous sommes loin, décidément, de l'unité artistique du siècle du grand Roi, de sa remarquable monotonie! Même observation pour l'architecture solidaire du meuble. Sous Louis XIII, les architectes nous apparaissent plutôt prendre leur élan pour la gloire de Louis XIV, et les noms de Guillaume Dupré et de Warin, lumineux dans la gravure en médailles, sont les seuls qui se puissent rattacher exactement aux temps de Henri IV, de Louis XIII et de Richelieu. Il est vrai que la médaille a une destinée commémorative, qu'elle suit un but plus étroitement lié à une époque, que les autres manifestations artistiques.

Pour nous résumer, l'art, à la cour de Louis XIII, fut plutôt livré au caprice, et il ignora l'encouragement enthousiaste qui devait suivre. Nous le voyons passer pour ainsi dire, indifférent à côté d'une politique impérieuse. Si la vanité royale fait, par habitude, appel au talent, voire au génie — mais celui-ci est toujours plus indocile que le talent — elle ne l'exalte pas. L'heure n'est pas, répétons-le, aux expansions

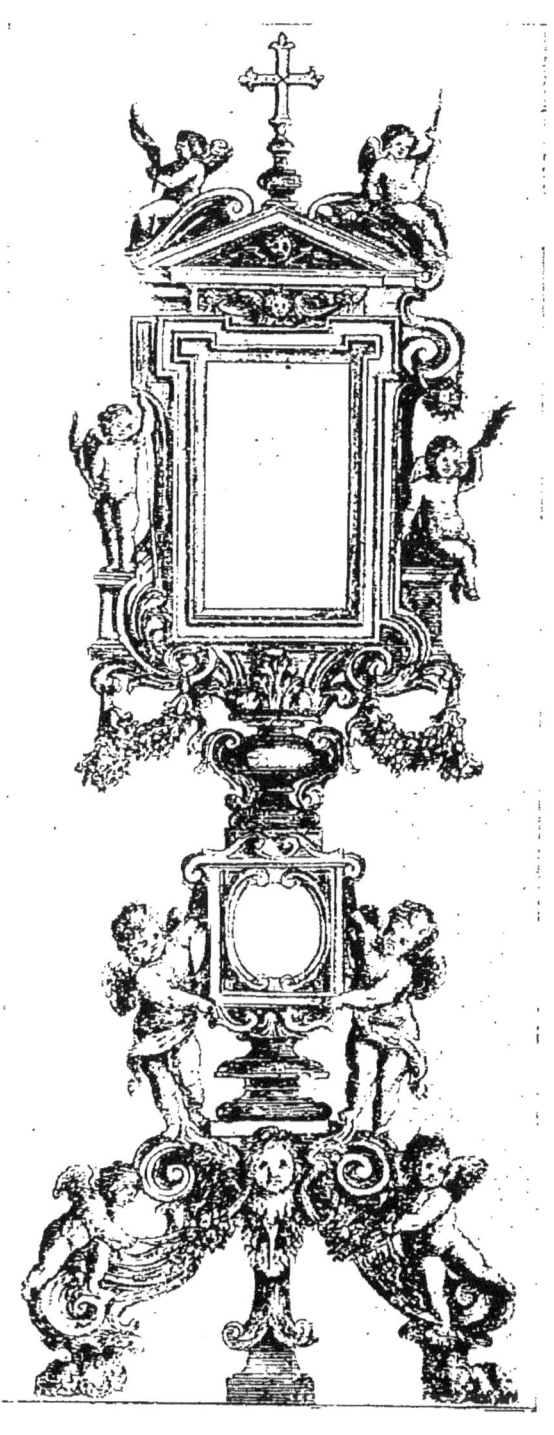

FIG. 27. — *Ostensoir* (dessin).

idéales, au luxe et à la joie prodigués. Le fils de
Henri IV soupire, et il promène son ennui du
Louvre à Blois, de Blois à Chambord, tandis que
Richelieu gouverne et qu'Anne d'Autriche ruse, dé-
laissée, avec le cardinal-roi. Tout, dans cette époque,

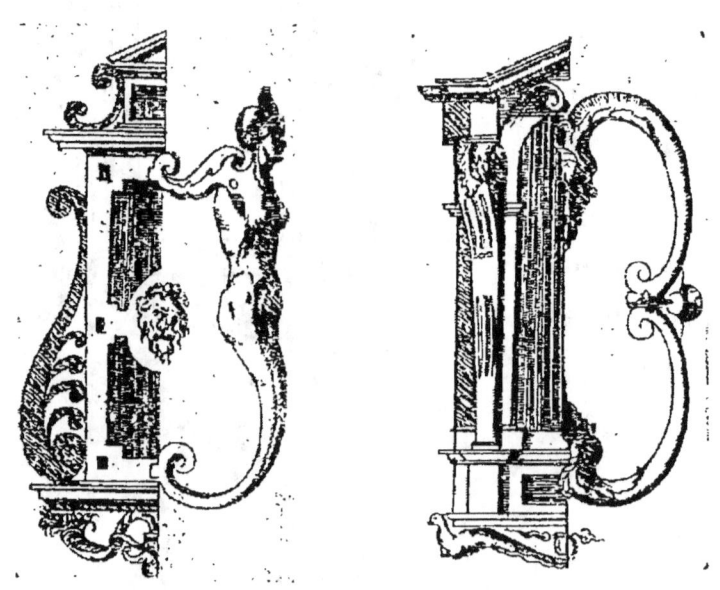

FIG. 28. — *Marteaux de portes.*

prépare la grandeur de Louis XIV. Un nuage noir
semble être passé sur le ciel bleu de notre belle France.
On anéantit un parti religieux, on humilie les grands,
on abaisse la maison d'Autriche ; c'est là une rude
tâche qui ne laisse guère de répit au souci esthétique,
et si Richelieu, qui protégea incontestablement les
choses de l'esprit, donne, en définitive, le premier
rang à notre pays, s'il établit l'Imprimerie royale, s'il

institue le Jardin des Plantes, s'il fonde l'Académie

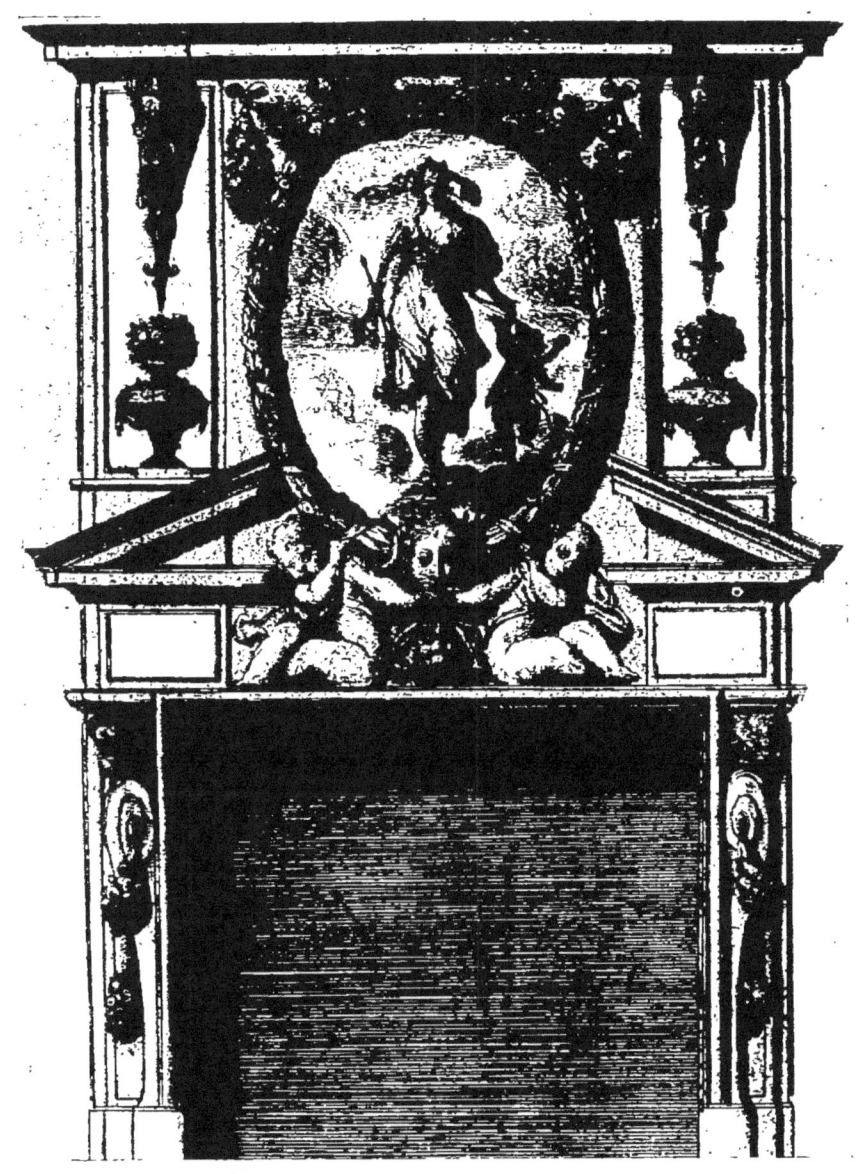

Fig. 20. — *Cheminée* (dessin).

française, c'est sous la célèbre coupole cependant,
que prendront place pour l'immortalité, les grands

écrivains de Louis XIV. Tandis que le souvenir des guerres, avec Louis XIV, enfin, s'efface sous l'éclat éblouissant du soleil des Arts et des Lettres, l'obsession des troubles et des luttes, sous le règne de Louis XIII, relègue au second plan la Beauté, ce qui ne veut pas dire que celle-ci n'est point appréciable, en raison de sa mélancolie. Que dis-je? C'est même dans cette mélancolie que le style de Louis XIII, ainsi que nous l'allons voir, puise sa grandeur faite de sobriété et de force dans la lourdeur; cette lourdeur qui ressemble singulièrement à de l'accablement.

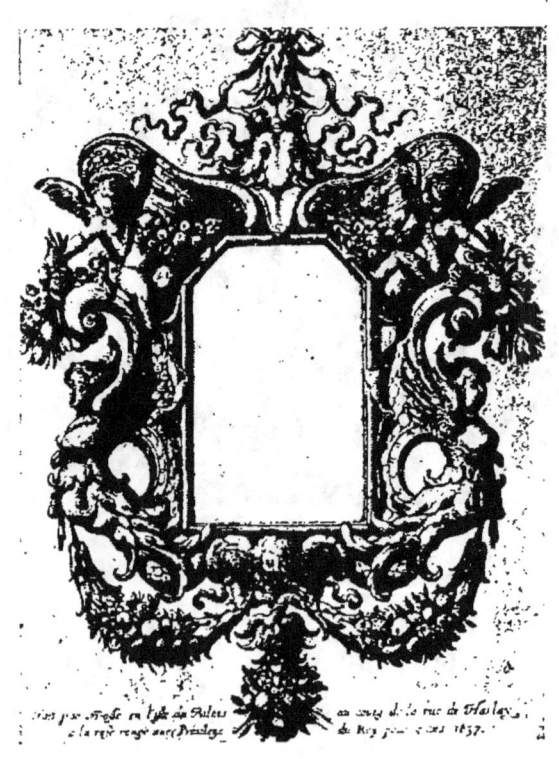

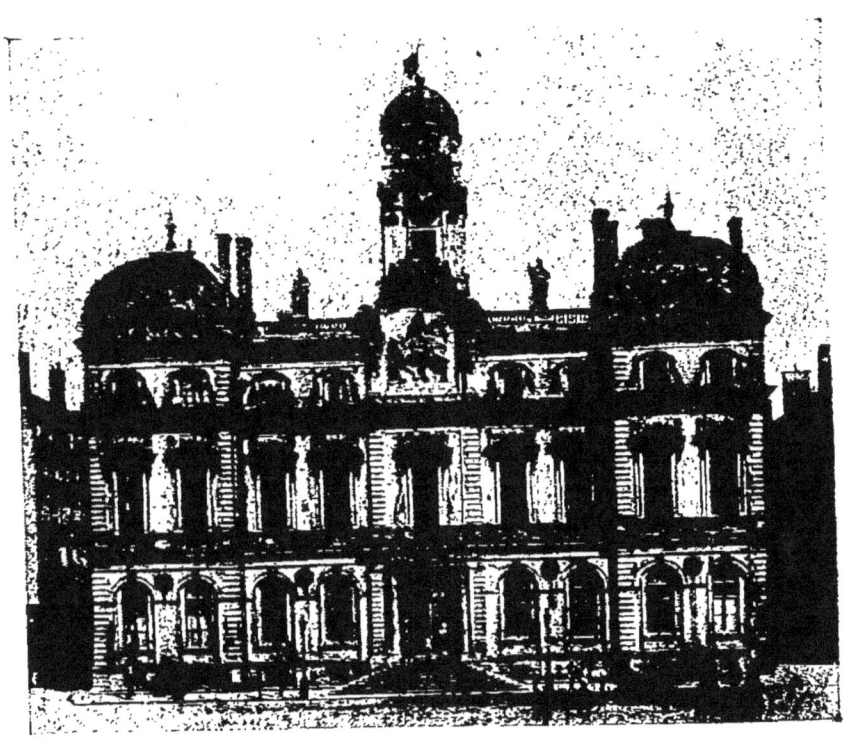

FIG. 31. — *Hôtel de Ville de Lyon*, par Simon Maupin.

CHAPITRE III

L'architecture extérieure : Salomon Debrosse, les Androuet Ducerceau, les Métezeau, etc.

Nous avons esquissé précédemment, le système évolutif de l'architecture sous Louis XIII, depuis la Renaissance. Nous avons vu, dès Henri IV, une architecture moins égoïste, c'est-à-dire moins exclusivement offerte aux caprices de l'habitant. Les palais royaux aussi bien que les demeures privées, serviront maintenant l'ensemble de l'esthétique, au lieu de s'isoler dans une grandeur hautaine ; c'est en somme, répétons-le, un acheminement vers l'unité artistique des villes.

Sous Henri IV (car il faut remonter à la genèse du style Louis XIII qui se dégagea à travers les divers efforts des artistes en rupture de Renaissance), nous savons que le palais du Louvre fut réuni à celui des Tuileries. Les noms de Dupérac et de Baptiste Ducerceau, qui s'illustrèrent aussi pendant la seconde moitié du xvie siècle, demeurent attachés à ce chef-d'œuvre d'harmonie et de fermeté. Ducerceau, qui avait succédé à Pierre Lescot comme architecte du Louvre en 1578, devenu après la mort de Dupérac, en 1611, architecte particulier de Henri IV, construisit aussi le château de Monceaux pour Gabrielle d'Estrées, celui de la duchesse de Beaufort et termina le château de Verneuil que le roi offrit à Mlle d'Entragues.

C'est sur les plans de Ducerceau également, que Guillaume Marchand et Pierre Chambiges édifièrent le Pont-Neuf, à Paris. Le Pont-Neuf sur lequel se dresse la statue du Vert-Galant par Lemot (1818), et dont les mascarons (*fig.* 43) — tous différents — qui ornent la corniche, sont dus aussi à l'inspiration de Ducerceau.

Quant à Dupérac, on lui doit d'importants travaux au château de Fontainebleau, et le nom de Baptiste Ducerceau semble encore devoir être attaché au château neuf de Saint-Germain-en-Laye.

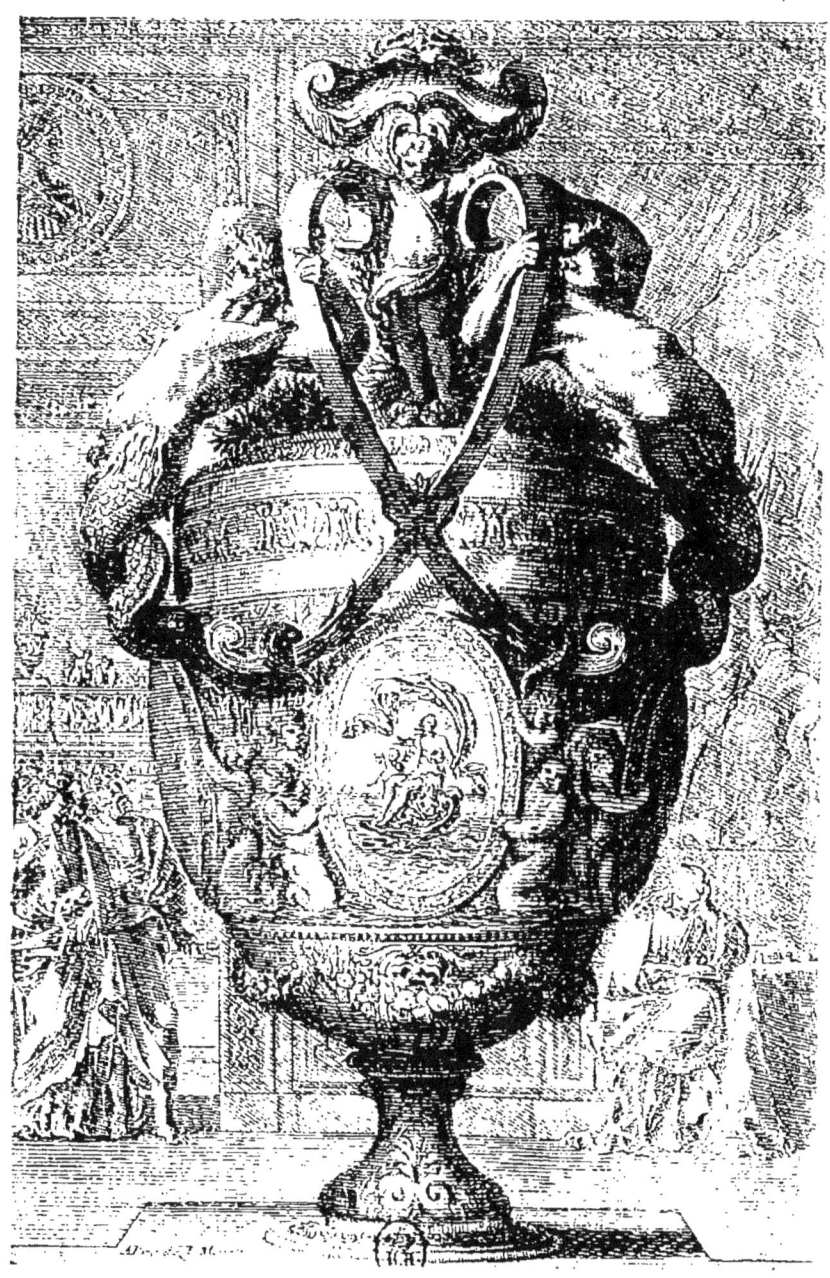

FIG. 32. — *Composition pour un vase* (XVIIᵉ siècle).

Du moins, ce château que Louis XIII et Louis XIV
laissèrent inachevé, aurait-il été l'objet d'adjonctions
importantes dues au célèbre architecte de Henri IV.
Citons ensuite, parmi les constructions les plus importantes de cette époque, l'hôtel de ville, les places Royale
(dont les trente-sept pavillons symétriques furent des-
sinés par Claude de Châtillon) et Dauphine qui témoignent, en leur agglomération de maisons, de cette
formation esthétique des villes dont nous saluâmes
précédemment l'originalité. Paris, d'ailleurs, va commencer à savourer les bienfaits de cette cohésion. De
nombreux édifices religieux et civils (hôpitaux et cou-
vents) vont servir de noyau à d'autres groupements
d'hôtels et de maisons, tandis que l'enceinte de la
ville sera restaurée, élargie, ainsi que ses portes. Et
des quais borderont la Seine, des fontaines, des aque-
ducs débiteront l'eau potable — les palais du Louvre
et des Tuileries eurent, sur le Pont-Neuf, une pompe
dite de la Samaritaine, pour les alimenter.

A vrai dire, si l'on doit reconnaître, à ce moment,
quelque décadence architecturale, on ne peut que
s'incliner, en revanche, devant les principes d'une
sobriété ornementale inédite. Dès Henri IV, les architectes connurent davantage la mesure ; ils com-
mencèrent à s'assimiler une formule constructive
pratique, mieux adaptée à la vie commune. Ils n'ont
point rompu, en un mot, la chaîne de beauté qui relie

la Renaissance au Louis XIII proprement dit et au Louis XIV. Leur grand mérite, au surplus, réside en leur manifestation nationale, indiquée précisément par cette sobriété décorative, en réaction de la profusion ornementale italienne précédente. De cette sobriété naquit cette expression noble des grandes

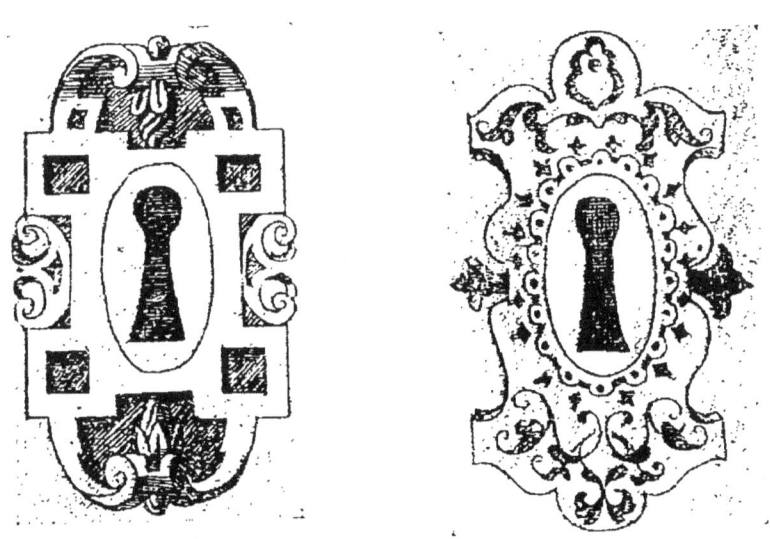

Fig. 33. — *Entrées de serrures.*

lignes dans un grand ensemble qui, malgré qu'elle ait débuté sous Henri IV, fit surtout le jeu du style architectural de Louis XIII.

La place Royale, aujourd'hui place des Vosges, si caractéristique, fut commencée sous Henri IV et terminée sous Louis XIII. Or, la place des Vosges se range sans hésitation de la part des auteurs, parmi le style Louis XIII. Il est vrai que le Pont-Neuf

pourrait tout aussi bien communier, tant il est sobre
et trapu, avec le style propre du fils de Henri IV, et
nous nous rallierons, à ce propos, sinon à une fusion
des deux époques, du moins à une similitude d'esprit
dont bénéficia certain style LouisXIII, plus au point,
plus dégagé de l'élégance raffinée de la Renaissance,
sans qu'il atteigne encore à la froide solennité qui
suivra.

Examinons d'abord le mode d'architecture typique,
propre à la fois au temps de Henri IV et de Louis XIII.
L'architecture, à cette époque, se résume en deux
systèmes, l'un *coloriste*, si l'on peut dire, à cause de
la couleur des matériaux employés, l'autre revenu
uniquement à la pierre, mais taillée *en bossages*. Ce
dernier genre de décoration concernerait plutôt l'é-
poque de Louis XIII, si l'on veut toutefois demeurer
fidèle à l'harmonie stricte d'un art en rapport avec
une époque sans gaîté. Et cependant, le pavillon de
chasse de Louis XIII, qui servit d'amorce au superbe
palais de Versailles de Louis XIV, se réclame nettement du système *coloriste*. D'où nous conclurons
décidément que le style de Henri IV est de la même
famille que celui de Louis XIII, dont il précéda, néanmoins, l'originalité.

Sous le nom de système coloriste, nous désignons
celui où les pierres et les briques sont associées [té-
moin les maisons ou mieux, les hôtels de la place des

Vosges (*fig.* 40 et 41) et de la place Dauphine (*fig.* 42),
le château de Louis XIII, à Versailles (*fig.* 39), le

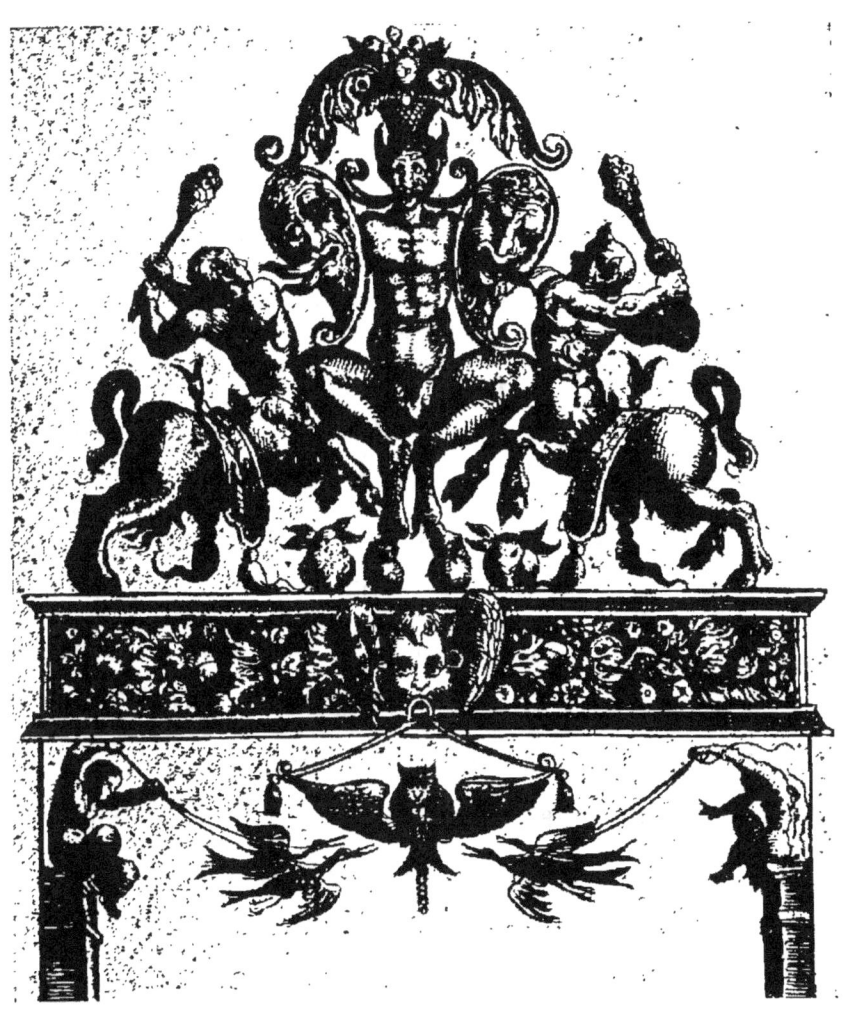

FIG. 34. — *Motif décoratif* (fronton).

palais abbatial de Saint-Germain-des-Prés (*fig.* 58)].
C'est là aussi la période essentiellement nationale,
tandis que la seconde (exemple le palais du Luxembourg, *fig.* 52 et 53) a subi l'influence italienne. Or, la

période nationale conserve en quelque sorte le souvenir de la pureté et de la grâce de la Renaissance : c'est
la transition entre la Renaissance et le style monumental du xviiᵉ siècle, représentée, notamment, par
le château de Beaumesnil, construit de 1633 à 1640.

A propos du premier mode d'architecture, Sauval
écrit : « La rougeur de la brique, la blancheur de la
pierre et la noirceur de l'ardoise (car l'ardoise est
particulièrement adoptée alors) faisaient une nuance
de couleur si agréable qu'on s'en servait, en ce temps-
là, dans tous les grands palais ; et l'on ne s'est avisé
que cette variété les rendait semblables à des châteaux
de cartes que depuis que les maisons bourgeoises ont
été bâties de cette manière. »

A Fontainebleau, à Saint-Germain-en-Laye et à
Versailles, cet accord des matériaux réussit à faire
sourire l'architecture maintenant dépouillée de ses
ornements et réduite à la simplicité des lignes. C'est
ainsi que les grands palais sympathisent décorative-
ment avec les maisons et les hôtels. Cependant, dans
le second système : emploi du bossage, nous retour-
nons à une froideur si proche de celle du style
Louis XIV, moins la solennité, que nous rattachons
son expression plus particulièrement à la manière du
grand siècle.

Avant d'aborder l'architecture en bossages, si caractéristique, d'autre part, il nous faut opposer au

château de Louis XIII, à Versailles, celui de
Louis XIV. Il suffit de regarder le « chétif château,
dont, au dire de Bassompierre, un simple gentilhomme ne voudrait prendre vanité », pour mesurer
toute la différence d'un état d'esprit et d'un règne,
malgré que le « chétif » château de Louis XIII tienne

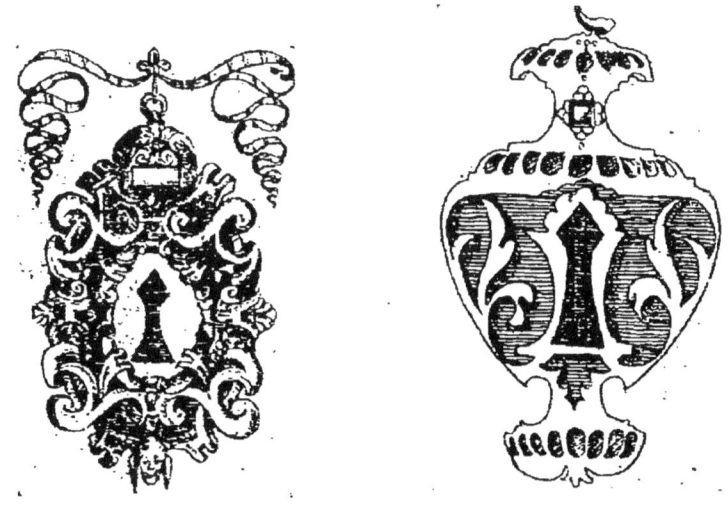

FIG. 35. — *Entrées de serrures.*

singulièrement sa place parmi le développement
solennel des maçonneries voisines. « Il est, auprès
d'elles, écrit H. Fortoul (*les Fastes de Versailles*),
petit, modeste et réduit ; mais il a un caractère sérieux qui attire le regard bien plus sûrement que leurs
hautes murailles blanches ne peuvent faire ; il brille,
parmi elles, comme un petit diamant de prix en-
châssé dans un métal qu'on a pu prodiguer. » Et

l'auteur en arrive à définir d'une heureuse façon cette architecture du temps de Louis XIII : « ... Elle respire un parfum de vieille gentilhommerie qui ne lui a guère survécu. Après Louis XIII, la royauté a imposé à toutes choses sa livrée solennelle et uniforme ; mais, dans les monuments de briques de la première moitié du XVIIe siècle, on voit briller encore l'aristocratie des anciens jours, une aristocratie de bon aloi, sans faste au dehors, quoique de belle apparence, légèrement campagnarde, sentant un peu le manoir des champs qu'elle vient à peine de quitter, déjà pleine, cependant, d'urbanité et d'élégance, et par-dessus tout ayant une mine franche et décidée. » Nous glanons encore, dans le livre de Fortoul, ces lignes qui corroborent les précédentes : « ... On aimait, en ces temps-là, les horizons fermés et les petites proportions, et ce goût n'est pas à dédaigner. C'était aussi le goût de l'antiquité, qui ne mettait pas la grandeur dans une ambitieuse étendue des lignes et du regard. La pensée avait alors une juste mesure ; elle allait à son but avec moins de faste, et elle imprimait à tous les monuments cette honnête réserve qui convient aux œuvres des hommes sérieux. »

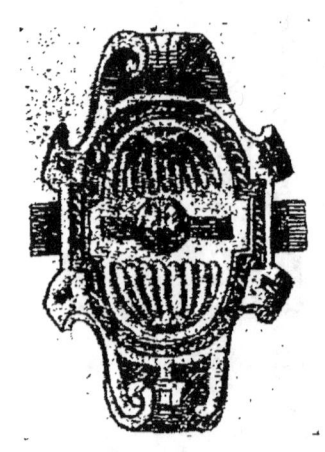

FIG. 35. — *Motif décoratif pour une gâche.*

Et l'auteur des *Fastes de Versailles* juge ensuite sévèrement l'époque qui va suivre, dont l'architecture orgueilleuse était surtout préoccupée de régner sur une brillante façade.

Mais nous voici revenu à l'architecture en bossages, qui, répétons-le, tient le milieu entre le mode coloriste

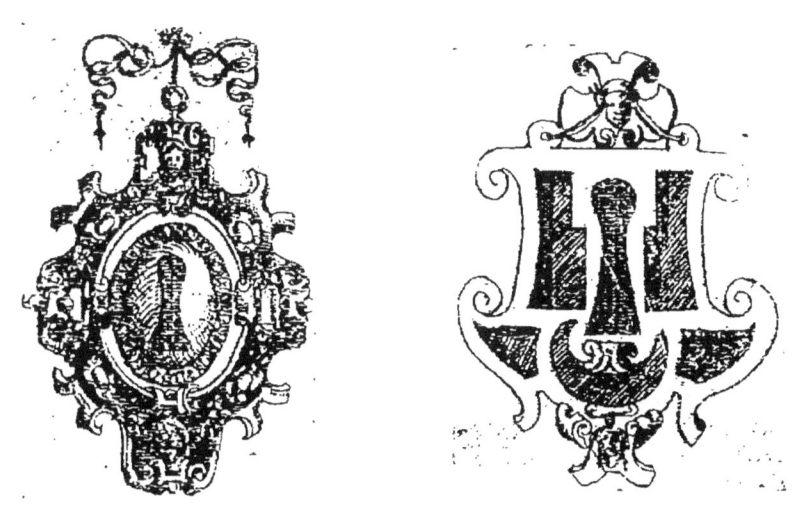

Fig. 37. — *Entrées de serrures.*

« légèrement campagnard » et le monument solennel du grand siècle.

Ce mode de décor en bossages, utilisé notamment par Debrosse, avait-il été innové par le maître architecte ? Non certes, Philibert Delorme l'avait précédemment employé aux Tuileries. Mais Debrosse sut mettre son art en harmonie avec les monuments élevés sous Henri IV, grâce à ce pittoresque renouvelé des bossages, grâce aussi à l'unité qu'il dégagea d'une répartition heureuse des masses, d'une monotonie de décor si l'on peut dire, attrayante.

Dans la pensée de Debrosse, les bossages devaient embellir la pierre, à défaut de l'ornementation réprimée, et l'on applaudit à leur richesse non tapageuse.

Notons maintenant les autres caractéristiques de l'architecture, à l'extérieur, car nous ne l'examinerons, à l'intérieur, qu'au chapitre du meuble. On remarque des chaînes de pierre à l'entour des baies des croisées débarrassées maintenant de leurs meneaux et superposées d'étage en étage. Les chaînes de pierre se détachent en relief et en clair sur un fond de briques (système coloriste). Des immenses combles aigus parés d'ardoises, couvrent des pavillons symétriques et, non moins symétriques sont les arcades ménagées au rez-de-chaussée pour la circulation publique. Comme pour égayer ces combles dont l'importance diminuera au fur et à mesure que l'on touchera au siècle suivant, ou pour brusquer la monotonie de leur jet sombre, des lucarnes les trouent, coiffées d'arcs couronnés par un motif simple. On trouve, à l'entresol, la répétition de cet arc, plus évasé alors, qui rompt agréablement avec l'aspect carré des croisées, sur la façade. Des épis de plomb, souvent aussi, surmontent les combles. Quant aux moulures et aux détails ornementaux, ils sont des plus mesurés malgré encore que des agréments en plomb doré enrichissent fréquemment les toits.

On aperçoit, au sommet des croisées, l'indication sommaire du fronton bas si fréquent dans l'architecture de Louis XIII revenue à l'exemple italien. Alors que, dans le système coloriste, la chaîne seule des pierres esquissera ce fronton typique (triangulaire ou circulaire, à moins qu'il ne soit arrondi et relevé sur ses bords), nous verrons au Louvre, à l'hôtel Sully (*fig.* 50), à Fontainebleau, à l'hôtel Mazarin, de lourds frontons ornés, qui

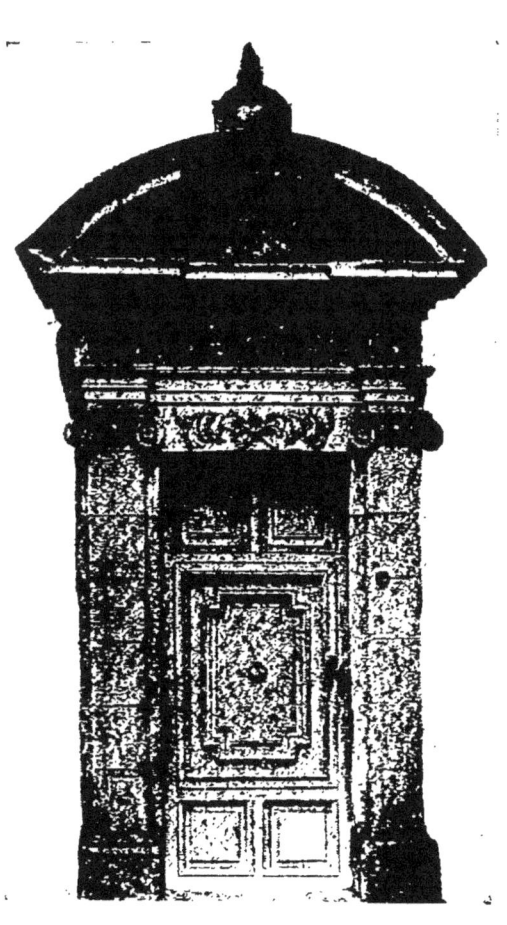

FIG. 38. — *Porte et fronton* (château de Selles-sur-Cher).

répondront d'ailleurs à d'autres sculptures non moins pesantes et, à la place des Vosges, nous admirerons l'harmonie de ces frontons alternativement triangulaires et curvilignes.

C'est l'instant de signaler, dans le système architectural qui touche à celui de Louis XIV, tantôt
l'adoption d'un seul et même ordre pour la décoration d'une façade, tantôt l'adoption d'un ordre différent à chaque étage, comme au Louvre et au palais
du Luxembourg.

Sans quitter la façade des monuments du temps,
constatons d'une manière générale, des formes simples,
trapues et solides, une ornementation (sur le détail
de laquelle nous reviendrons), sévère et lourde en sa
fantaisie souvent maniérée ; un ensemble de lignes
plutôt horizontales, écrasées de moulures et de profils très accusés. Plates-bandes, cartouches, entablements, frises pareillement touffues et de relief accen-
tué ; colonnes robustes, annelées, se détachant sur le
bossage, souvent vermiculé, que nous savons. L'accord entre l'architecture et la sculpture prend un
sens nouveau. Les frontons, les attiques, les niches,
se meublent de statues ; des cariatides varient l'utilité des colonnes. L'architecte, en un mot, réserve à
la décoration une place nettement ordonnée. Ce n'est
plus de la dentelle comme sous la Renaissance, que
les édifices réclament ; ils veulent des volumes, des
masses volontaires et mesurées.

Au résumé, le style Louis XIII, qu'il poursuive la
manière de Henri IV en accentuant sa pensée, ou bien
qu'il s'achemine vers le Louis XIV, conserve un carac-

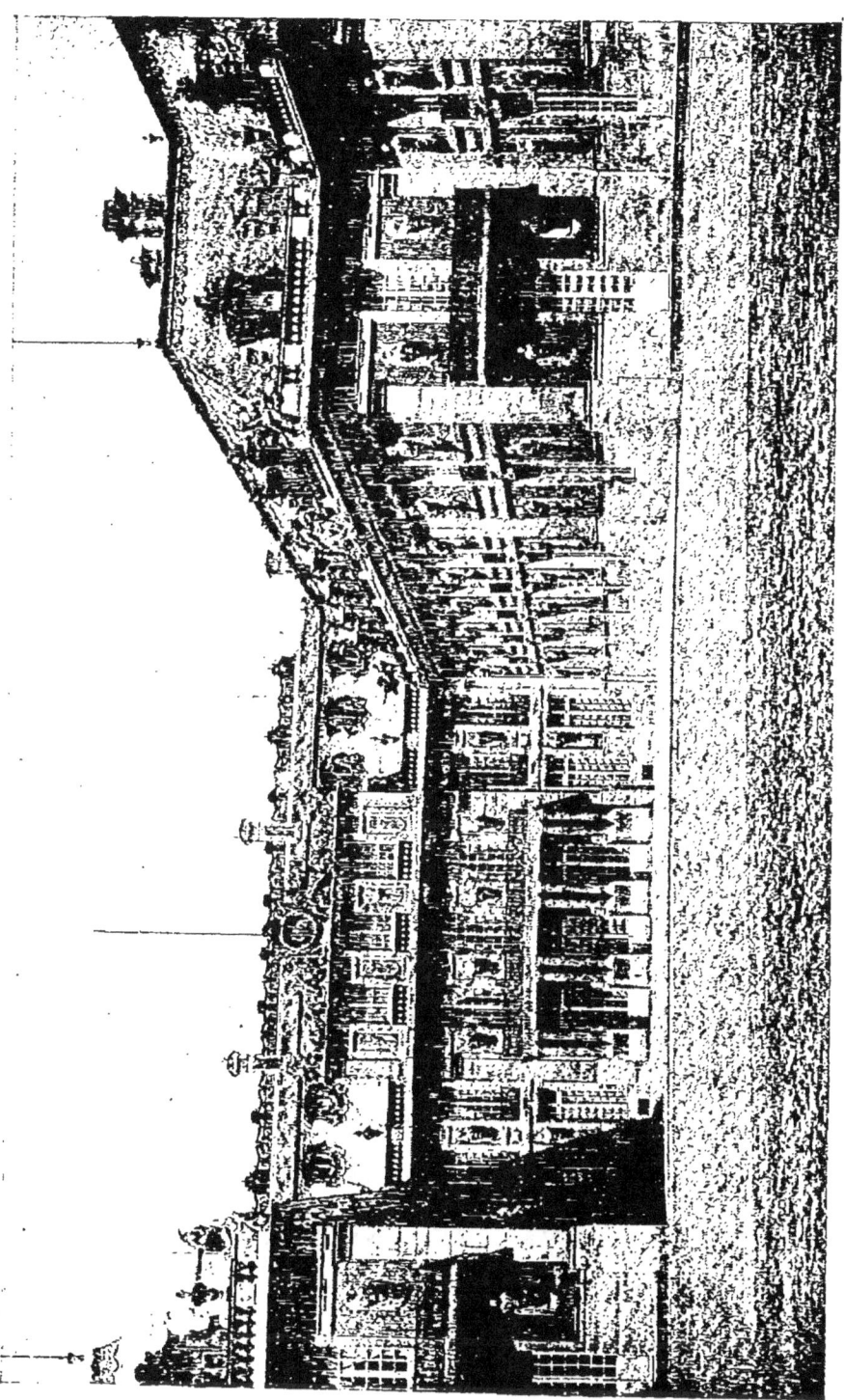

Fig. 39. — Château de Louis XIII, à Versailles.

tère propre, une volonté d'aspect, d'une mâle beauté.
A côté de la gaîté des architectures aux briques et
pierres alternées, l'hôtel Sully, œuvre de Jean Ducerceau, ou celui de Mazarin (*fig.* 56), le Louvre de Lemercier, l'hôtel de ville de Reims (*fig.* 142) commencé en
1627, et l'hôtel de ville de Lyon (*fig.* 31) par Maupin,
représentent une gravité sans doute plus pénétrante
que la précédente, d'aspect plus définitif enfin, dans le
concert des styles du passé.

Voici pourquoi, dans le glorieux xviiᵉ siècle, il faut
faire une place catégorique au style architectural de
Louis XIII, si pénétrant, d'une prestance si dignement réservée, si intime presque, à côté de l'expression monumentale, pompeuse et purement extérieure,
du roi Soleil.

Mais poursuivons notre examen et abordons l'architecture religieuse. Dès Louis XIII et sous Louis XIV,
les églises offriront un aspect nouveau. A partir de la
fin du xviᵉ siècle, on imita l'architecture italienne
(surtout romaine) et non pas le style baroque, déplo-
rablement à la mode alors en Italie; et maintenant,
c'est le « style jésuite » importé en France par Etienne
Martellange (1569-1641), frère coadjuteur de la Compagnie de Jésus qui triomphera, avec des changements
caractéristiques, tant à l'intérieur qu'à l'extérieur des
édifices.

Voici donc qu'en place des arcs-boutants du passé,

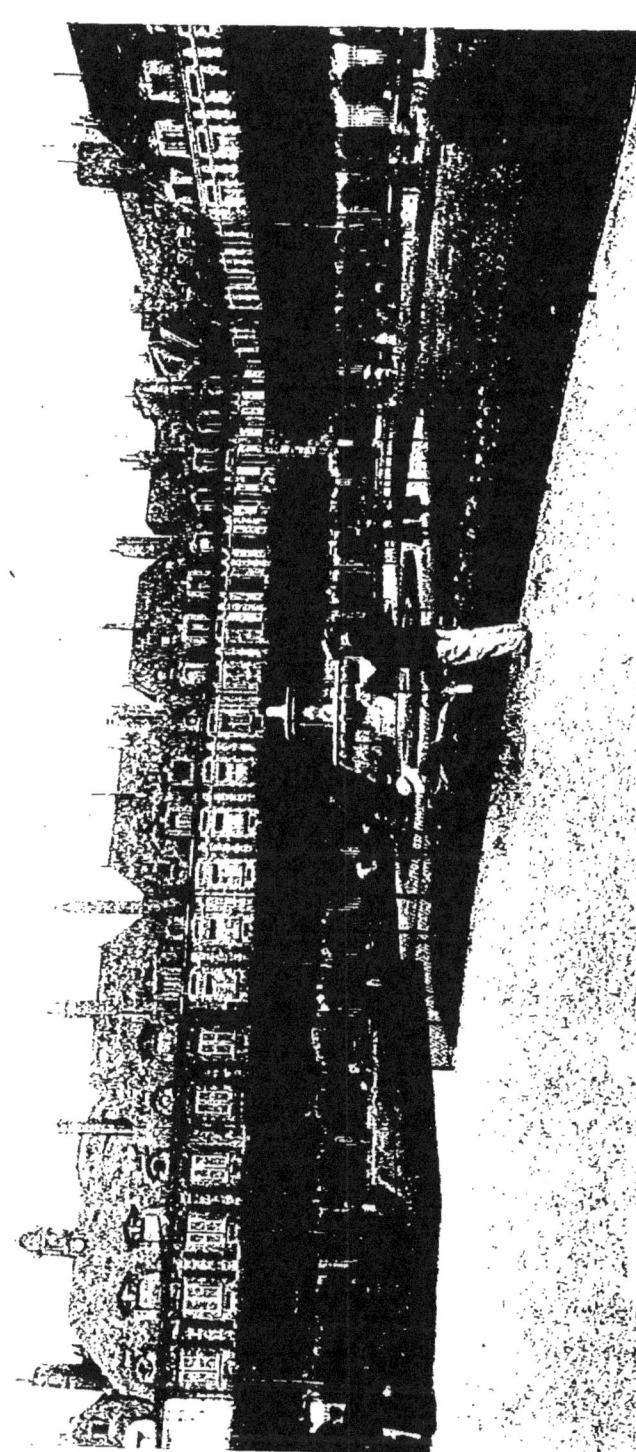

Fig. 40. — *La place des Vosges, ancienne place Royale* (vue du square), à Paris.

naissent les ailerons ou immenses volules, sortes de consoles renversées. Les ailerons appuient et relient la superposition d'un second étage sur le premier, directement au-dessus de la nef centrale seule surélevée, et ces deux étages sont pourvus d'un fronton sur colonnes, le second étage empruntant ses moulures et ses chapiteaux à un ordre différent du premier.

Derrière ce portail monumental apparaît un dôme soutenu souvent par un troisième ordre. A l'intérieur, maintenant, on supprime le *triforium* ou galerie régnant au pourtour, et l'aspect des voûtes est aussi modifié.

Bref, nous assistons à un renouveau d'ailleurs regrettable pour notre réputation d'originalité, des corniches, ordres, frontons, entablements, etc. Ce retour à l'antiquité, déjà indiqué par la substitution des ailerons aux arcs-boutants de l'art ogival, précipitera peu à peu nos architectes dans une tradition stérile, et Debrosse marquera tout son mépris, déjà, de notre admirable conception gothique, en n'hésitant pas à donner à l'église de Saint-Gervais, à Paris (*fig.* 55), bâtie dans la dernière période du style ogival, un portail grec. Aussi bien, répétons-le, n'était l'intelligence des détails ornementaux propres à chaque style, moulures et boiseries, ce style jésuite d'importation italienne, genre Renaissance, dont on peut voir d'autres exemples à Paris (les églises des

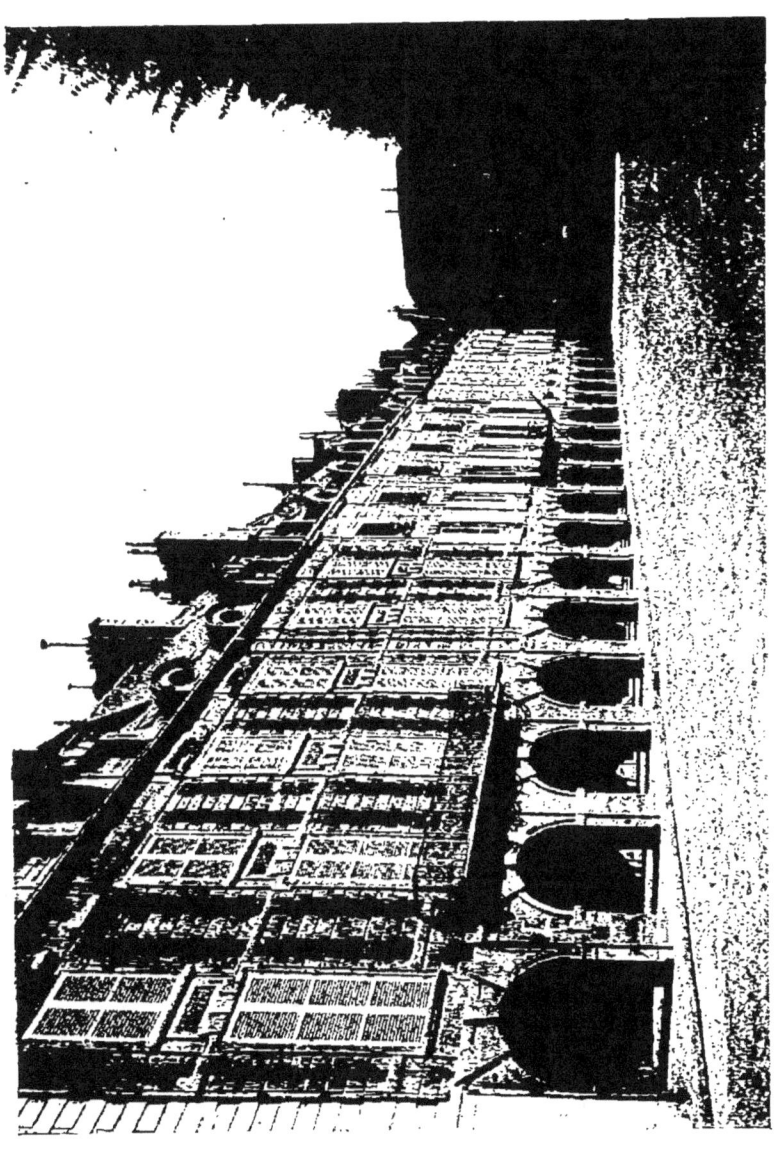

FIG. 41. — Vue perspective des arcades de la place des Vosges (Paris).

Carmes [1] rue de Vaugirard, et Saint-Louis, aujour-

[1]. L'église des Carmes fut coiffée du premier dôme à l'italienne, imité lui-même des dômes des anciennes basiliques d'Orient du VIe siècle. Quant à l'église Saint-Louis, elle est un des exemples

d'hui Saint-Paul, cette dernière due aux plans de
E. Martellange et de P. Derand) est pour ainsi dire
impersonnel dans les époques Louis XIII et Louis XIV
où il fut innové.

Pareillement, si nous nous occupons de l'architecture civile intérieure, nous voyons que les changements et améliorations survenus, concernent à la fois tout le xviie siècle. Les avantages du progrès, néanmoins, étant acquis au règne de Louis XIV, qui touche, dans sa fin, aux premières années du xviiie siècle, où naîtra le confort.

A l'époque de Louis XIII, naturellement, le bénéfice des premières réformes : c'est ainsi que l'idée des grandes salles, succédant à l'unique salle des châteaux du moyen âge, appartient en propre au fils de Henri IV, dans l'architecture duquel, en revanche, on retrouve la vieille forteresse du moyen âge sous les dehors de pavillons saillants qui flanquent les angles et les façades : témoin le palais du Luxembourg.

Arrêtons-nous d'ailleurs, un instant, au palais du Luxembourg, primitivement : palais *Médicis* et palais d'*Orléans*. Ce palais, incontestablement le plus important et le plus remarquable de Paris, après le Louvre, est, répétons-le, l'œuvre de Debrosse. Salomon

les plus intéressants de ces édifices religieux que les jésuites rêvèrent d'opposer à la magnificence des plus belles églises de Rome.

Debrosse, que nous vîmes également construire le portail de l'église Saint-Gervais (1616) dont le type servira à l'ornement des églises pendant près de deux siècles, naquit à Verneuil, dans l'Oise, on ne sait exactement à quelle date, et il mourut à Paris en 1627. Nous renvoyons le lecteur aux gravures représen-

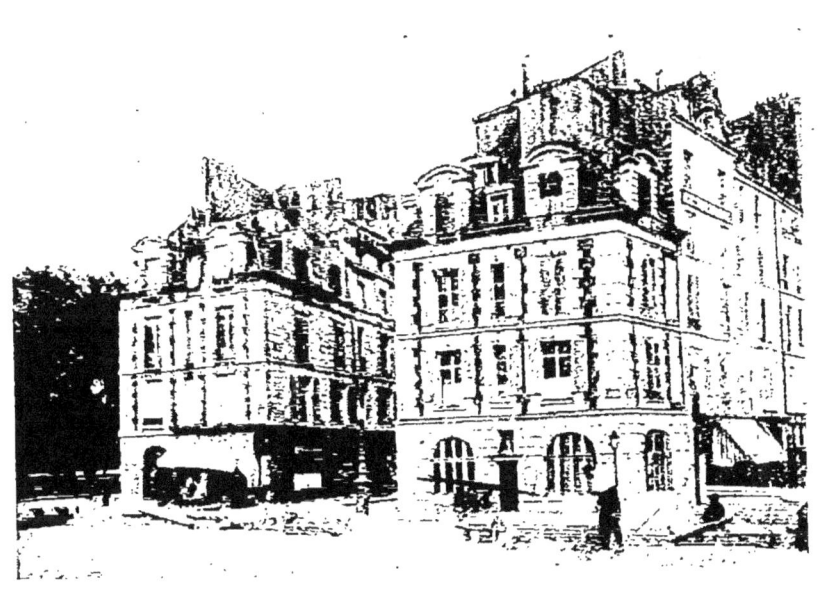

FIG. 42. — *La place Dauphine*, à Paris.

tant ce chef-d'œuvre qui, inspiré du palais Pitti, de Florence, demeure néanmoins d'une originalité bien nationale. Commencé en 1615, le palais du Luxembourg fut achevé en 1620.

On remarquera ses bossages, ses pavillons saillants, souvenir de la vieille forteresse du moyen âge, le pavillon du milieu surmonté d'une coupole, et l'on appréciera l'harmonie existant entre cet édifice et les

derniers construits sous Henri IV. Lès bossages semblent continuer l'esprit de la chaine des pierres en relief, sans contredire à l'aspect d'austérité dérivé de
l'architecture florentine.

Autres œuvres de Debrosse : *le Palais de Justice* de
Rennes, commencé en 1618, la reconstruction, en
1622, au Palais de Justice de Paris, de l'ancienne salle
des Pas-Perdus détruite par un incendie ; la *Fontaine
de Médicis* (dans le jardin du Luxembourg, *fig.* 54) pour
laquelle le célèbre artiste, sur l'ordre de Marie de Médicis, édifia le bel aqueduc d'Arcueil achevé en 1624 ;
le *château de Monceaux*, en Seine-et-Marne, pour Gabriel d'Estrées, sans oublier le château de Coulommiers
dont il donna les plans, et des ouvrages aujourd'hui
disparus comme le temple de Charenton commencé
sous Henri IV en 1606 et détruit après la révocation
de l'édit de Nantes (1685).

Salomon Debrosse, dont l'art est d'une haute conception française, a pris légitimement place à côté
des Philibert Delorme, Pierre Lescot, Jean Bullant,
Dupérac et des Ducerceau.

Nous associerons aussi à la gloire du style Louis XIII,
tour à tour riant sous la brique ou bien austère sous la
pierre aux énergiques bossages : Jacques II Ducerceau,
frère de Baptiste, qui fut également graveur. Jacques II
Ducerceau exerça les fonctions de secrétaire du duc
d'Anjou en 1576 ; il porta le titre d'architecte en chef

des bâtiments du roi, jusqu'en 1594 et mourut en 1614. Jean Ducerceau, fils de Baptiste, ensuite, auteur de l'Hôtel Sully (*fig.* 50) en 1624, et du nouveau pont au Change (1639), mort après 1649, porta également le titre d'architecte de Louis XIII. Puis voici les noms

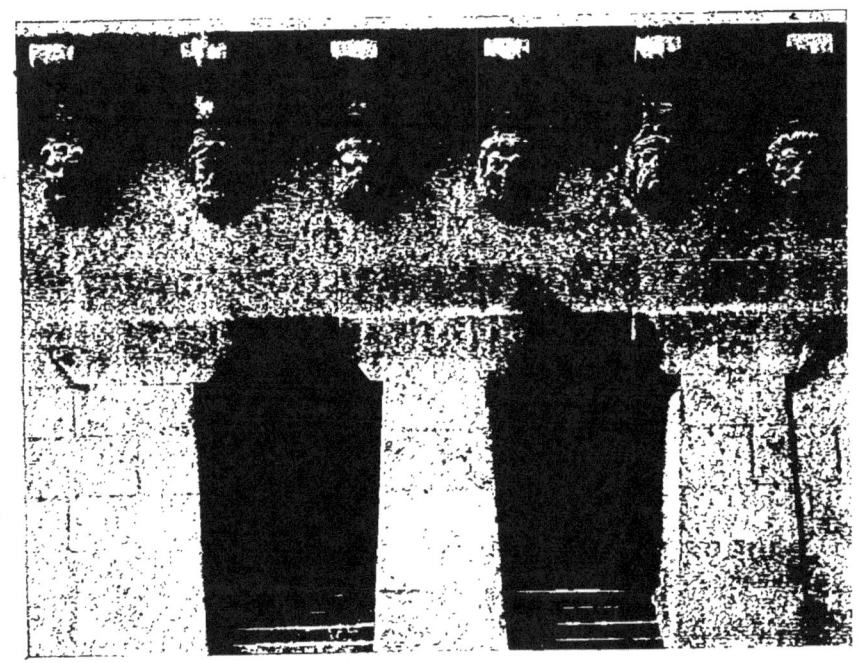

FIG. 43. — *Mascarons du Pont-Neuf* (Paris).

de Fournier, de Coin, de Thibaut Métezeau (1533-1586), de Louis Métezeau, fils du précédent, mort en 1615, de Clément Métezeau (1581-1652), et de Dupérac, déjà cité, mort après 1601.

Quant à Lemercier, malgré qu'il ait travaillé pour Richelieu et donné notamment la Sorbonne où se trouve la statue du cardinal, nous l'avons rattaché à l'époque de Louis XIV, d'autant qu'il contribua à cet avènement du dôme[1] si caractéristique dans les constructions du roi Soleil. D'ailleurs, Lemercier, en succédant à François Mansard, oncle et maître du célèbre intendant des bâtiments de Louis XIV : Jules Hardouin-Mansard, dans la direction des travaux du Val-de-Grâce, semble se réclamer aussi de l'art architectural qui suivra.

Cependant, il ne faut pas oublier que Jacques Lemercier (né à Pontoise, probablement en 1585, mort à Paris en 1654) s'est employé au Louvre, encore pour Richelieu, dans un style bien Louis XIII [son escalier en fer à cheval (*fig*. 48 et 49), à Fontainebleau, n'est pas moins caractéristique de ce style], et qu'après la Sorbonne, il a attaché brillamment son nom à la construction du Palais-Cardinal, autre inspiration du célèbre prélat. Le Palais-Cardinal, construit sur l'emplacement considérablement augmenté de l'hôtel délaissé par la marquise de Rambouillet, depuis 1606, devint le Palais-Royal qui devait être à peu près réédifié tel que nous le voyons aujourd'hui, par Moreau et Contant d'Ivry, sous Louis XVI, et ensuite par Louis.

Jacques Lemercier, architecte aussi de l'église Saint-

---

1. Le dôme du Val-de-Grâce est, en réalité, l'œuvre de Leduc, sous Louis XIV. Leduc imita des premiers, avec succès, les grands dômes italiens. En revanche, le dôme de l'église de la Sorbonne est bien de Lemercier.

Roch à Paris, des portails des églises de Rueil et de Bagnolet, de l'Oratoire, commencé par Clément Métezeau, etc., a fait également œuvre de graveur et de sculpteur. Parmi ses travaux de sculpture, on cite sa statue d'Henri IV, à Saint-Jean-de-Latran, et son sarcophage.

Pour terminer ce chapitre de l'architecture et de la transformation esthétique de Paris, sous l'empire d'une société française transformée, il faut placer, vis-à-vis de l'œuvre de Henri IV, celle que son fils poursuivit, c'est-à-dire cette succession brillante d'hôtels (nous avons vu ceux de la place Royale) dans l'île Saint-Louis (ceux notamment de Lauzun et de Lambert de Thorigny, ce dernier dû à Louis Le Vau), au Marais, dans les plaines du Petit et du Grand Pré-aux-Clercs, etc. Les carrosses, maintenant, roulent à l'aise dans les voies élargies, tandis que les mails naissent en province, ouvrant de fraîches perspectives à la promenade.

D'autre part, les jardins de la Renaissance, sans unité avec les constructions qu'ils agrémentaient, vont s'adapter, au contraire, exactement aujourd'hui, à l'harmonie des édifices, plus riants parmi les terrasses, les pièces d'eau, les parterres qui les environnent.

François Mansard, d'ailleurs, en dessinant les terrasses de la façade occidentale du château de Blois qu'il avait été chargé de reconstruire par Gaston d'Orléans, précéda la gloire de Le Nôtre.

Après l'organisation des salons ou des *ruelles*, l'organisation de la circulation en voiture ; c'est tout le luxe qui commence dans la communion du bien-être spirituel avec la satisfaction des commodités.

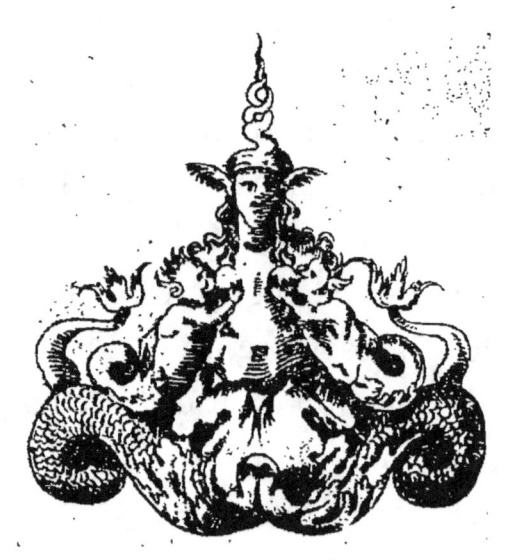

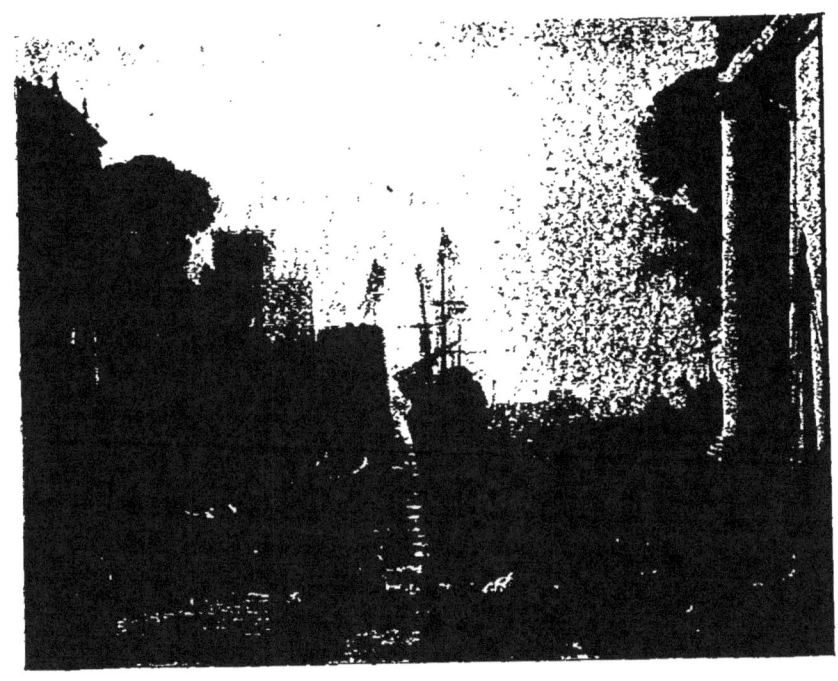

FIG. 45. — *Ulysse remet Chryséis à son père*, par Claude Gelée
(Musée du Louvre).

CHAPITRE IV

La Peinture : Ph. de Champaigne, Eustache Le Sueur, Nicolas Poussin, Claude Gelée, etc.

Nous avons précédemment indiqué les tendances de la peinture dès le début du xviie siècle : c'est-à-dire l'inspiration italienne, son imitation même, lorsque la maîtrise d'un Poussin, d'un Claude Gelée, ne parvenait pas à secouer le joug de la tradition. Nous notâmes, d'autre part, le mouvement original tracé par des génies comme Rubens (1577-1640), comme Téniers (1582-1649), en Flandre ; comme Rembrandt (1606-1669), en Hollande ; comme Velasquez (1599-1660), en Espagne. Ces génies étrangers, totalement affranchis, répétons-le, n'arrivèrent point cependant à arrêter l'exode de nos peintres en Italie, malgré la décadence artistique de ce pays, et l'on peut dire que l'influence décorative qu'un Rubens exerça en France et plutôt sous un Le Brun, à l'époque de Louis XIV, fut indirecte, tant était grande la force de l'habitude de prendre ses inspirations au pays de Raphaël.

Il semble qu'après la Renaissance, sous prétexte de réagir avec les temps, contre le manque de simplicité de la décadence italienne dont Simon Vouet fut un des derniers représentants en France, on se soit progressivement préparé à l'art classique, académique, qui refrénerait, dans une impersonnalité savante, les écarts d'une esthétique un peu alanguie, sinon déroutée ou épuisée par une période de beauté originale, éblouissante.

En traitant de « magots » les personnages de Téniers, Louis XIV semble refléter le goût artistique du xviie siècle, tout entier. Comment le naturalisme d'un Rembrandt eût-il séduit le grand roi ? Raison de plus pour que, dès Henri IV et sous Louis XIII, on estimât que l'art, tout comme les fronts, devait être ramené à une austérité que les *tabagies* et les *bambochades* naturalisées françaises eussent, en vérité, fait rougir, et c'est de cette austérité que devait naître la solen-

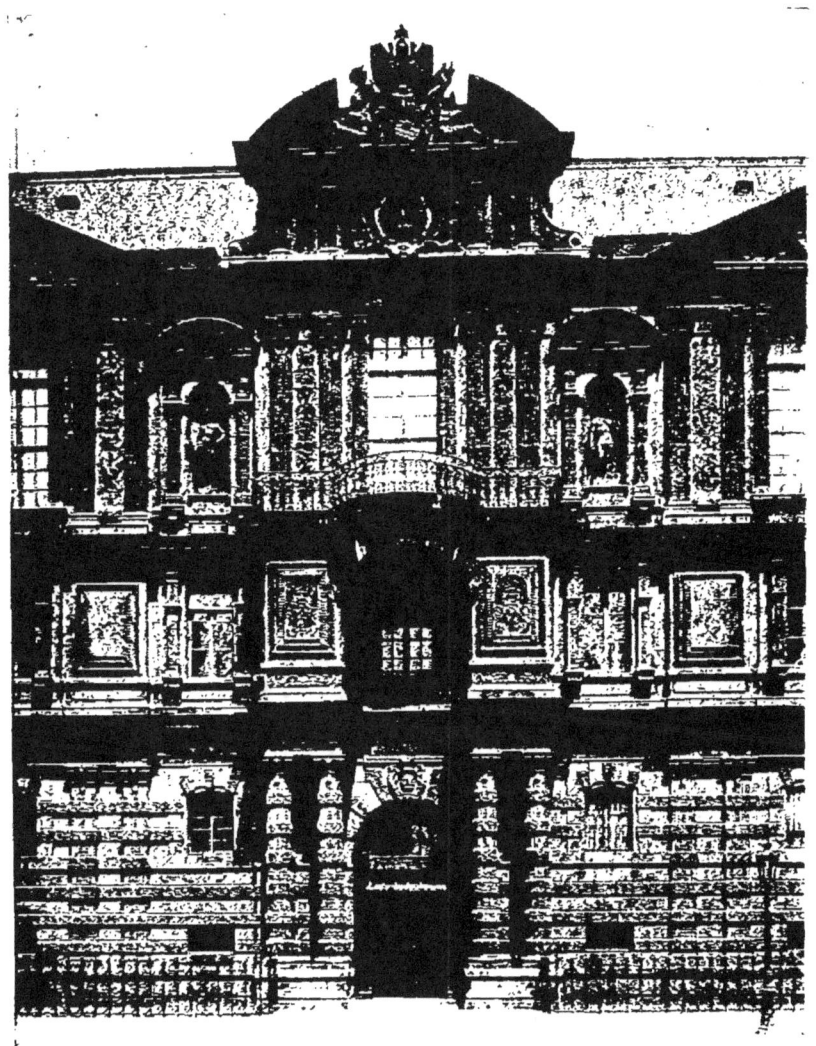

FIG. 46. — *Grande galerie du Louvre.*

nité remarquable à la cour d'artistes du grand Roi.

C'est ainsi que, Rubens excepté, l'exemple des plus grands peintres de l'époque reste infructueux et nos artistes, néanmoins, dégageront du trésor traditionnel leur personnalité coutumière.

Avant de parler des peintres étrangers, nous nous arrêterons à ceux de notre pays.

Le peintre en titre de Henri IV est Michel Fréminet, né à Paris en 1567, mort en 1619. On doit à cet artiste de médiocre talent, la continuation des décorations de Fontainebleau, en compagnie d'Ambroise Dubois (1543-1615)[1] de qui l'on voit, sur l'autel de la chapelle de la Sainte-Trinité, une *Descente de croix*. Le grand plafond de cette chapelle du palais de Fontainebleau (*fig.* 93), excessivement imité de Michel-Ange, donne une idée d'un art boursouflé et sans expression propre, que Fréminet n'a pas démenti dans son *Mercure ordonnant à Énée de quitter Didon*, du musée du Louvre, ni dans son *Saint Jean* du musée d'Orléans.

Après Fréminet, Simon Vouet, premier peintre de Louis XIII, ne brillera pas davantage par l'originalité.

---

1. Ambroise Dubois, natif d'Anvers, « s'italianisa » sans plus d'originalité que Fréminet avec lequel il travailla à la galerie de la Reine, au palais de Fontainebleau. Marie de Médicis l'employa aussi au Luxembourg et au Louvre. Naturalisé français, ce peintre officiel de la cour de Henri IV (ainsi que Toussaint Dubreuil, mort en 1602, élève de Fréminet, qui termina l'*Histoire d'Ulysse*, laissée inachevée à Fontainebleau par le Primatice et travailla d'autre part à la galerie d'Apollon détruite par un incendie en 1660), a peint encore, à Fontainebleau, un *Théagène et Chariclée*, tableau placé maintenant dans la chambre ovale où naquit Louis XIII.

Tout comme son prédécesseur, il voyagea à Rome, d'où il ne rapporta guère qu'un style sans grande pu-

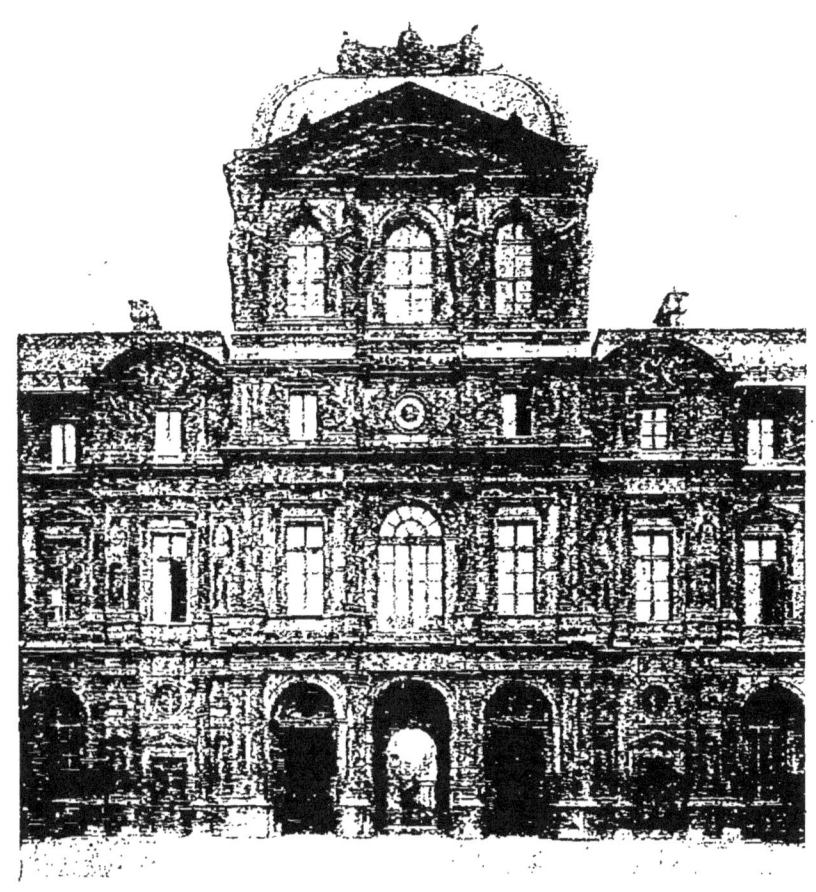

Fig. 47. — *Pavillon de l'Horloge* (Louvre), par Lemercier.

reté, fatalement entraîné sur la fin, vers le maniérisme. Vouet, pensionné par le roi qui l'avait rappelé à Paris en 1627, décora, tandis qu'il donnait des leçons de pastel à son bienfaiteur, le Louvre, Fontainebleau, le château de Saint-Germain-en-Laye ; sans compter qu'il fournit un grand nombre de portraits et de cartons de tapisserie. Nous le voyons ensuite travailler pour Richelieu [au Palais-Cardinal, à l'ancien hôtel Tubeuf [1] (où il donna un plafond) qui fut le noyau de la Bibliothèque nationale (*fig.* 56) et au château de Rueil], puis pour le maréchal d'Effiat, à Chilly (1635) ; pour le duc d'Aumont, etc. L'église Saint-Louis-en-l'Ile, à Paris, possède de cet artiste : *la Communion de saint Louis;* le musée du Louvre : un *Portrait de Louis XIII*, notamment; et le musée de Lyon : un *Christ en croix*. Simon Vouet, peintre au pinceau facile, sans éclat comme sans caractère, eut surtout l'honneur de préparer la gloire de Le Sueur, de Le Brun et de Mignard.

Avec Philippe de Champaigne, nous goûtons l'imprévu de saluer, parmi ces artistes d'inspiration italienne, un des meilleurs représentants de l'école flamande. Il est vrai que Champaigne, né à Bruxelles en 1602, mourut à Paris (1674) où il s'était rendu dès l'âge de dix-neuf ans. Au surplus, Poussin devait prodiguer ses conseils au compatriote de Rubens, dont l'œuvre abondant souffre singulièrement de n'être ni à la hauteur de l'exubérance fastueuse d'un Rubens, ni au niveau de la science et de la grandeur d'un Poussin.

1. Cet hôtel construit par Le Muet (1591-1669) et acquis par Mazarin, fut embelli par François Mansard qui lui adjoignit la célèbre « galerie mazarine ».

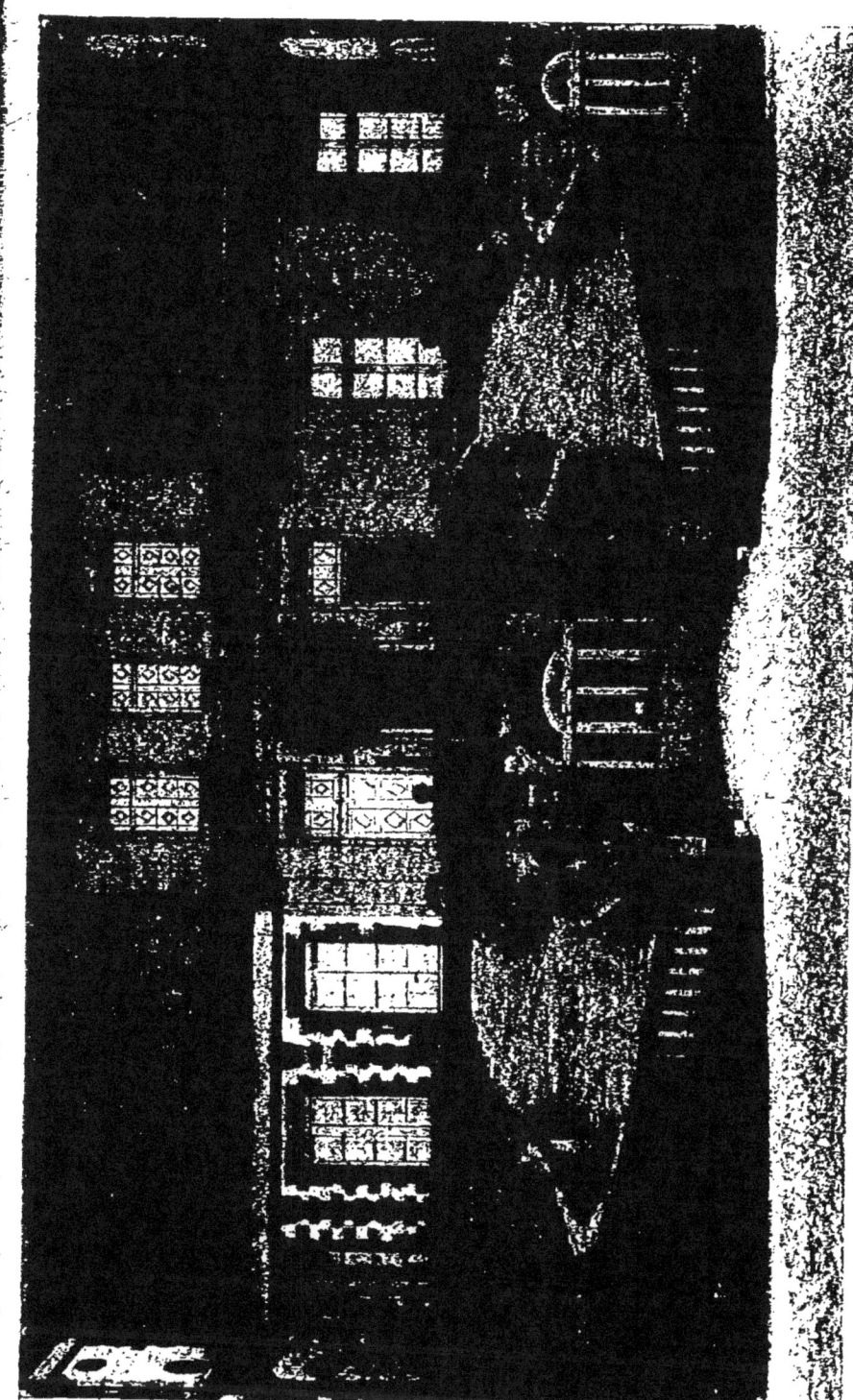

Fig. 48. — *Escalier du fer à cheval* (Palais de Fontainebleau), par Lemercier.

C'est grâce à l'amitié du Poussin qui le présenta à Duchesne, directeur des travaux exécutés au palais du Luxembourg pour Marie de Médicis, que Ph. de Champaigne obtint ses premières commandes officielles, et Duchesne étant mort sur ces entrefaites, il lui succéda, héritant à la fois de 1.200 livres de pension et d'un logement au palais de la reine. Après avoir exécuté plusieurs peintures pour les Carmélites du faubourg Saint-Jacques, il représenta le roi, notamment dans le *Vœu de Louis XIII* (à Caen), puis s'employa pour Richelieu au Palais-Cardinal et à la décoration intérieure du dôme de la Sorbonne. Nommé membre de l'Académie de peinture qui venait d'être créée (1648), l'artiste à la suite de plusieurs deuils de famille, chercha des consolations dans la religion et mérita le nom de « peintre de Port-Royal » où sa dernière fille prit le voile sous le nom de Catherine Sainte-Suzanne. De cette époque date le portrait d'*Agnès Arnauld et de Catherine Sainte-Suzanne*, qui est au Louvre, et nombreuses autres représentations de jansénistes dont le peintre partagea la foi. C'est d'ailleurs dans ce dernier genre particulièrement, que Champaigne s'impose à la postérité ; ses portraits de *Richelieu* (*fig.* 60), de *Louis XIII* (*fig.* 61), d'*Anne d'Autriche*, celui d'une *Femme inconnue* (*fig.* 62), au musée du Louvre, entre autres, ont un grand caractère. Peintre préféré de la reine-mère et de Richelieu, il a donné aussi les *Religieuses* et son propre portrait, au Louvre, la *Madeleine aux pieds du Sauveur*, au Val-de-Grâce ;

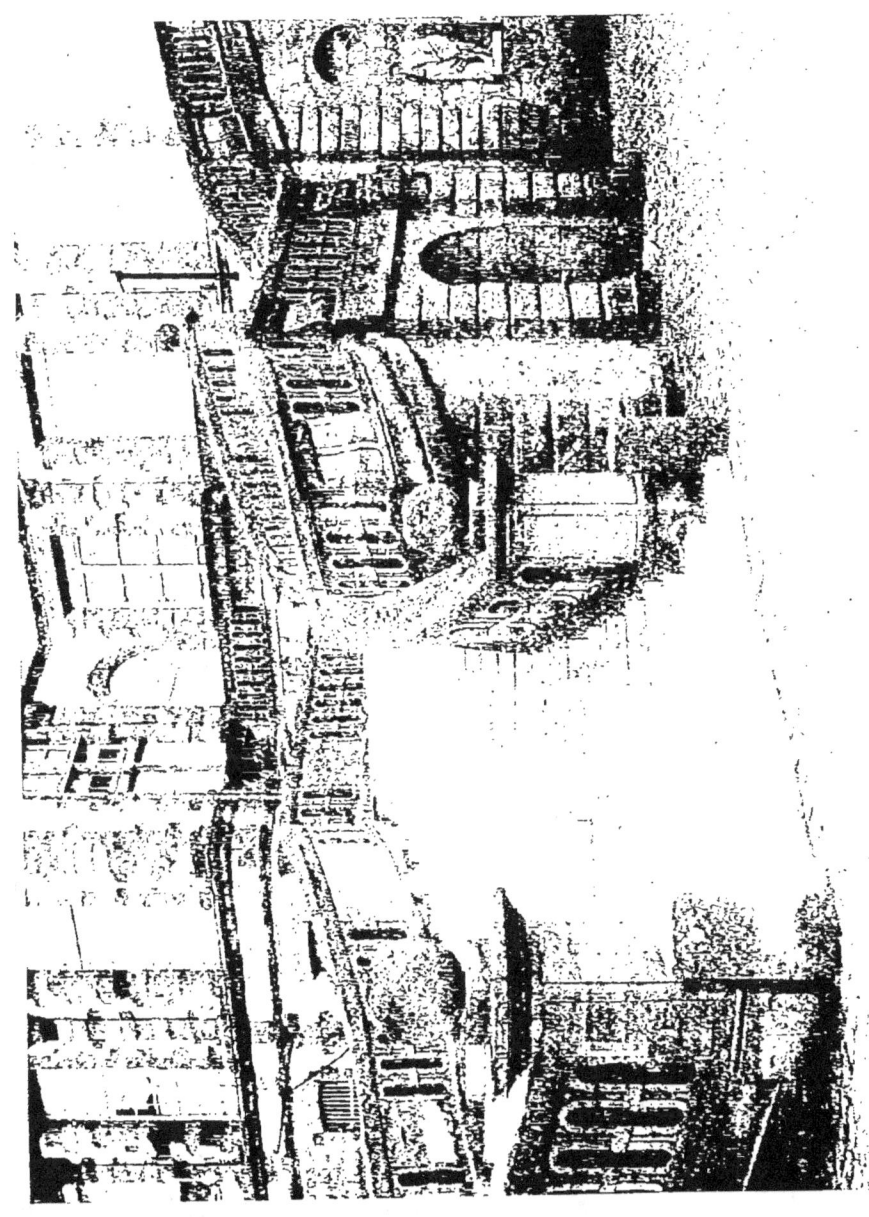

FIG. 49. — *Escalier du fer à cheval (détail du précédent), par Lemercier.*

saint Joseph et sainte Geneviève à Saint-Séverin ; le *Mariage du roi*, à Vincennes, pages d'une noblesse

5*

dans les attitudes et d'une expression dans les phy-
sionomies, qui reflètent les sentiments intimes du
maître : la droiture, la conviction et l'austérité.

Le nom d'Eustache Le Sueur semble succéder naturellement à celui de Champaigne, mais avec une
suavité particulière, car la foi de Le Sueur sera plus
souriante que la précédente, dans une expression plus
sensible. Après avoir débuté dans la manière de Vouet,
l'artiste ne tarda pas à se créer une voie originale
entre l'italianisme et l'académisme sur le point de se
partager l'art français.

« Par quel miracle, écrit Th. Gautier, déjà quand
l'Italie était encore fanatisée tantôt par les excès des
successeurs de Michel-Ange, tantôt par des réactions
impuissantes contre sa manière, quand la tentative
des Carrache n'avait abouti qu'aux violences du Caravage et au chimérique idéalisme de Josépin, à la
conscience un peu stérile du Dominiquin et à la systé-
matique suavité du Guide, quand chez nous, après les
travaux sans originalité des Dubreuil, des Ambroise
Dubois, des Leramberg et des Jean de Brie, Fréminet
renouvelait l'exagération à la Michel-Ange et les tons
noirâtres du Caravage, par quel heureux don, par quel
bienfait du ciel Le Sueur avait-il trouvé de lui-même
des dons pour créer de toutes pièces un art nouveau ? »

A cela nous répondrons que la misère qui retint le

maître à Paris, fut la seule cause, à la fois fatale et

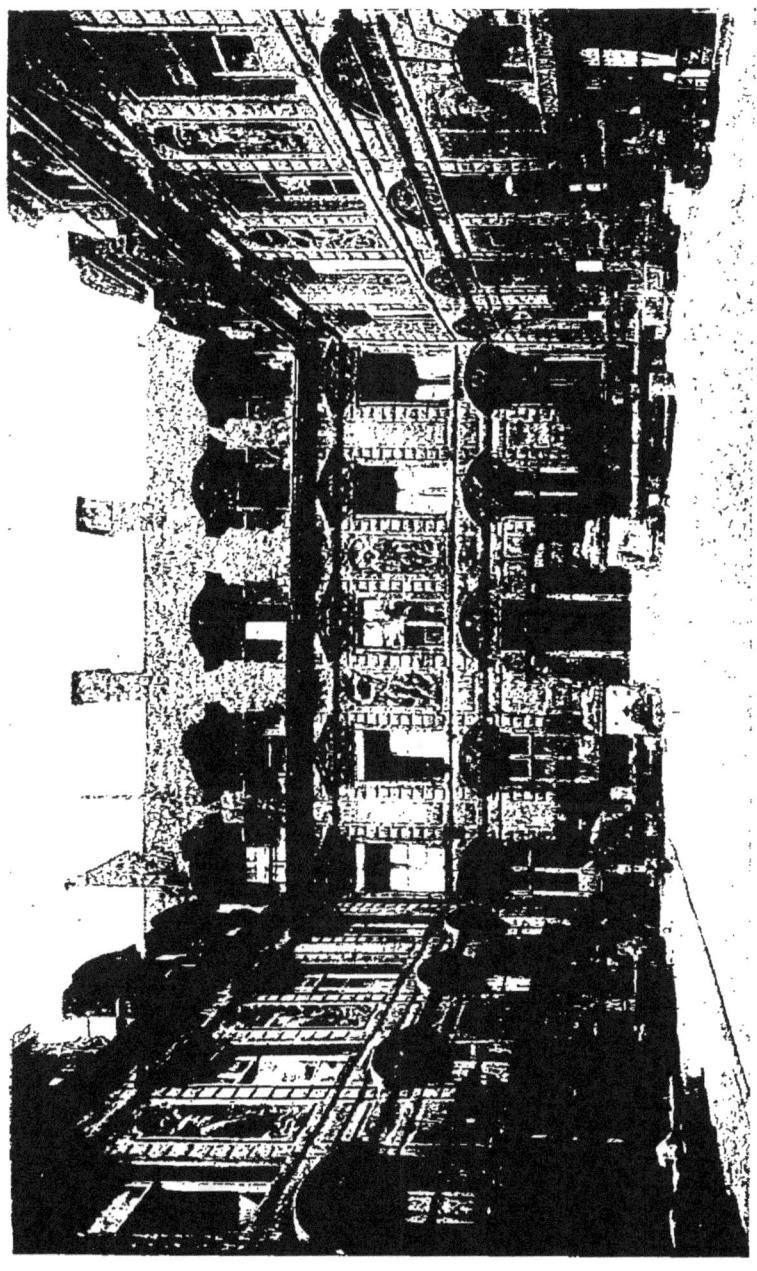

Fig. 50. — *Hôtel Sully* (Paris), par Jean Ducerceau.

providentielle, de cette heureuse fortune. C'est en

renonçant forcément aux procédés de l'Italie, comme à ceux, d'ailleurs, de Rubens, que Le Sueur trouva son charme personnel. C'est aussi à cause de cette personnalité que Le Sueur fut conquis et gagné du premier coup au style noble, sévère, si courageusement pur, si exempt de toute manière, innové par Poussin.

Bref, après une série de cartons de tapisseries tirées du *Songe de Polyphile*, où l'élève de Simon Vouet ne brille guère que par la grâce et la chasteté de ses compositions, viennent ses belles décorations pour l'hôtel du président Lambert de Thorigny.

L'originalité du peintre paraît alors dans les fragments de cette œuvre conservés au Louvre : *Phaéton, Ganymède*, mais elle s'accuse dans les vingt-deux toiles représentant la *Vie de saint Bruno*, commandées pour le cloître des Chartreux de la rue d'Enfer, également au Louvre, où l'on voit encore la plupart des peintures du maître, exécutées en compagnie de ses trois frères Philippe, Pierre et Antoine, qui l'aidèrent aussi, souvent, pour d'autres travaux, ainsi que son beau-frère Goussé, et Patel, Claude Lefebvre pour les églises de Saint-Gervais, Saint-Etienne-du-Mont et Saint-Germain l'Auxerrois, à Paris.

Eustache Le Sueur fut, comme Champaigne, l'un des premiers membres de l'Académie de peinture (1648). né à Paris en 1617, il devait s'éteindre dans cette ville, .

en pleine activité, à l'âge de trente-neuf ans. Citons

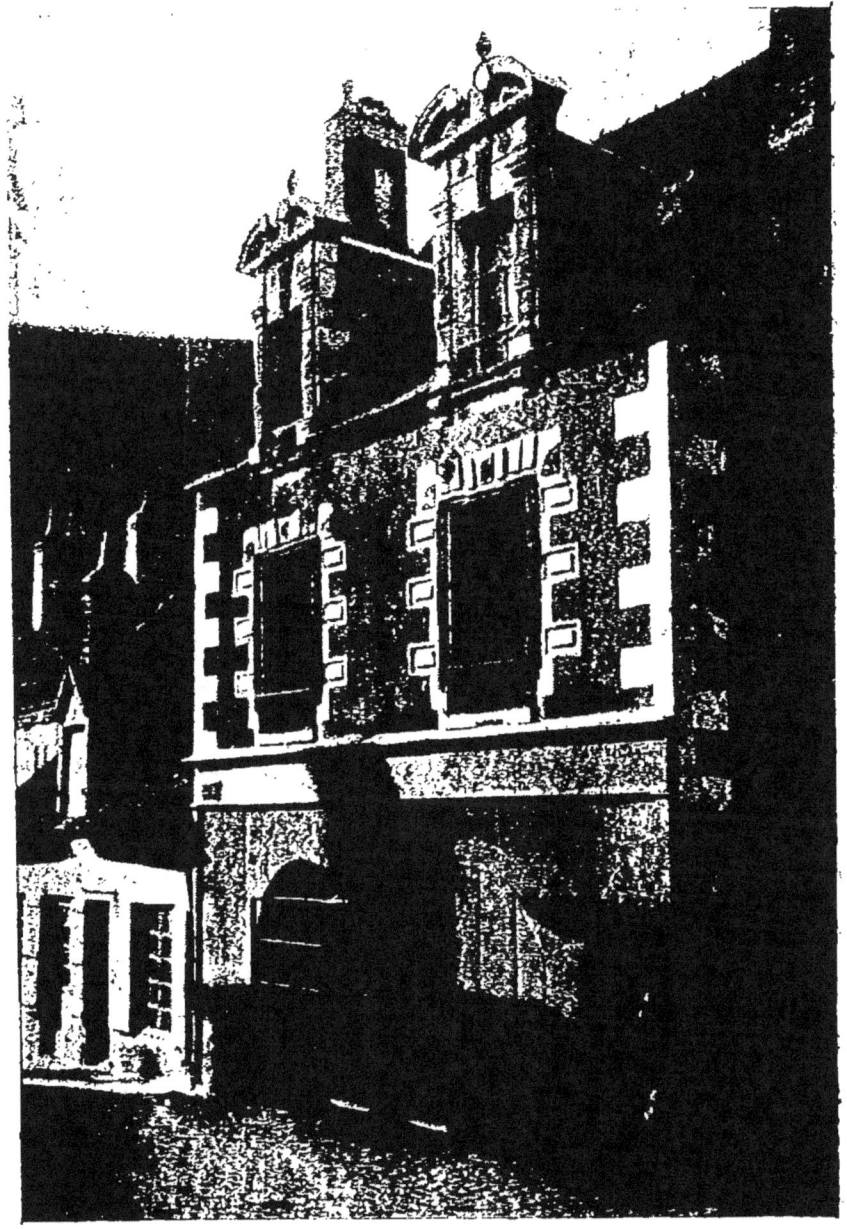

FIG. 51. — *Une maison Louis XIII*, à Romorantin (Loir-et-Cher).

encore parmi ses autres œuvres : la *Descente de croix*

(*fig.* 63); le *Christ à la colonne* (*fig.* 64); *Réunion d'artistes*; l'*Institution de l'Eucharistie* (au Louvre), sans oublier des frontispices et des vignettes de livres et de thèses qui marquèrent les débuts d'un grand peintre doux et réservé comme le coloris même de sa palette.

Pour deviner, a-t-on dit, en ce temps où la mythologie n'était qu'une mascarade, ce que le paganisme grec renferme de divin et d'idéal, ne fallait-il pas un chrétien et un mystique comme Le Sueur? De même, pour créer le paysage historique, image du paradis terrestre et non copie de la nature telle qu'elle se présente, il fallait l'esprit érudit, la conception hautaine et sereine d'un Poussin.

« L'œuvre du Poussin, poésie visible et tangible, c'est la nature inerte, conquise par la pensée créatrice; c'est l'œuvre des Grecs continuée et complétée par une transposition d'une audace étrange, car ce sourire humain qu'ils avaient su imposer à leur architecture, le peintre des Andelys le donne aux vastes frondaisons, aux solitudes, aux larges aspects des campagnes silencieuses. »

Ainsi donc, Nicolas Poussin (né aux Andelys en 1594, mort à Rome en 1665) est le maître de la peinture classique, et, malgré qu'il fût élève des anciens, il a conçu un style qui porte l'empreinte de son propre génie.

L'influence du « père de l'École française » se passe

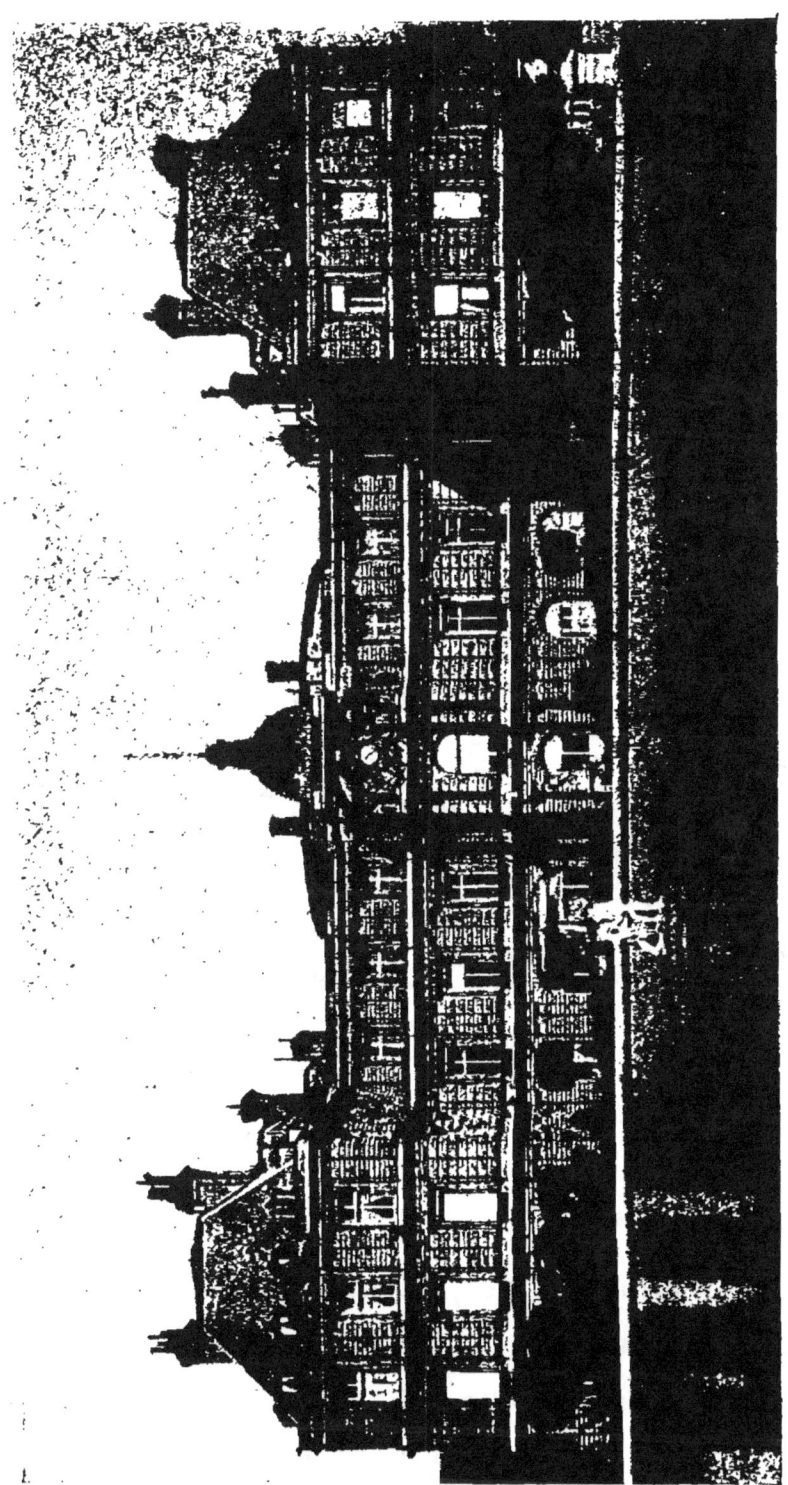

Fig. 52. — *Palais du Luxembourg (façade sur le Jardin), par Salomon Debrosse.*

de commentaires et, avant d'être ses disciples, les
plus grands artistes de son époque : Philippe de
Champaigne, Le Sueur, Claude Lorrain communient

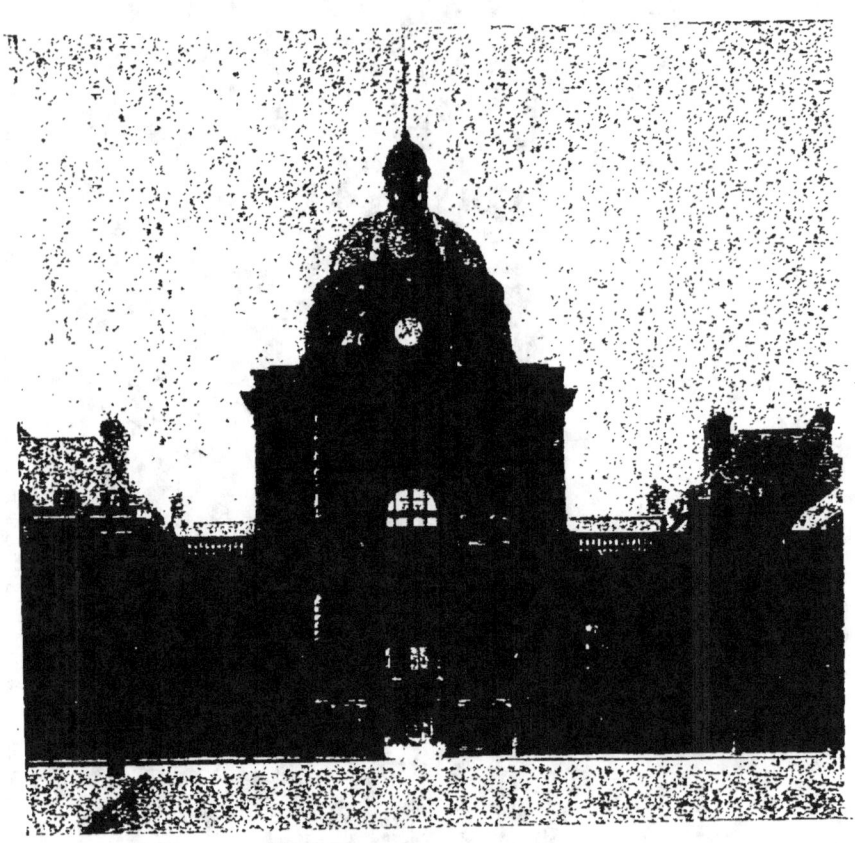

FIG. 53. — *Palais du Luxembourg* (façade sur la rue de Tournon).

à Rome, avec le peintre visionnaire, dans le décor où
il se complaît à évoquer, à travers un brouillard intel-
lectuel. l'antiquité. « *Et ego in Arcadia !* Oui, s'écrie
Arsène Houssaye, Poussin a vécu dans l'Arcadie, mais
dans une Arcadie qu'il a lui-même créée, calme, apai-
sée, grandiose et toute pleine du souffle des dieux. »

A vrai dire, la vie du Poussin est aussi calme que
son œuvre, n'était l'épisode de son court séjour à

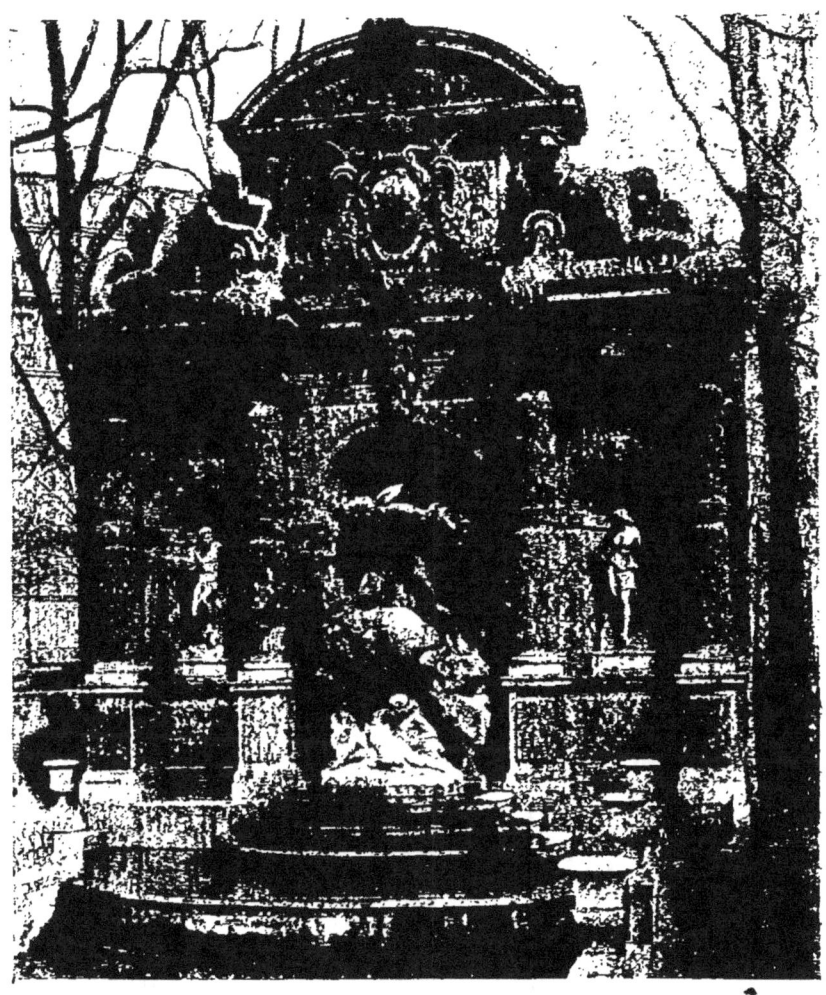

FIG. 54. — *Fontaine de Médicis* (Jardin du Luxembourg),
par Salomon Debrosse.

Paris où de basses intrigues troublèrent la tranquillité de son âme. Après avoir fait ses études chez Quen-
tin Varin, puis dans l'atelier du peintre flamand Fer-

dinand Elle et de Lallemand, aidé par un gentilhomme
poitevin qui lui ouvre sa bourse, il gagne l'Italie où
il passe son existence.

Du moins, il n'eût jamais quitté sa petite maison
du monte Pincio, si l'écho de sa réputation n'était
venu aux oreilles de la cour de France. Hélas ! ce
n'étaient pas les délices de sa jolie demeure du jardin
des Tuileries, mise à la disposition du Poussin par
Louis XIII, qui devaient le consoler de cette infidélité
à la terre de Raphaël !

Effectivement, si l'amitié de M. de Chanteloup,
maître d'hôtel du roi, et de M. des Noyers, secrétaire
d'État, permit au célèbre peintre de manifester son
génie en France où l'écho de sa gloire l'avait attiré,
tant de bruit fait autour de son nom le consolait-il
« de son temps dépensé à dessiner des cartons pour
des tapisseries et des fers de reliures » ?

Avant de quitter l'Italie, Poussin peignit donc pour
son protecteur, le cardinal Barberini : la *Mort de Ger-
manicus* et la *Prise de Jérusalem* (au musée du Louvre) ;
puis, le cardinal Omadéi fut l'heureux possesseur de
l'*Enlèvement des Sabines* [dont une réplique est également au Louvre (*fig.* 67)], et les tableaux des *Sacrements* vinrent enrichir la galerie du chevalier Cas-
siano del Pozzo ; ces dernières œuvres, en lesquelles
apparaît, lumineusement, le goût attique de leur
auteur.

Le peintre Jacques Stella (à qui l'on doit un grand nombre de compositions décoratives intimement rat-

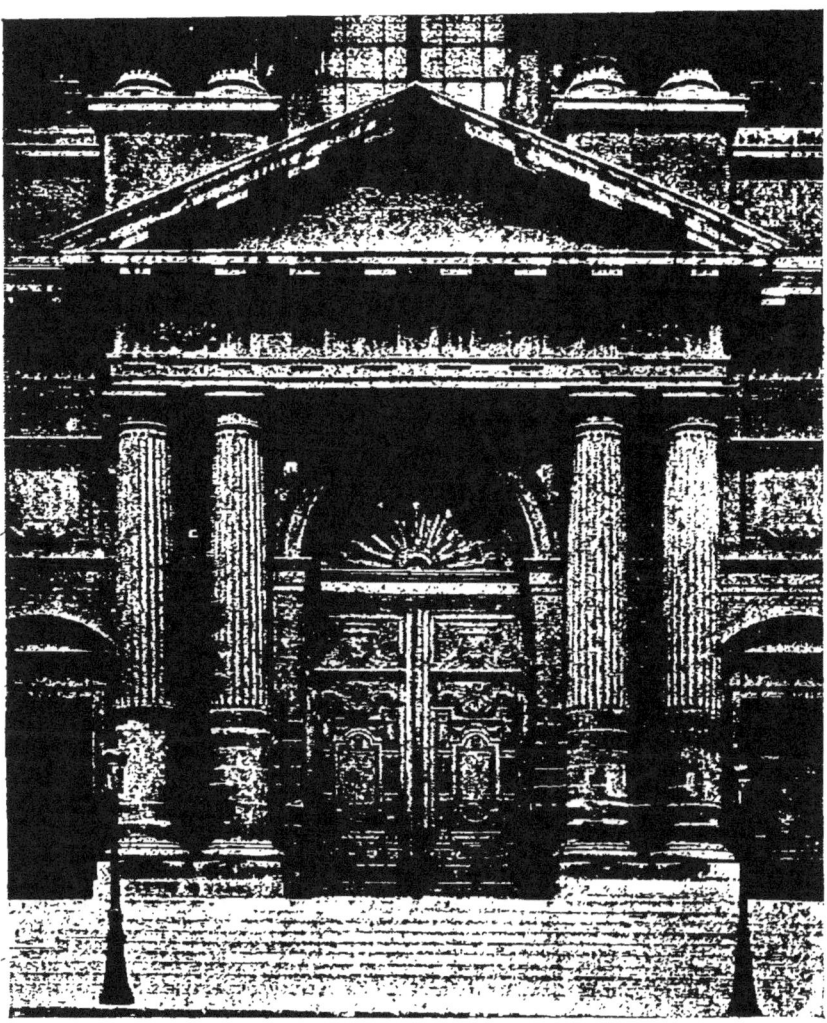

Fig. 55. — *Portail de l'église Saint-Gervais* (Paris),
par Salomon Debrosse.

tachées au style qui nous occupe), ami de Poussin, parle alors du génie français à Louis XIII, par l'intermédiaire de M. de Chanteloup, et, la première com-

mande royale fut une *Manne* (au Louvre), que l'artiste
n'exécuta cependant qu'après deux autres toiles :
Camille renvoyant les enfants des Falisques (Louvre),
pour La Vrillière, secrétaire d'État, et le *Frappement
du rocher*, pour Gillier.

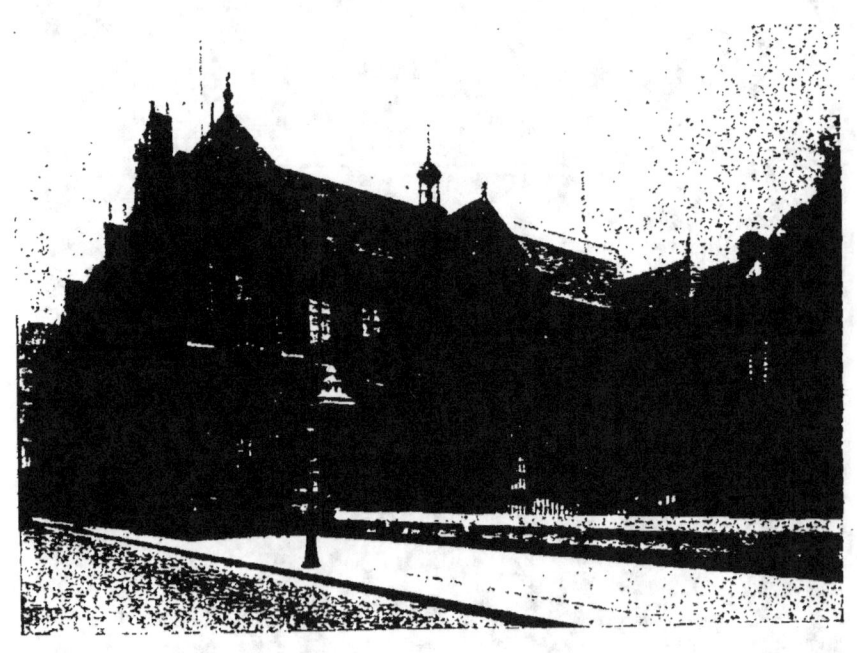

FIG. 56. — *Hôtel Tubeuf* (façade postérieure) et *Galerie Mazarine*
(Bibliothèque nationale).

Une autre commande de Stella : *Armide et Renaud*,
décide enfin le cardinal de Richelieu à dépêcher au
Poussin, des Noyers, porteur d'une lettre du roi, qui lui
demande de venir en France. La réponse du maître
fut l'envoi de ses *Bacchanales* et de *saint Jean bapti-
sant le peuple* (au Louvre), réponse tellement brillante
qu'elle amena M. de Chantcloup à Rome avec ordre

de ne revenir à Paris qu'accompagné du célèbre
peintre.

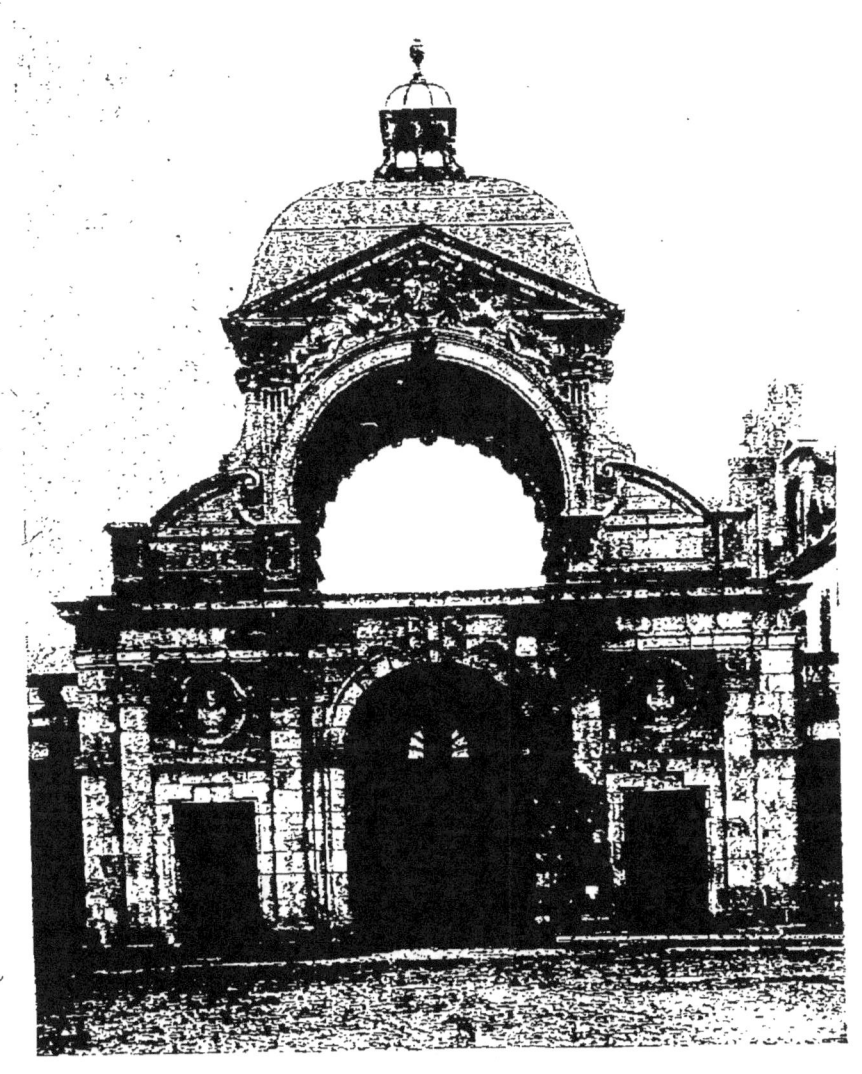

Fig. 57. — *Baptistère de Louis XIII* (Palais de Fontainebleau).

Poussin ne céda qu'aux instances de l'ambassadeur,
et s'il n'avait estimé qu'il devait à sa patrie la consécra-
tion de son génie, le pressentiment de sa quiétude

troublée l'eût retenu chez ses premiers admirateurs,

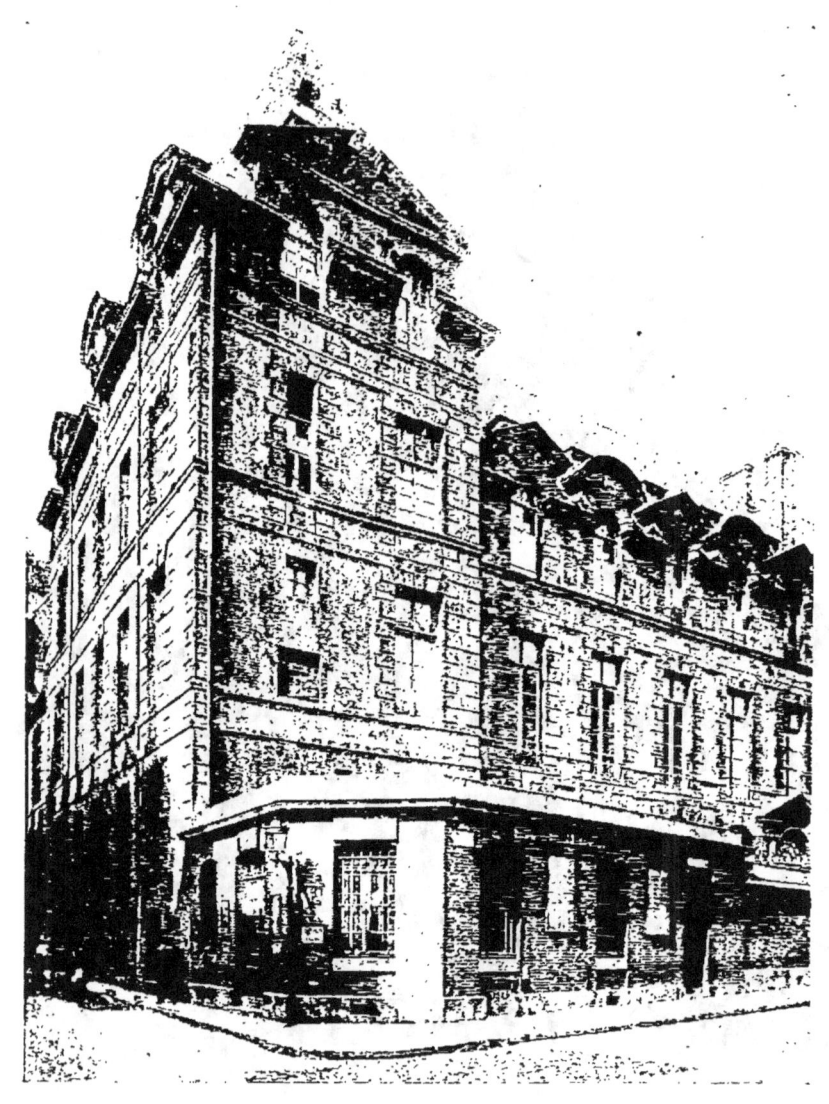

FIG. 58. — *Ancien palais abbatial de Saint-Germain-des-Prés*
(rue de l'Abbaye, à Paris).

au sein de l'éden calme que son extrême simplicité
affectionnait.

Nicolas Poussin, à son arrivée en France (1640), est

ogé au Louvre et embrassé par le cardinal; c'est à

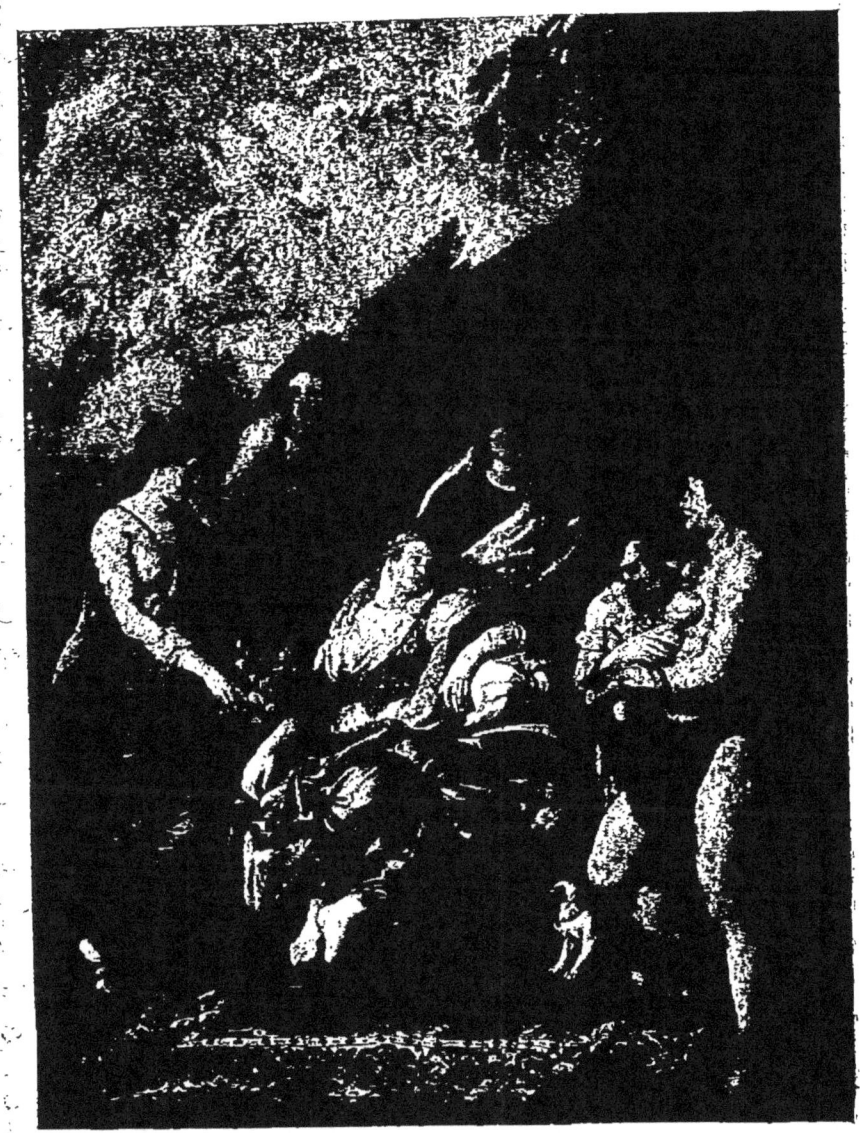

Fig. 59. — *Naissance de Louis XIII* (Musée du Louvre),
par P.-P. Rubens.

Saint-Germain, ensuite, que Louis XIII l'accueille.
Voici maintenant l'énumération des œuvres remar-

quables avec lesquelles le grand artiste paye sa bienve-
nue. C'est d'abord une *Cène* commandée par le roi pour
l'église de Saint-Germain ; ensuite le *Miracle de saint
François-Xavier ;* la *Vérité enlevée et soustraite à l'En-
vie et à la Calomnie par le Temps* (Louvre) ; une seconde
série, enfin, des *Sept Sacrements* que M. de Chanteloup
eut le mauvais goût de déclarer inférieure à la précédente, à la grande indignation de leur auteur. Par
dilettantisme, d'autre part, Poussin tint à nous révé-
ler dans la *Mort de Saphire ;* la *Femme adultère ;* les
Aveugles de Jéricho et *Rébecca*, les derniers aspects de
son talent, du plaisant au sévère en passant par l'émou-
vant, tandis qu'il touchait à l'expression historique
dans les *Obsèques* et *Cendres de Phocion*, et à la mythologie, de même qu'à la fantaisie, dans *Polyphème ap-
pelant Galatée au son de la flûte, Pyrame et Thisbé,
Orphée,* l'*Inspiration du poète* (*fig.* 66), les *Bergers
d'Arcadie*, etc. Sans compter que toutes ces belles
scènes se passaient dans un paysage singulièrement
idéal, riant ou désolé, suivant le caractère et le sentiment de la composition. Ainsi se réalisait l'effort de
la pensée multiple de leur créateur dont le triomphe ne
fit que croître, malgré que la basse jalousie des Feu-
quières, des Simon Vouet, des Lemercier s'attachât
à ralentir l'enthousiasme de ce génie et celui de ses
partisans. Tant et si bien d'ailleurs, que, lassé des
caprices de ses admirateurs autant que des hostilités

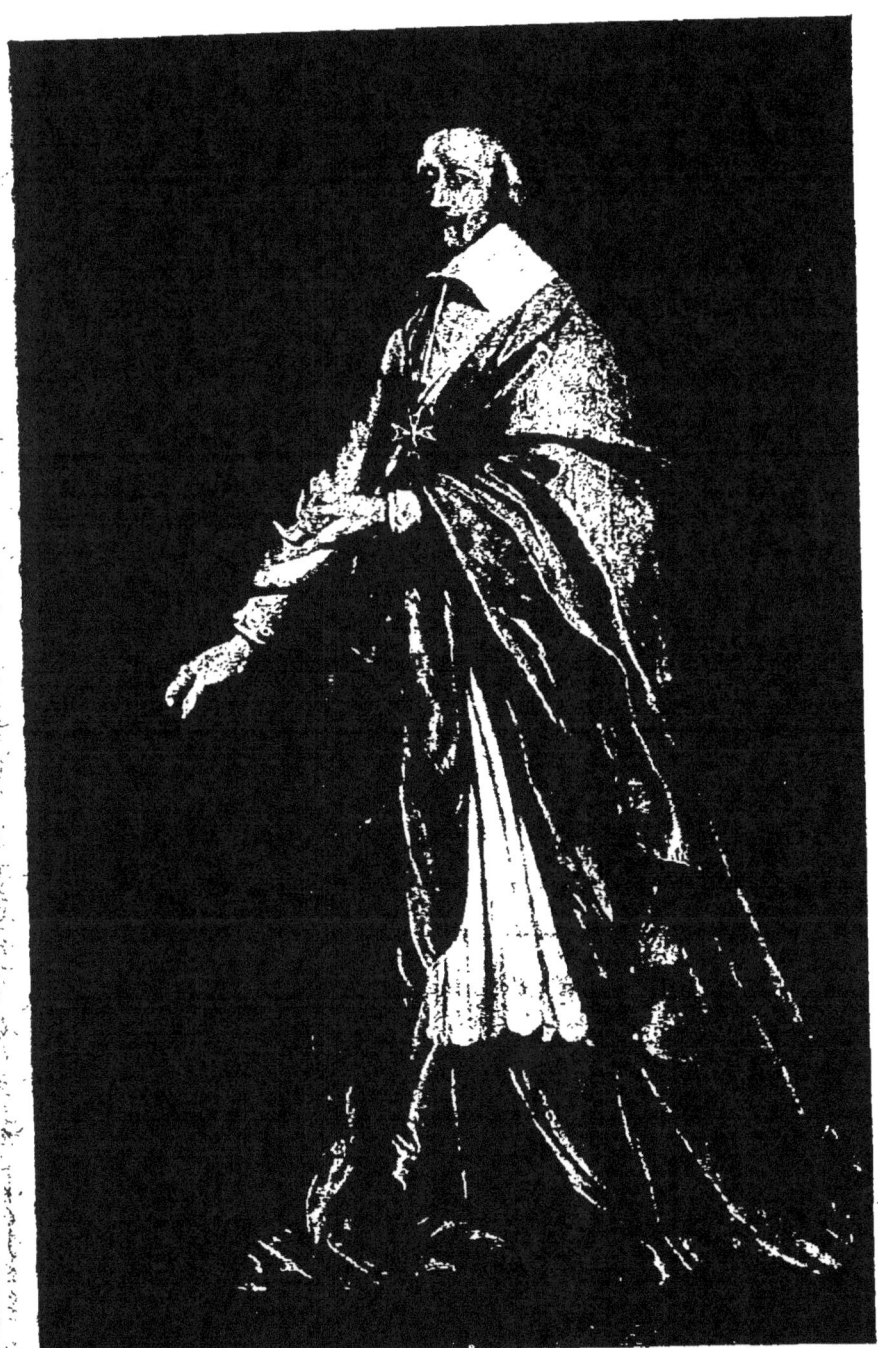

FIG. 60. — *Le cardinal de Richelieu* (Musée du Louvre),
par Philippe de Champaigne.

pénibles de ses rivaux, hostilités ouvertement déchaî-
nées lors de la décoration de la grande galerie du
Louvre, Poussin préféra céder à la cabale. Il sollicita
la permission d'aller chercher sa femme malade à
Rome, pour la ramener à Paris, simple prétexte pour
retourner à la sérénité de sa petite maison du monte
Pincio. Mais, fort heureusement, la mort de Louis XIII
et celle de Richelieu libèrent, entre temps, l'artiste
de ses promesses et de sa parole donnée.

Le voici désormais délivré de la cour et de ses su-
jétions tandis qu'il savoure en paix sa vengeance à
l'égard de ses ennemis qui, en admirant le *Triomphe
de la Vérité*, sa dernière œuvre exécutée en France,
mesurent toute l'étendue de leurs calomnies et pèsent
tout le poids de leurs injures. De même que le Poussin avait été reconnaissant vis-à-vis de ses protec-
teurs, en leur faisant des chefs-d'œuvre, il convertit à
sa gloire, par des chefs-d'œuvre, ses plus acharnés dé-
tracteurs ; quoique, en réalité, le père de l'École classique ne fût réellement compris que de lui-même.

L'ultime effort du Poussin vers la Beauté se résume
en son *Déluge* qui est au Louvre (*fig.* 65), d'une irréalité
extraordinaire, selon la façon coutumière au traducteur
de l'idéal ennobli, au créateur du *paysage historique*.

A Rome, Claude Gelée avait rencontré Poussin.
Une amitié fervente unit aussitôt les deux maîtres, à la
façon de deux rêves qui se fondent. C'est ainsi que le

nom de Claude Gelée dit « le Lorrain » vient naturel-

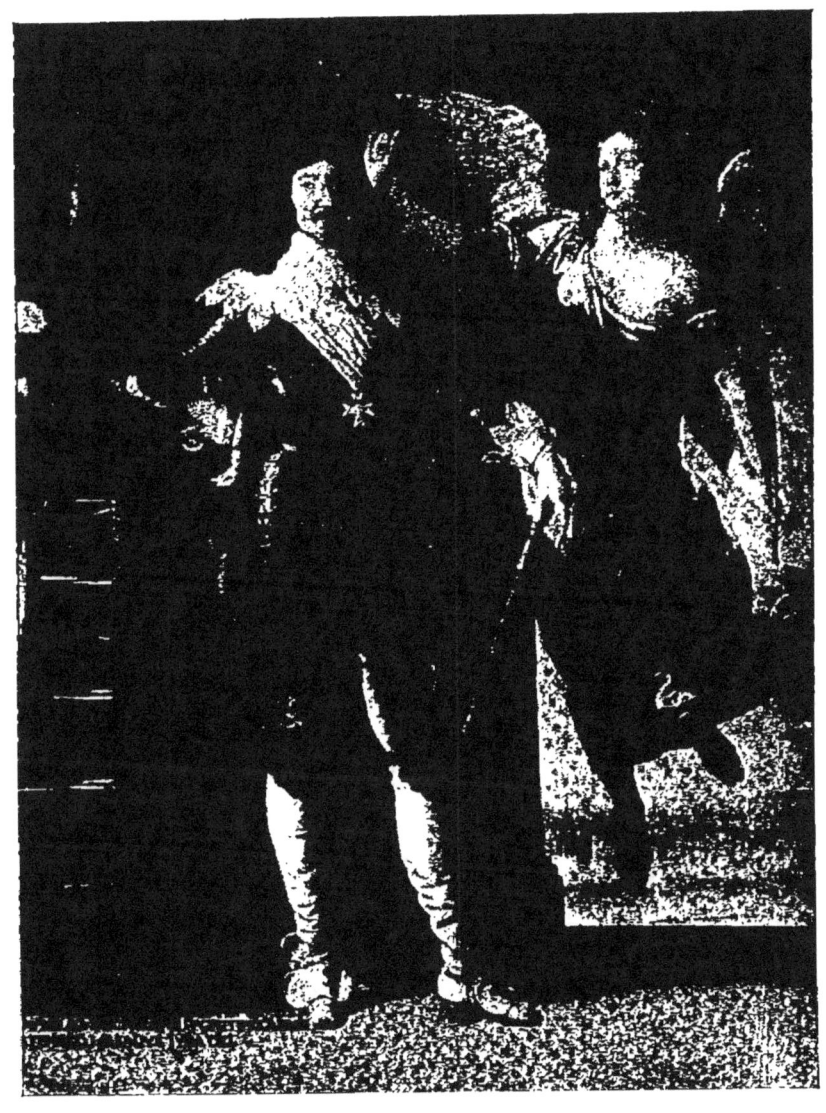

Fig. 61. — *Louis XIII couronné par la Victoire* (Musée du Louvre),
par Ph. de Champaigne.

lement sous notre plume après celui de l'auteur des
Bergers d'Arcadie. Claude Gelée, peintre et graveur

français, né au château de Chamagne, près de Mire-
court, en 16 0, mourut à Rome en 1682.

L'histoire nous montre le jeune homme passant lit-
téralement pour idiot, à ses débuts, dans une famille
pauvre et nombreuse. Puis, c'est à Rome que la vo-
cation du peintre s'éveille, tandis que les brumes
de son cerveau rapidement se dissipent sous le
chaud soleil de son génie naissant. Élève à Naples,
de Geoffroy Wals dont l'œuvre reste obscure, Claude
a été vivement impressionné par Michel-Ange et Raphaël, mais c'est à la Nature, surtout, que reviendra
le mérite de sa gloire. Si nous passons sur les em-
bûches nombreuses dressées par la fortune, à notre
personnage qui se rend de Rome à Venise, passe en
Allemagne et séjourne à Nancy pour échapper à la
misère, nous le rejoignons à Rome où il est retourné
(1627). A Rome, Claude voit son inspiration, maintenant quiète, exaltée par celle de Poussin dont la culture littéraire lui est si favorable, et Poussin fortifie
son amour de l'idéal dans l'intimité du grand paysagiste visionnaire.

De cette époque date la commande, faite par le roi
d'Espagne au Lorrain, de huit paysages et marines qui
sont l'un des plus beaux atours du musée de Madrid.
Voici maintenant notre peintre riche, chargé d'hon-
neurs; et l'énumération de ses chefs-d'œuvre semble
une apothéose. C'est, au Louvre : la *Vue du Campo*

Vaccino ; la *Vue d'un port ; Ulysse remet Chryséis à*

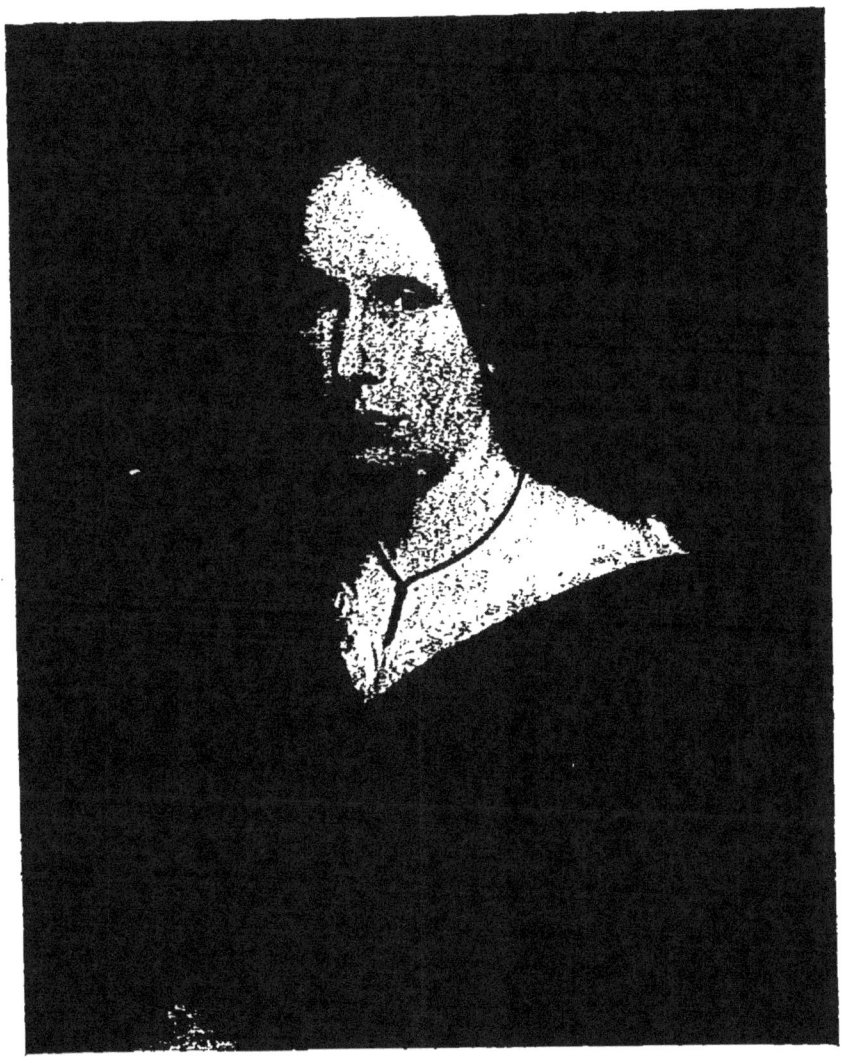

FIG. 62. — *Portrait de femme inconnue* (Musée du Louvre),
par Philippe de Champaigne.

son père (fig. 45) ; la *Fête Villageoise (fig.* 68) ; un *Port
de mer au soleil couchant ;* l'admirable *Débarquement
de Cléopâtre à Tarse ; le Gué ; David sacré roi par*

6*

Samuel; sans compter, parmi tant d'autres toiles figurant à Rome, un *Moulin* qui est l'un des plus purs joyaux du palais Borghèse. Comme graveur, Claude Gelée a laissé un très grand nombre d'eaux-fortes où dominent toujours ses excellentes qualités de précision, de sentiment et de radieuse lumière. Dans ce genre, l'artiste signa une vue du Forum fort intéressante, et le plus étonnant de ses dessins représente une scène de l'*Énéide* (1682).

La suavité, la jeunesse et la poésie de cet art se défendirent avec une rare originalité contre le naturalisme propre à l'école hollandaise, et l'on pourrait en dire autant de l'art du Poussin, qui se fût offensé de la réalité chère, d'une manière générale, à toute l'école étrangère, si remarquable néanmoins à l'époque, par son audacieuse et géniale désinvolture.

On remarquera enfin, que Claude Gelée ne travailla point pour la cour de France. Alors que la cour d'Espagne l'avait fêté, l'illustre peintre, qui mourut à Rome, comme Poussin, semble être demeuré à l'écart de notre art officiel, malgré que, cependant, deux toiles du maître aient retracé les hauts faits de Louis XIII : le *Siège de La Rochelle par Louis XIII;* le *Pas de Suse forcé par Louis XIII* (1651).

Après avoir célébré la gloire du « Raphaël du paysage » qui n'eut peut-être d'égal dans la sincérité que le Hollandais Ruysdaël, nous parlerons d'un autre maître inséparable de l'époque en question : Jacques Callot.

Jacques Callot, peintre et graveur, naquit à Nancy

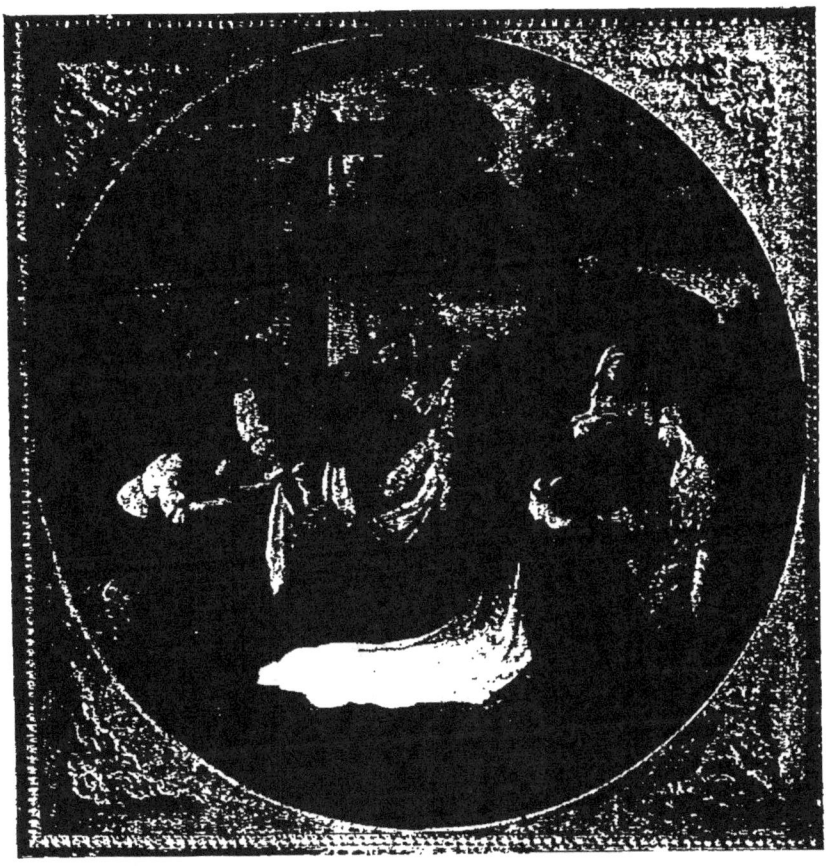

FIG. 63. — *La descente de croix* (Musée du Louvre), par Le Sueur.

en 1592 et mourut en 1635. Son art épique, essentiellement français, représente, a-t-on dit, fort justement, « l'imagination artistique et la verve du xviie siècle, au temps de Richelieu ».

Comme Claude Gelée, Callot connut la détresse des

débuts et la vie aventureuse. La série des *Bohémiens*
(*fig.* 72, 73 et 75) en dit long sur l'existence nomade,
croquée sur le vif, que cet artiste eut à endurer avant
de connaître la tranquillité, relative du moins, dans
laquelle nous le verrons produire si personnellement
et avec une observation si aiguë.

Mais nous ne nous essoufflerons pas à suivre Callot
à travers ses pérégrinations, et nous nous bornerons
à citer ses œuvres d'une si grande variété d'inspiration : scènes de mœurs et de genre, sujets religieux,
fêtes, paysages, batailles; représentations pittoresques
de seigneurs et de gueux, tour à tour rendus avec une
vérité saisissante ou dans le grossissement spirituel
de la caricature.

Laissons de côté le Callot peintre qui, en somme,
s'est rarement exprimé avec son pinceau, pour nous
appesantir davantage sur le Callot graveur-aquafor-
tiste abondant. Nous devons au maître, en effet, plus
de quinze cents planches gravées et, la plupart, à
l'eau-forte où sa pointe, verveuse et impatiente, trouva
plus de liberté que ne lui en permettait le burin. Graveur original, en ce sens qu'il n'interpréta jamais
d'autre génie que le sien, Callot débuta dans la gloire
par ses *Caprices* (1617), et le succès de ses planches
du *Siège de Bréda* décida Louis XIII à appeler l'artiste
en France. De cette époque date une autre série d'es-
tampes guerrières, parmi lesquelles on remarque un

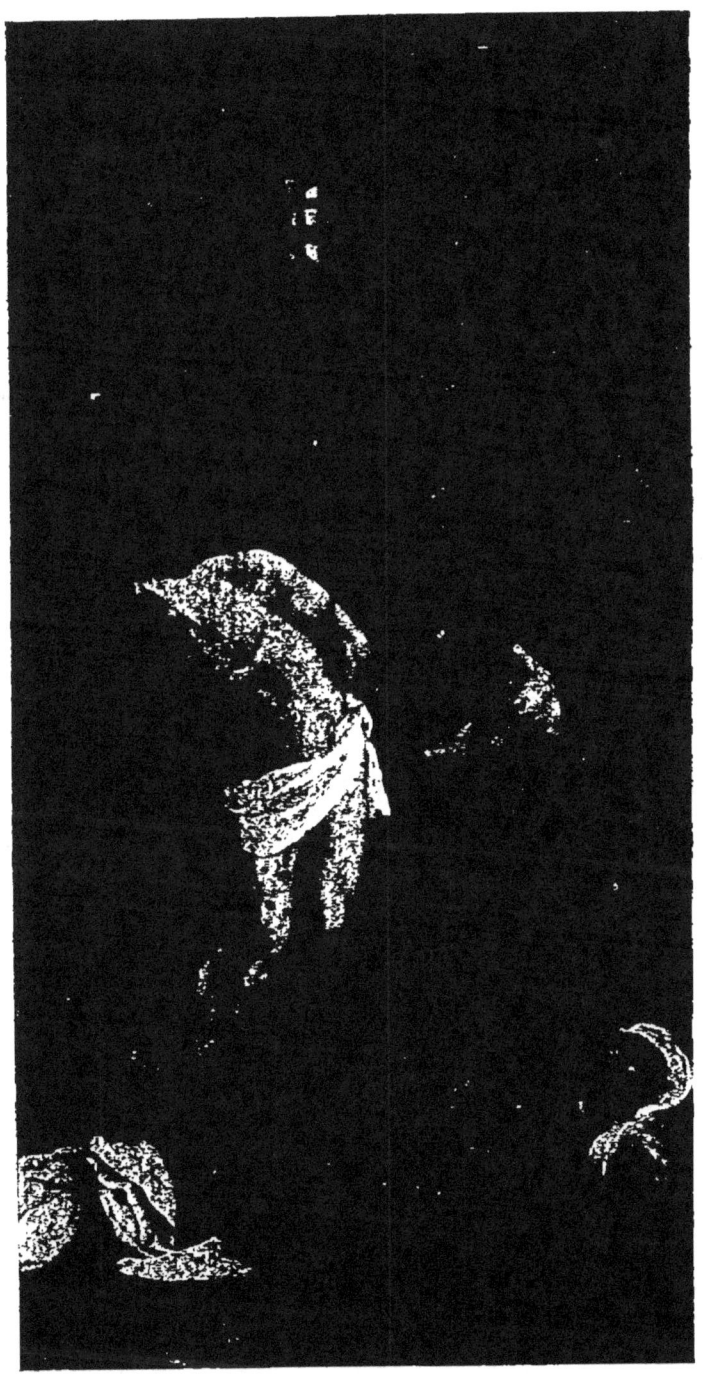

FIG. 64. — *Le Christ à la colonne* (Musée du Louvre),
attribué à Le Sueur.

Siège de La Rochelle; puis, des *Vues de Paris* commandées aussi par Louis XIII, révélèrent notre peintre
de mœurs sous un jour non moins avantageux. Citons encore : les *Misères de la guerre* et, dans le genre
humoristique, des *Diableries* d'une fantaisie étince-
lante.

Les petites compositions de Callot, où les personnages scrupuleusement croqués fourmillent, ont un
aspect caractéristique. D'essence purement française
par l'ingéniosité inventive et la vivacité de l'observation, ces pages émanent d'un patriote qui méritait bien
aussi de devenir Français. Écoutez plutôt sa réponse
à Louis XIII lorsque celui-ci lui demanda de commé-
morer la prise de Nancy : « Sire, je me couperais
plutôt le pouce », et la réplique du vainqueur vaut
celle du vaincu : « Le duc de Lorraine est bien heureux
d'avoir de tels sujets. »

Autres graveurs estimés à l'époque : Claude Mellan
(1598-1688) ; Michel Lasne (1596-1667) ; Gabriel Perelle
(1603-1677), et ses fils Adam et Nicolas.

Pour terminer ce chapitre, il faut reconnaître que
si l'architecture et la sculpture apparaissent au déclin,
en France, depuis la fin de la Renaissance jusqu'à
l'époque de Louis XIV, la peinture est au contraire
très florissante. Poussin demeure le chef incontesté
de l'école française, malgré qu'il procède plutôt, avec
une science et une méthode, avec un respect de la

tradition et une émotion retenue, en contradiction avec le tempérament libre et impulsif propre à notre

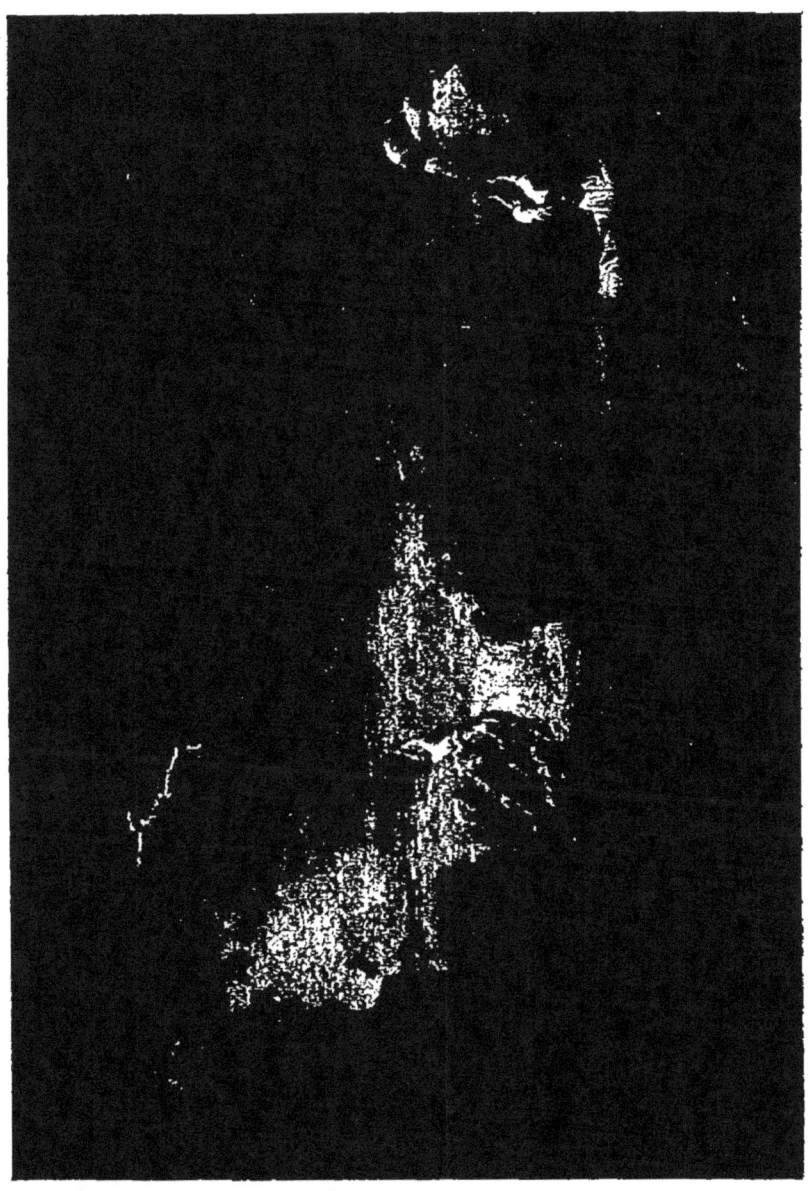

FIG. 65. — *L'Hiver ou le Déluge* (Musée du Louvre), par Nicolas Poussin.

génie. Aussi bien, alors que nous résistions énergiquement à l'admirable exemple des Flamands et des Hollandais, les trois frères Le Nain eussent mérité, pour leur renommée plus tôt célébrée, de naître dans la patrie de Téniers. Il est vrai que la « grande » peinture a toujours jalousement relégué au second plan la peinture de genre et, si cela se conçoit souvent vis-à-vis de la prétention du sujet ou de son importance matérielle, cela est, en principe souverainement injuste lorsque la qualité d'art est seule envisagée. Les délicieux petits chefs-d'œuvre du xviiie siècle vis-à-vis des grandes « machines » de l'école de David par exemple, en demeurent la preuve. Mettons qu'ils ne leur sont pas inférieurs.

Mais passons. Tandis que les Rubens, les Van Dyck, les Jordaens, sacrifient en Flandre au grand art, tandis que Rembrandt, en Hollande, entraîne les Nicolas Maes, les Gérard Dow, dans la fougue de son génie superbe, il naît dans ces pays la spécialité en art, du genre en portrait, du portrait à la représentation de l'animal ou des batailles, et, David Téniers (1610-1694), Breughel, Brauwer, Wouwerman, etc., se distinguent non moins brillamment, dans de petites toiles qui se réclament non moins du grand art. En France, d'autre part, donnons à nouveau le nom des frères Le Nain [nés à Laon : Louis (1593-1648); Antoine (1598-1648); Mathieu (1607-1677)], dont les scènes populaires et réalistes témoignent d'un vif sentiment de la nature. Le *Repas villageois;* la *Crèche;* l'*Abreuvoir;* un *Maré-*

chal dans sa forge, représentent, au Louvre, ces artistes distingués, auprès desquels Daniel Dumonstier (1574-1646), Abraham Bosse (1602-1676), très habile imitateur du Caravage, Sébastien Bourdon (1616-

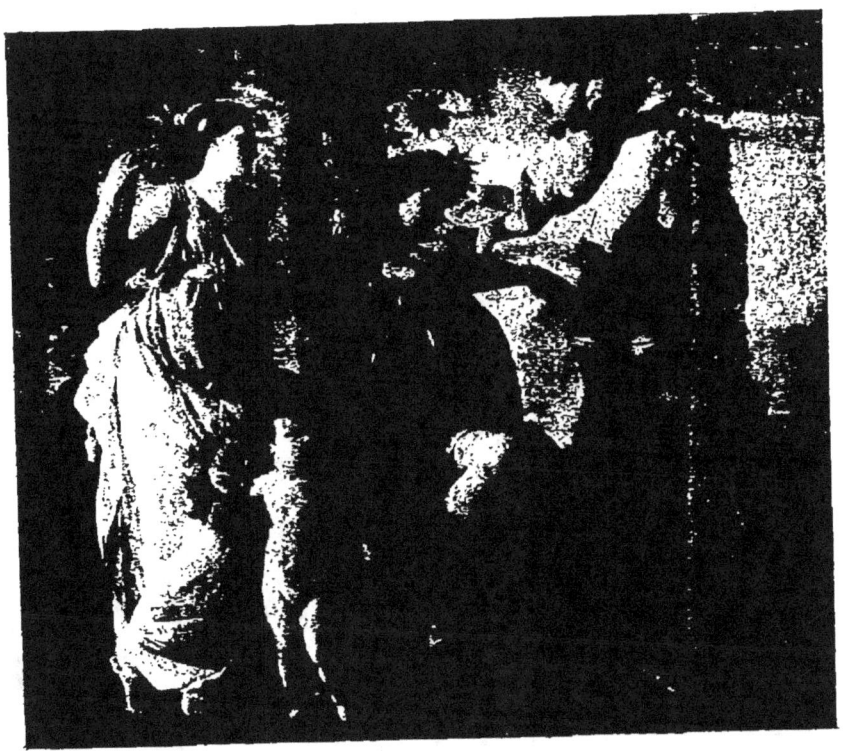

FIG. 66. — *L'Inspiration du Poète* (Musée du Louvre),
par Nicolas Poussin.

1671), Michel Dorigny (1617-1666), Jean Mosnier (1600-1656), Barthélemy Flemalle (1614-1675), François Perrier (1590-1650), font encore excellente figure.

Daniel Dumonstier, « peintre en crayon et en pastel », qui donna aux trois crayons (*fig.* 75), avec une étonnante sincérité d'expression, le portrait des prin-

cipaux personnages de la cour, depuis François Iᵉʳ jusqu'à Louis XIII ; Pierre Dumonstier, de la famille du

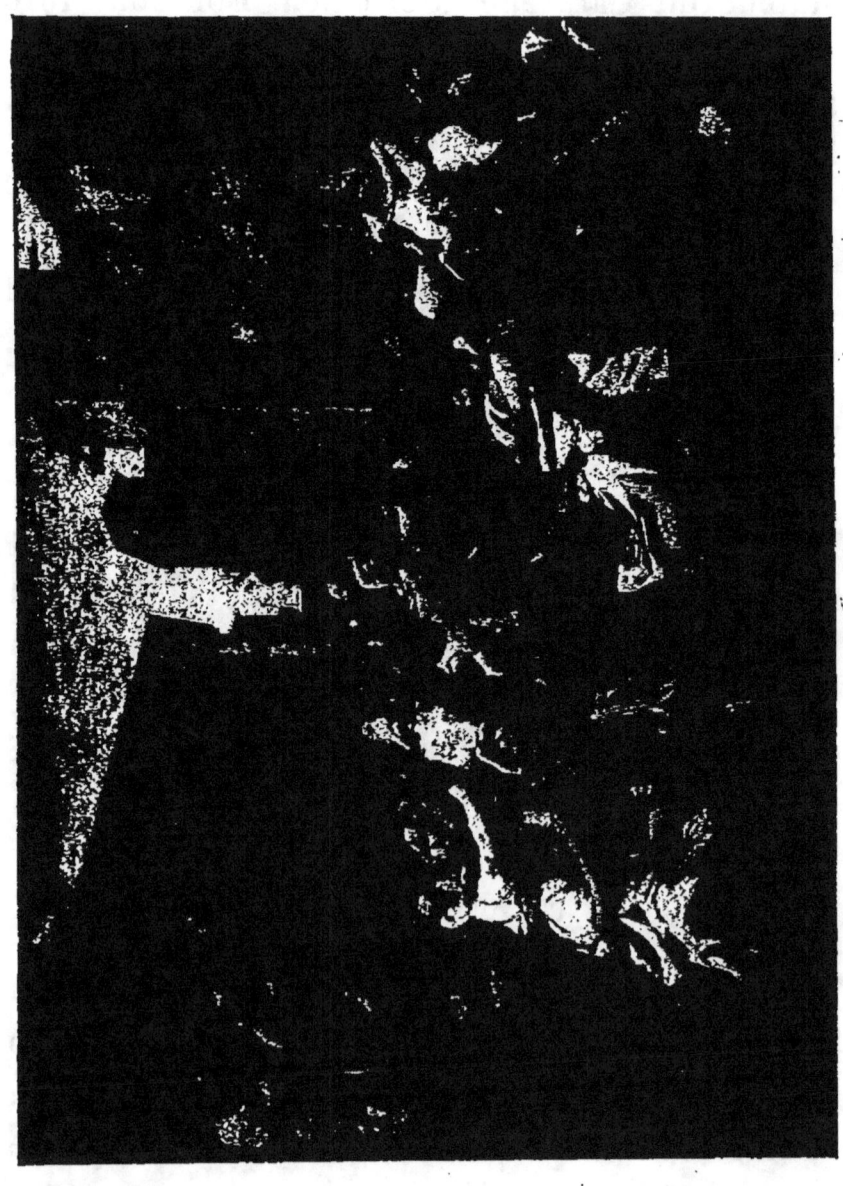

FIG. 67. — L'enlèvement des Sabines. (Musée du Louvre) par Nicolas Poussin.

précédent (*fig.* 76), et sans doute son collaborateur
dans la série des effigies princières; Abraham Bosse,
peintre, surtout graveur, et littérateur, « analyste

à l'eau-forte de l'époque Louis XIII », si proche de
Callot par la verve et l'abondance ; Sébastien Bour-

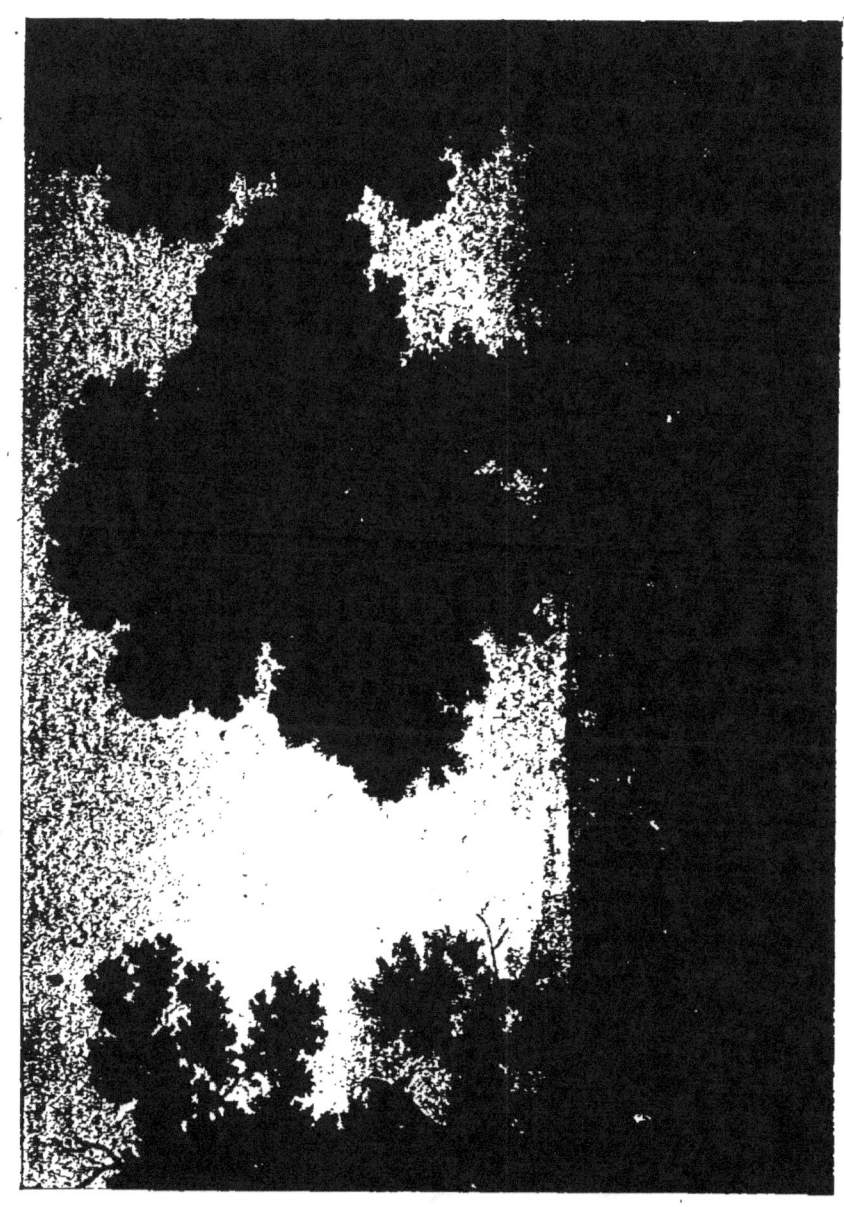

FIG. 68. — *La fête villageoise* (Musée du Louvre), par Claude Gelée, dit Claude Lorrain.

don, dont la facilité prodigieuse, malgré qu'elle em-
prunte à tous les maîtres, demeure attrayante.

Michel Dorigny, élève et gendre de Simon Vouet dont il grava une série de panneaux peints pour un vestibule du palais de Fontainebleau; Jean Mosnier qui travailla au Luxembourg pour Marie de Médicis et au château de Cheverny, près de Blois; Barthélemy Flemalle ou Flemaël dit Bertholet, peintre flamand représenté notamment au Louvre, aux musées de Lille et de Caen, et auteur des belles fresques de l'église des Carmes déchaussés de la rue de Vaugirard; François Perrier qui décora harmonieusement la galerie de l'hôtel de La Vrillière et donna un intéressant *Orphée devant Pluton.*

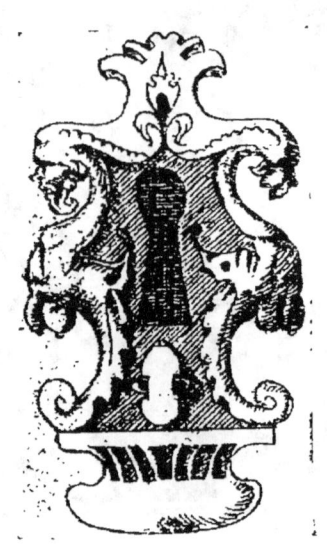

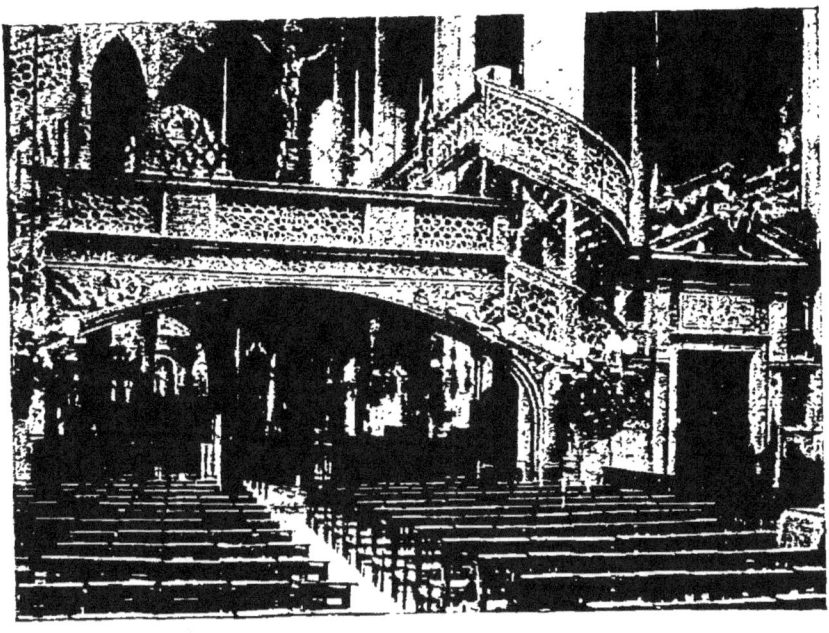

FIG. 70. — *Jubé de l'église Saint-Étienne-du-Mont*, à Paris,
par Pierre Biard le Père.

CHAPITRE V

La Décoration. La Sculpture : Biard, Prieur, Pierre Sarrazin, Simon Guillain, les Anguier, etc., et les graveurs en médailles : Dupré et Warin.

Nous avons précédemment constaté l'infériorité de la sculpture vis-à-vis de la peinture, à l'époque qui nous occupe. Or, du même coup, nous soulignâmes sinon la décadence de l'architecture, du moins son indécision, la timidité de son élan, timidité dont nous trouverons l'écho dans la gaucherie du meuble, soli-

daire de l'architecture avant la poussée majestueuse
du règne de Louis XIV. Nous savons, toutefois, que
cette indécision, que cette timidité engendrées par
l'esprit inquiet et triste de cette époque autant que par
l'épuisement momentané de notre génie, après les

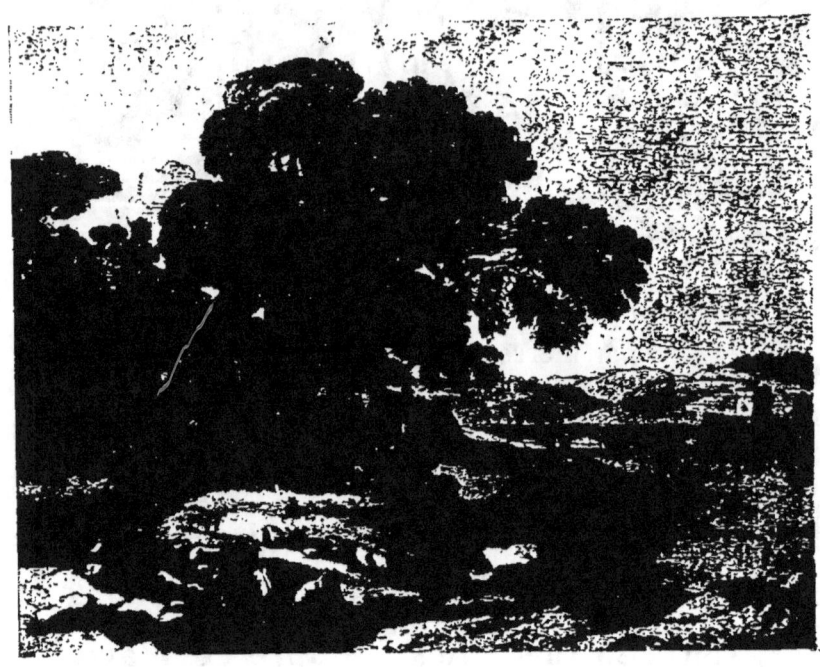

FIG. 71. — *Dessin à la sépia* (Musée du Louvre), par Claude Gelée.

brillants efforts précédents, nous valurent un art
monumental des plus intéressants, tout un style
comme écrasé, certes, par son lourd héritage esthétique et sous le poids des soucis politiques, mais un
style trapu de cette force emmagasinée, qui se recueille
pour prendre d'autant mieux son élan.

Examinons donc l'esprit de la sculpture décorative

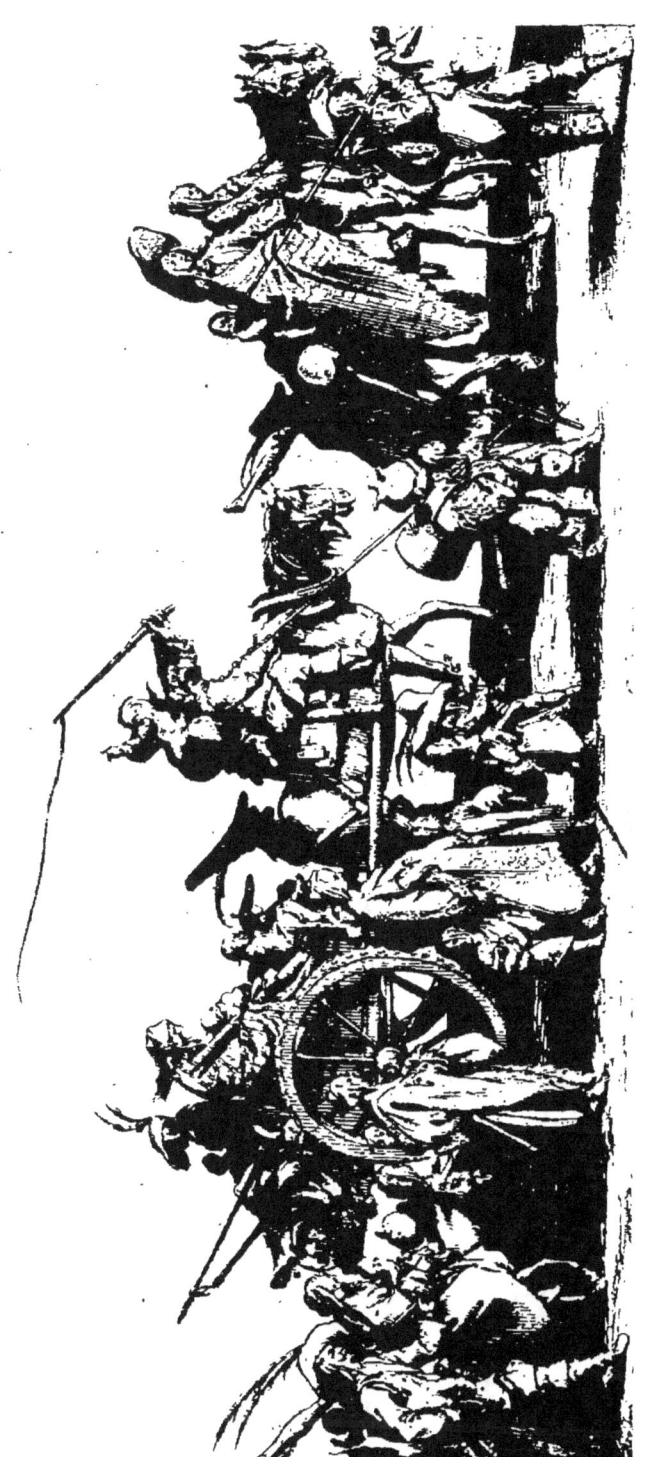

Les pauvres gueux pleins de bonnes avantures
Ne portent rien que des Choses futures

Fig. 72. — *Bohémiens en voyage*, gravure originale de Jacques Callot.

sous Louis XIII, avant d'aborder la statuaire. Tout
d'abord, la stylisation cède plutôt le pas à la copie naturelle. Les guirlandes de fruits et de fleurs s'empâtent,
elles pèsent lourdement au long des entablements et
des plates-bandes. La flore et la faune fraternisent dans
des arrangements touffus. Les cartouches triomphent
pesamment ; leurs bords s'enroulent en bourrelets, tandis que d'autres rotondités sourient à cet enthousiasme
général pour les masses accusées et sans air ; lourds
piliers, balustres, bases et pieds de meubles épais. Des
faunes, des mascarons et des grotesques hantent à
plaisir des entrelacs faits de banderoles découpées.
Les rinceaux se raidissent, et la distinction, enfin, le
goût nerveux, la fantaisie même de la **Renaissance**,
s'altèrent dans la complication.

« A la grâce claire, aux types élancés de la Renaissance, écrit Lechevallier-Chevignard (*Les Styles
français*) succèdent des formes plus puissantes, une
ordonnance plus opaque ; les cartouches sont lourds
et réduits parfois à de simples surfaces géométriques ;
mais, ce qui différencie principalement les deux styles,
c'est l'apparition d'un élément nouveau, la fleur naturelle prodiguée en guirlandes et en gerbes ou massée
par bouquets tombants. Jamais peut-être, le goût de
la peinture décorative ne fut plus répandu chez les
particuliers que sous le règne de Louis XIII et durant
la jeunesse de Louis XIV. » Cette dernière observa-

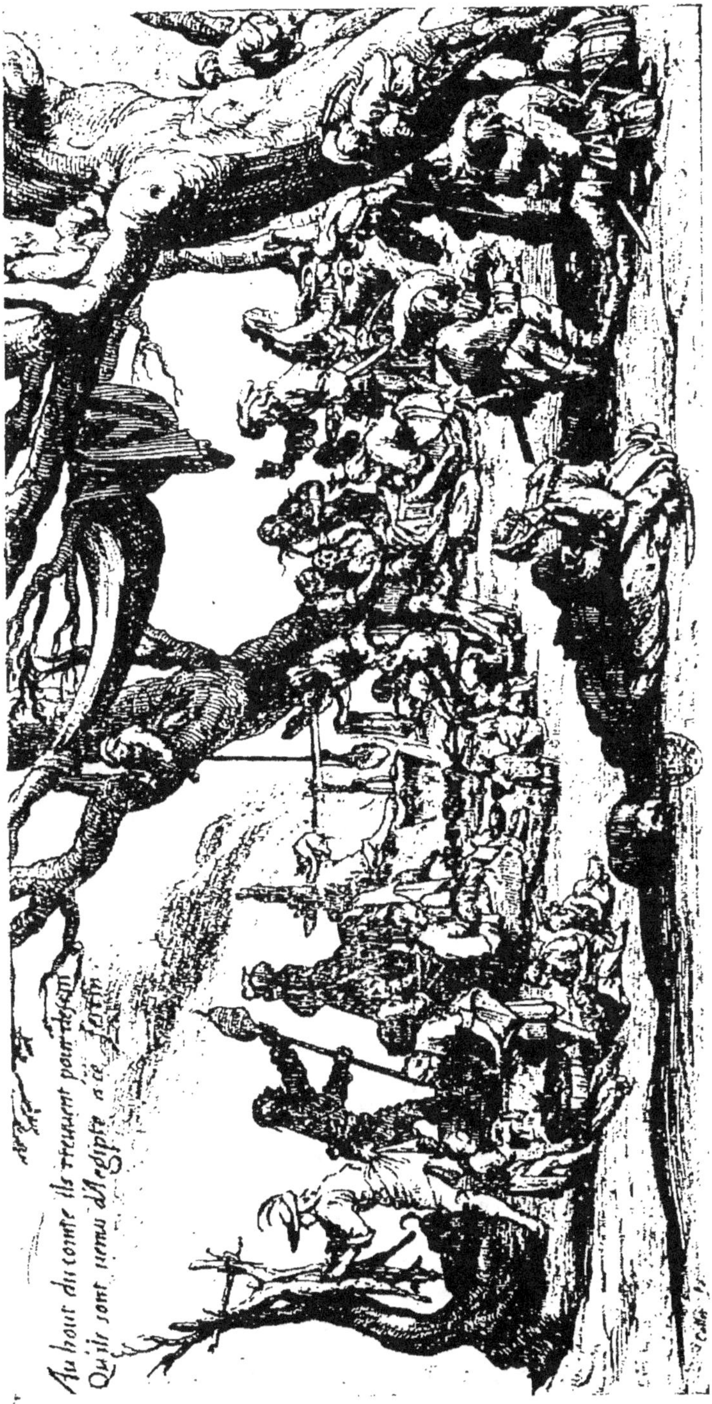

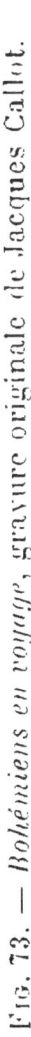

Au bour du conte ils venent pour desein
Qu'ils sont venus d'Argipte a ce totin

Fig. 73. — *Bohémiens en voyage*, gravure originale de Jacques Callot.

tion est à rapprocher de l'affranchissement démocratique de l'architecture.

Récapitulation et autres caractères distinctifs : la feuille d'acanthe, pierre de touche des styles, s'atrophie, elle est courte et massive ; la palme est détournée de son sens naturel dans l'enroulement successif des motifs répétés ; la frise se dégage de l'esprit de la nature : le chapiteau est plus spécialement corinthien ; les trophées, plus importants que sous la Renaissance, deviennent fréquemment le motif central et dominant d'un ensemble décoratif ; l'ornementation de ses panneaux, souvent de forme octogonale, représente des grotesques, des culots, des palmes, des fruits, des fleurs naturelles en guirlandes, en bouquets, en gerbes, des rinceaux à enroulement confus, des draperies, dont la lourdeur plus saisissante dans la sculpture que dans la peinture, est toujours accusée par l'inégalité des saillies et des volumes.

On voit aussi des bucrânes, mais ces ornements, renouvelés de l'antique, domineront surtout sous Louis XVI et au premier Empire, époques où l'imitation de l'antique fut la plus servile.

Quant au cartouche, son centre est occupé par un œuf bombé, accompagné de gros enroulements, de volutes au profil arrondi qui donnent assez bien l'illusion du cuir, et les masques de cette époque affectionnent la représentation d'une tête de chérubin

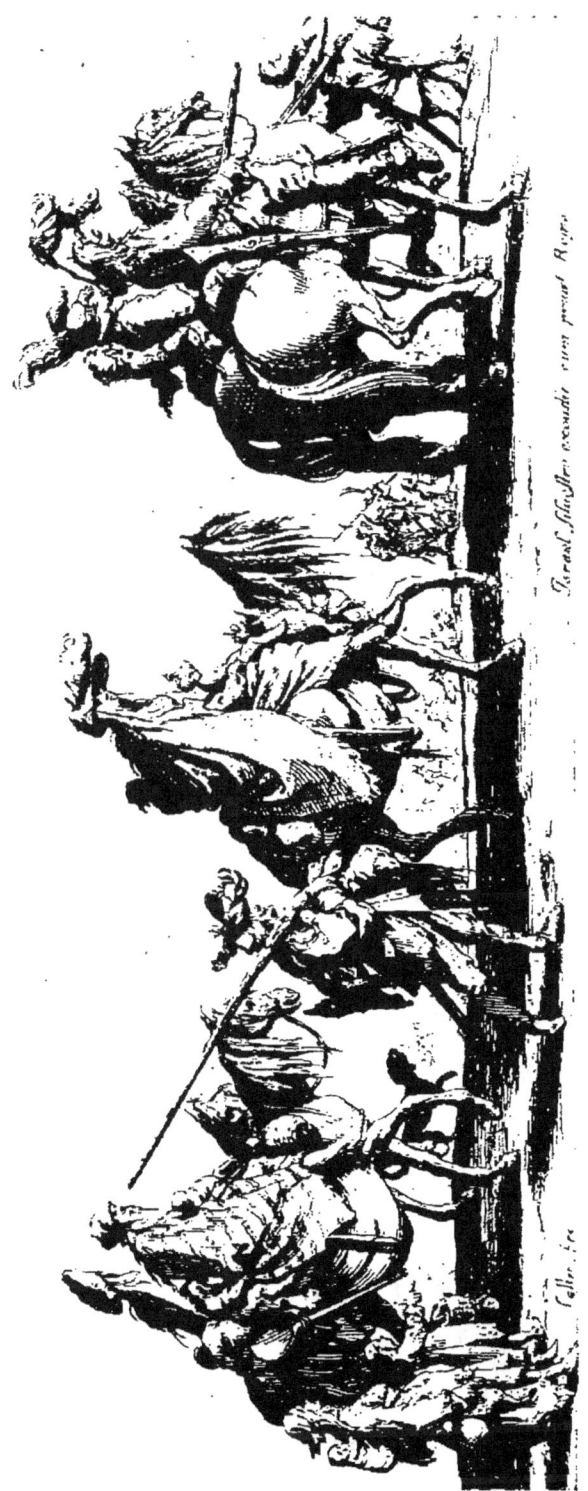

Ne voila pas de braves messagers
. Qui vont errants par pays estrangers.

Israel Silvestre excudit cum privil. Regis.

Callot in.

FIG. 74. — Bohémiens en voyage, gravure originale de Jacques Callot.

ailé enguirlandé de roses. Plus de légères banderoles
autour des colonnes annelées, et les lignes horizontales sont coupées et morcelées (bossages) comme
dominées par la ligne verticale, volontaire et impla-
cable. La console Louis XIII est réduite à la sévérité
de la palme dont nous avons dit la contrainte mais,
souvent aussi,les feuillages de cette console sont troués
en manière de masque humain; le balustre encore, est
sans charme ornemental. Il nous faut insister, enfin,
sur le masque de l'époque, sur ce chérubin, sur cette
tête d'Amour si typique dans la décoration qui nous
occupe, cette tête d'Amour aux ailes courtes, qu'une
perle allongée orne souvent au milieu du front.

Toutes ces caractéristiques sont à retenir dans la
sculpture en général, qu'elle concerne la pierre ou le
bois, qu'elle avantage soit l'édifice, soit le meuble.
On ajoutera ces détails à ceux que nous donnâmes au
chapitre de l'architecture; ainsi se corroborera l'ensemble de beauté que nous cherchons à définir en ses
nuances de manifestations les plus diverses.

Parlons maintenant de la statuaire, qui nous donne
les noms de Biard, de Barthélemy Prieur, des frères
Lheureux, de Jacquet, de Pierre de Francheville, etc.

Pierre Biard le Père, né à Paris en 1559, mort
en 1609, travailla dans la manière de Michel-Ange
qu'il avait étudié à Rome et, sans parler de quelques
figures dues à son ciseau et aujourd'hui disparues,

nous citerons son chef-d'œuvre : les sculptures du

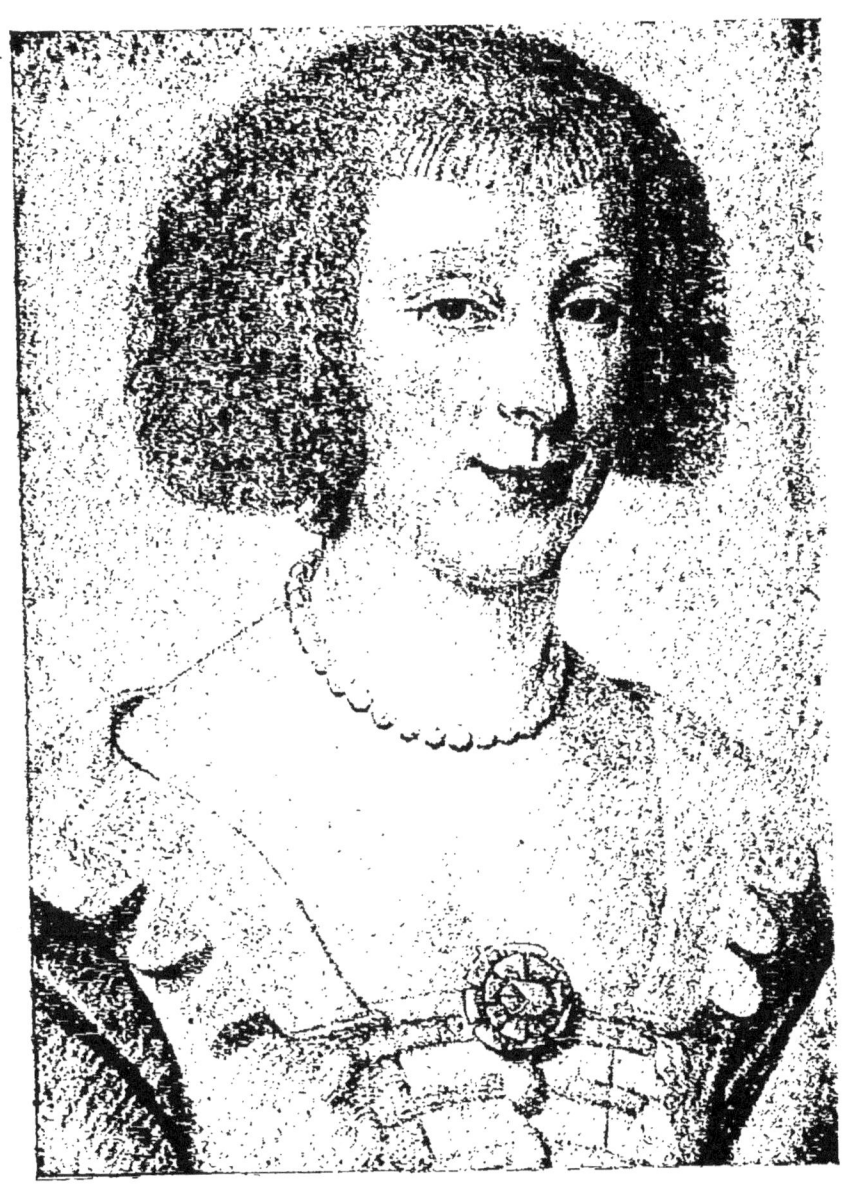

Fig 75. — *Portrait au crayon* (Musée du Louvre),
attribué à **Daniel Dumonstier**.

jubé de l'église Saint-Étienne-du-Mont, à Paris (*fig* 70),

sculptures d'une ornementation typique sur laquelle
le lecteur méditera. Barthélemy Prieur, mort à Paris
en 1611, lui, ne se rappelle guère à notre souvenir
que par des figures : une statue agenouillée de *Marie
de Barbançon-Cany* (*fig.* 77), première femme de
J. Auguste de Thou, provenant de l'église de Saint-
André-des-Arcs (musée du Louvre); une autre de
Claude-Catherine de Clermont (au musée de Versailles
où l'on voit aussi de l'artiste un buste de *Gondi*); les
statues couchées du *connétable Anne de Montmorency*
et de sa femme *Madeleine de Savoie* (au Louvre), etc.
Passons ensuite sur les frères Pierre et François Lheureux dont l'œuvre semble avoir été anonymement sa-
crifié à la décoration architecturale ainsi que celui de
Jacquet dit « de Grenoble », le plus célèbre, paraît-il,
des sculpteurs du temps et dont on voit cependant, au
palais de Fontainebleau, un beau bas-relief en marbre
représentant *Henri IV à cheval* (*fig.* 78), et un *Génie
portant les armes de Navarre*, dans la grande galerie
du Louvre, sur la frise du rez-de-chaussée de laquelle
on remarque, d'autre part, la collaboration des frères
Lheureux. Quant à Pierre de Francheville, qui fut
aussi peintre et architecte, il naquit à Cambrai en
1548 et mourut à Paris vers 1618.

Parmi les œuvres capitales de de Francheville, parmi
celles, du moins, qui émergent à travers les années,
on cite les quatre beaux bas-reliefs et les quatre

figures, commandés par Louis XIII pour le piédestal

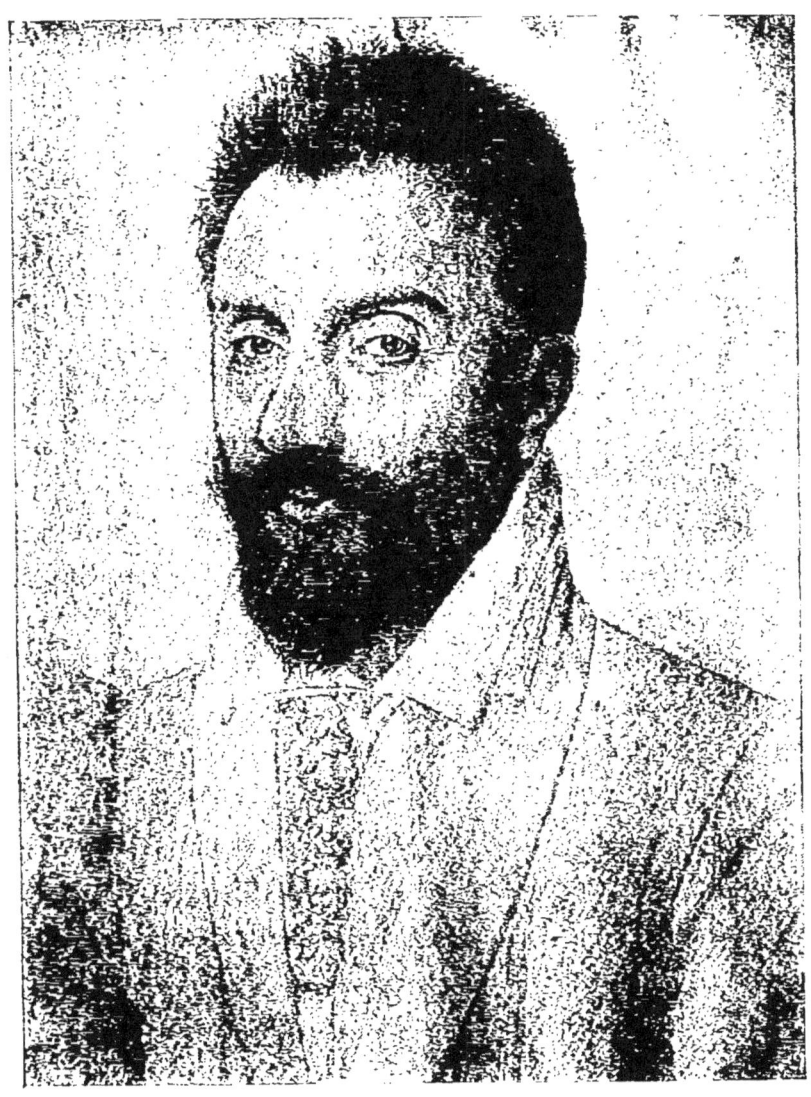

FIG. 76. — *Portrait au crayon* (Musée du Louvre),
attribué à Pierre Dumonstier.

de la statue de Henri IV sur le Pont-Neuf (1614).
L'artiste qui travailla beaucoup en Italie, et dont on

voit au Louvre les parties décoratives subsistantes du piédestal de la statue de Henri IV susnommée, détruite en 1792, aurait vivement contribué à la diffusion de l'italianisme en France, au début du xviie siècle.

A noter encore, de de Francheville, une **autre statue** de Henri IV, au château de Pau.

Citons ensuite, les noms de Guillaume Berthelot (mort en 1648) qui donna indépendamment des statues du portail et des frises de la Sorbonne, des figures d'apôtres et d'évangélistes (même monument); Michel Bourdin (né vers 1579, mort en 1640), auteur du tombeau de Louis XI qui se trouve dans l'église de Cléry, ainsi que du monument funéraire de Henri IV; le Flamand Gérard van Opstal (né vers 1597, mort en 1668) qui décora les hôtels Carnavalet et Lambert, etc.

Mais nous allons parler particulièrement de Jacques Sarrazin, de Simon Guillain, de Michel et de François Anguier, artistes qui semblent avoir marqué davantage leur époque et dont les œuvres aussi nous sont plus connues.

Au surplus, dit judicieusement M. Louis Viardot (*les Merveilles de la sculpture*), « compagnon de Simon Vouet en Italie, son ami et son gendre en France, Jacques Sarrazin avait eu précisément, dans la statuaire, le même rôle que Vouet dans la peinture, celui de rénovateur d'un art en décadence précoce, et de précurseur d'artistes plus grands que lui ». C'est donc à Jacques Sarrazin que revient l'honneur de

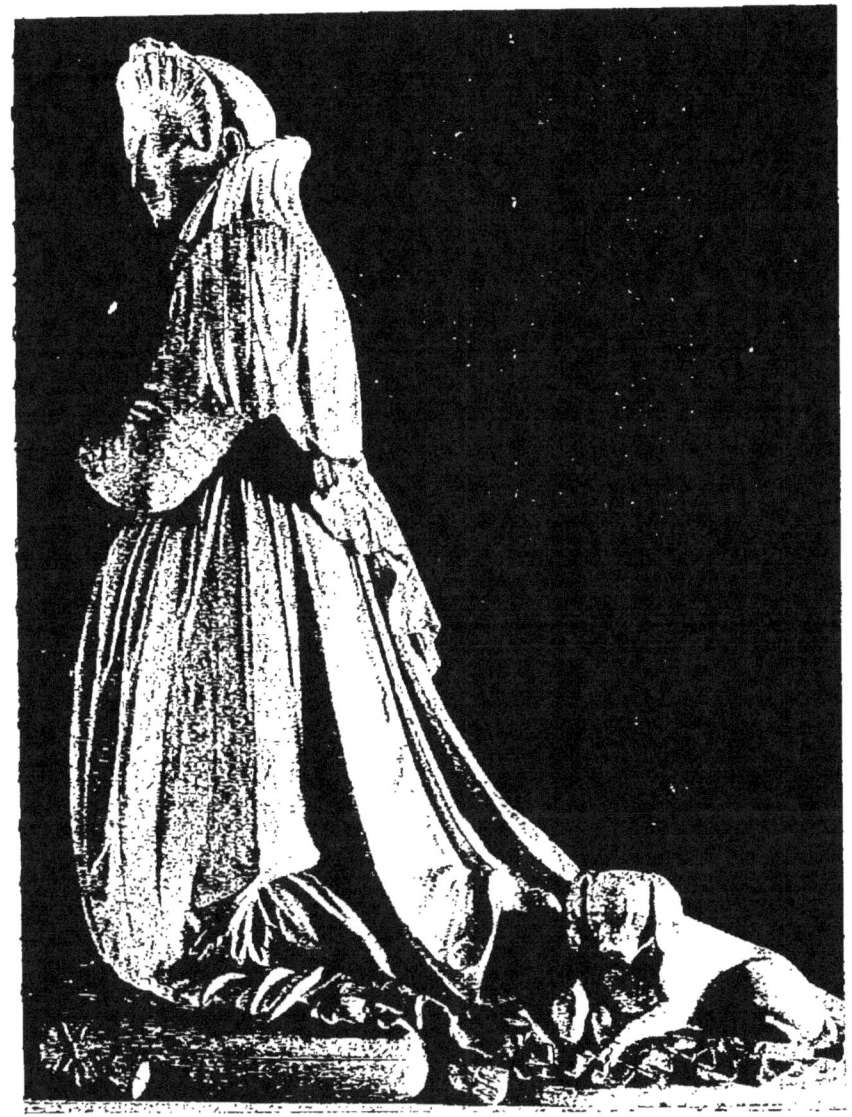

F ꜱɢ. 77. — *Monument funéraire de Marie de Barbançon-Cany*
(Musée du Louvre,, attribué à Barthélemy Prieur.

compter parmi les premières célébrités de la sculpture,
et de même pour Simon Guillain qui fut son maître

et celui des deux frères Anguier. Jacques Sarrazin, dont l'art « sert de liaison, de transition entre Jean Goujon et Pierre Puget, entre François Ier et Louis XIV », né à Noyon en 1592, mort à Paris en 1660, se forma surtout en Italie à l'étude de Michel-Ange. L'auteur du *Moïse* semble d'ailleurs avoir singulièrement inspiré les artistes peintres et sculpteurs du xviie siècle. La forme somptueuse et emphatique du grand maître de la Renaissance répondait si harmonieusement à l'esprit qui triomphera surtout sous Louis XIV, Le Brun en tête !

Bref, Sarrazin de retour en France vers 1625, se fit remarquer tout d'abord par des sculptures en pierre pour Notre-Dame de Paris et pour Saint-Nicolas-des-Champs, même ville, où il exécuta quatre *anges* en stuc. Mais, c'est au pavillon de l'Horloge, au Louvre, que l'artiste devait donner son chef-d'œuvre : les célèbres cariatides qui ornent ce monument. Autres belles productions de Sarrazin : le *Tombeau du cardinal de Bérulle* (*fig.* 79) autrefois dans l'église des Carmélites de la rue Saint-Jacques : *Deux anges portant au ciel le cœur de Louis XIII*; le *Mausolée de Henri de Bourbon*, dans l'église Saint-Paul; l'*Enfant d'or*, voué à Notre-Dame-de-Lorette, par Anne d'Autriche ; sans oublier, au Louvre, une figure allégorique, la *Douleur*, qui ornait autrefois le tombeau de l'abbé de Bernay, et deux statuettes en marbre, *Saint*

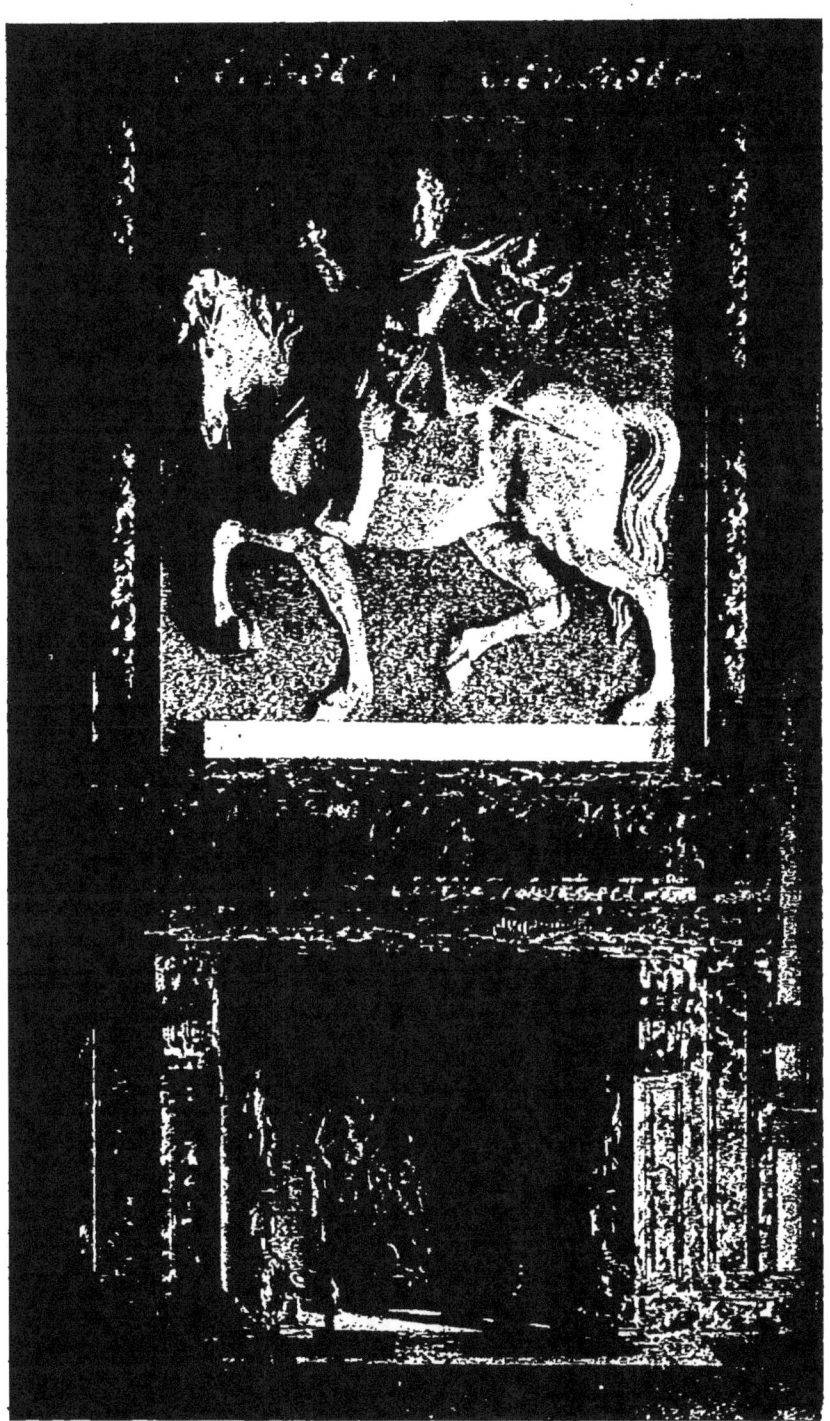

Fig. 78. — *Statue équestre* (bas-relief) *de Henri IV*
(Palais de Fontainebleau), par Jacquet, dit « de Grenoble ».

Pierre et *Sainte Marie-Madeleine* (*fig.* 80), provenant de la chapelle du chancelier Séguier. Jacques Sarrazin, dont le style est ample et puissant, avait épousé la nièce de Simon Vouet et, l'un des fondateurs, avec Le Brun, de l'Académie de peinture et de sculpture, il y professa et en fut recteur. Son frère Pierre (1601-1679) s'est également fait remarquer comme sculpteur. Deux mots, ensuite, de Simon Guillain. Simon Guillain, qui, sans doute, fut pensionné du roi et logé au Louvre, comme Sarrazin, son élève, naquit et mourut à Paris (1581-1658). Son chef-d'œuvre serait le monument élevé à Paris (et achevé en 1647) à la gloire de Louis XIII et de Louis XIV dont il reste, au Louvre, les deux belles statues en bronze, du roi (*fig.* 81) et d'Anne d'Autriche (*fig.* 82). On voit aussi, de cet artiste distingué, de bonnes figures décoratives à Saint-Gervais : *Saint Gervais* et *Saint Protais;* d'autre part, le Louvre conserve de lui : le *Mausolée de Charlotte-Catherine de La Trémoille* (*fig.* 83), autrefois au couvent des filles de l'Ave-Maria, page de grande allure.

Simon Guillain s'est employé, enfin, à divers travaux d'ornementation, notamment à la Sorbonne et à Saint-Gervais (les *Évangélistes* au fronton et aux angles du portail).

Le nom des sculpteurs Anguier brille davantage que celui de leur maître. Il y eut trois frères Anguier:

François et Michel excellèrent dans la sculpture et

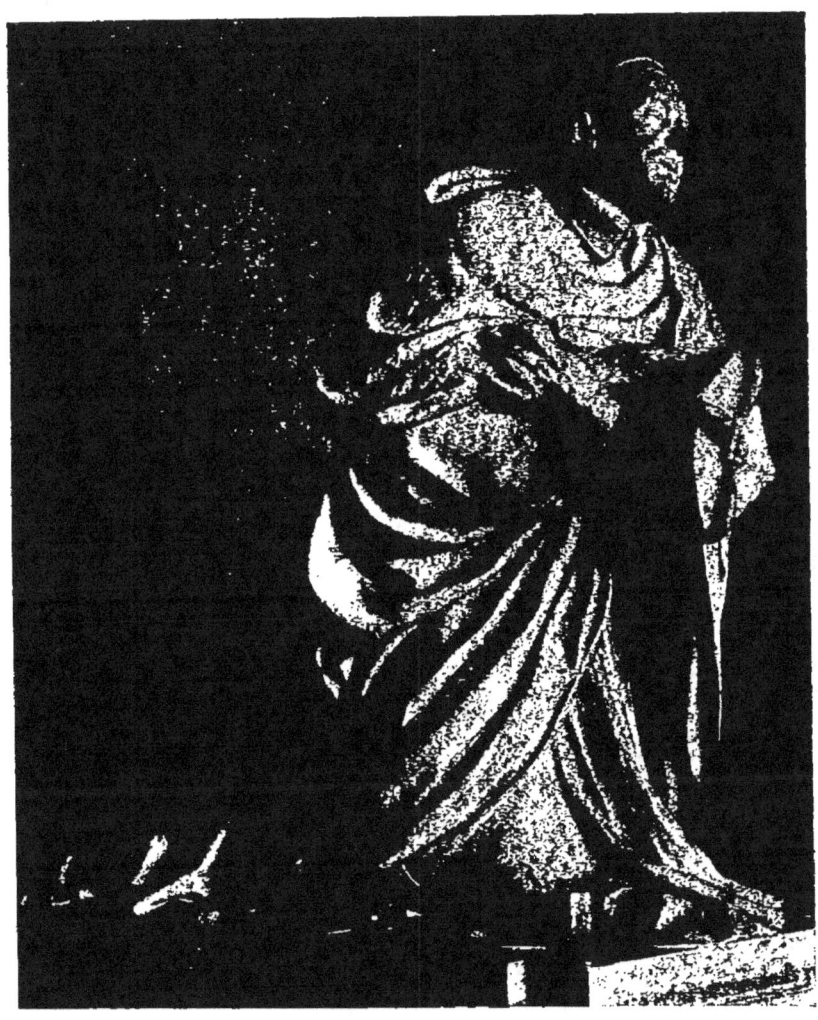

FIG. 79. — *Monument funéraire du cardinal de Bérulle*
(Musée du Louvre), marbre, par Jacques Sarrazin.

Guillaume fut un peintre en quelque sorte écrasé par
la renommée de ses aînés.

François Anguier, né à Eu en 1604, mourut à Paris
en 1669. Nous le voyons d'abord chez Guillain, puis,

pour satisfaire à la loi commune, le jeune artiste gagne l'Italie, d'où, bientôt revenu, il logea au Louvre avec le titre de garde du cabinet du roi. Parmi les nombreuses œuvres de ce maitre, il faut citer les *Monuments funéraires de Jacques-Auguste de Thou* (*fig.* 84) *de Jacques de Souvré* (*fig.* 85) et des *ducs de Longueville* (*fig.* 89) (aujourd'hui au Louvre) qui témoignent d'une science et d'un style remarquables.

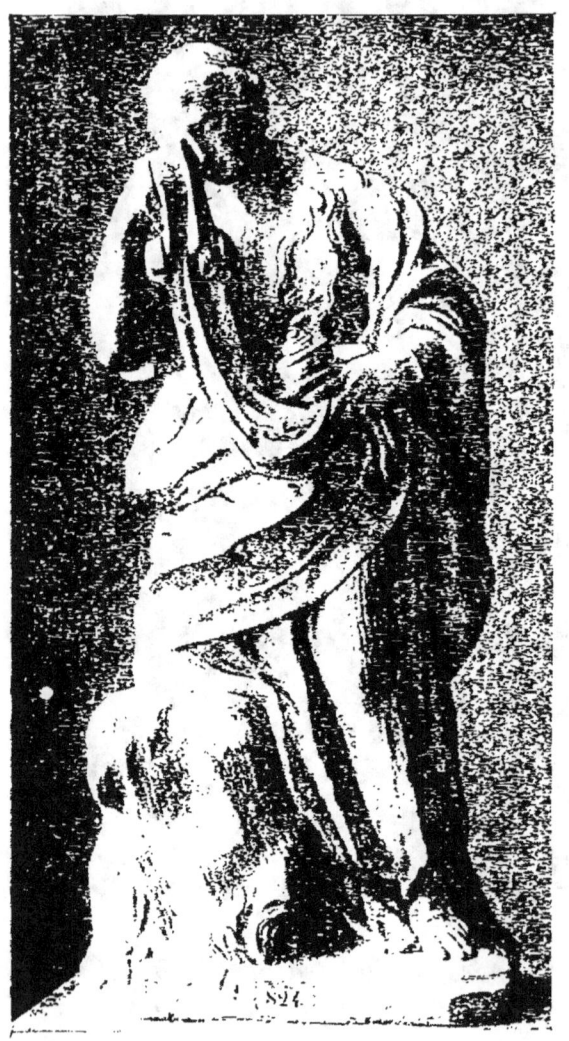

FIG. 80. — *Sainte Marie-Madeleine* (Musée du Louvre), par Jacques Sarrazin.

Michel Anguier né à Eu en 1614, mort à Paris en 1686, également élève de Guillain, mais davantage des artistes italiens qu'il était allé étudier à Rome, débuta, à Paris, comme collaborateur de son frère dont il égala le talent, au *Monument des Montmorency*, à Moulins; puis il travailla au Louvre, au Val-de-Grâce et à la Porte Saint-Denis où il sculpta, d'après les dessins de Le Brun, les ornements de cet arc de triomphe. Le chef-d'œuvre de Michel est son *Christ en croix*, dit *Calvaire*, de l'église Saint-Roch, à Paris, et il faut citer enfin, parmi ses meilleures pages, souvent déparées par un soupçon de lourdeur, une *Amphitrite* (*fig.* 86) (au Louvre), d'une belle tenue décorative.

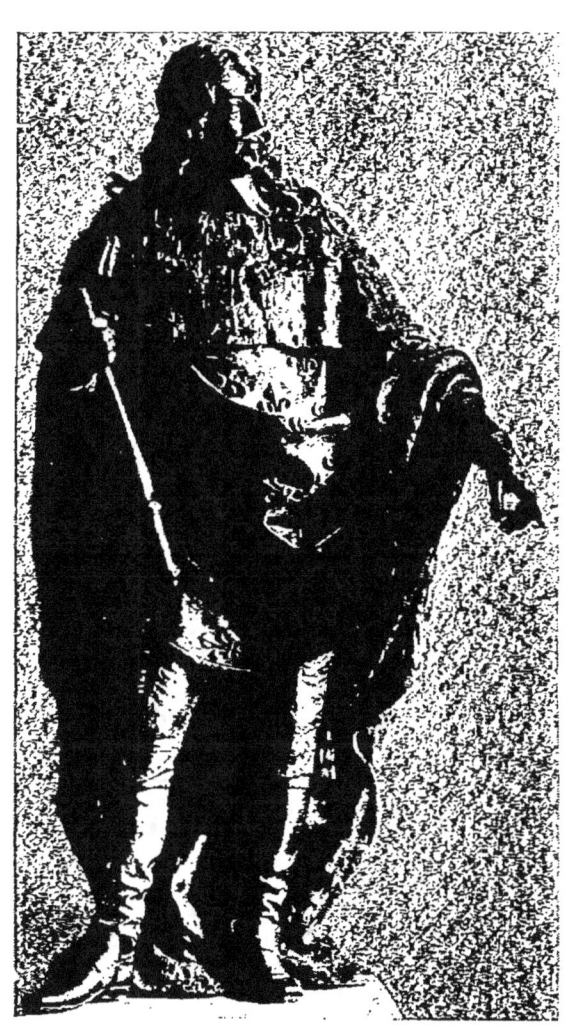

FIG. 84. — *Louis XIII* (Musée du Louvre), par S. Guillain.

Quant à Guillaume Anguier, né à Eu en 1628, mort à Paris en 1708, il fut peintre, répétons-le, et il se spécialisa dans l'architecture et l'ornement. Malheureusement, ses œuvres exécutées à la manufacture des Gobelins, sous la direction de Le Brun et pour des résidences princières, sont pour ainsi dire inconnues.

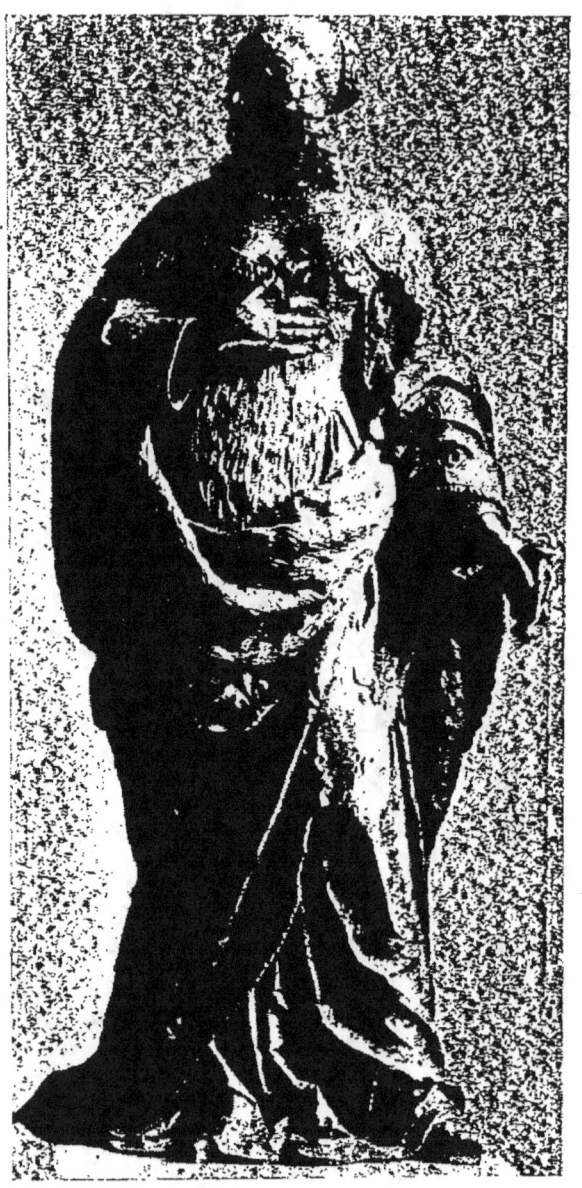

Fig. 82. — *Anne d'Autriche* (Musée du Louvre), par S. Guillain.

Avant d'examiner la gravure en médailles, si remarquable à l'époque, avec Dupré et Warin, nous remarquerons la gravité de la statuaire, au point de vue de la forme et du style. Sa pesanteur aussi, son ampleur, sont davantage tangibles qu'en peinture, malgré la même source italienne. Il est vrai que, maintenant, la statuaire semble se réclamer de Michel-Ange, qui

ignora la grâce et personnifia plutôt la force. Aussi
bien, Rubens et l'auteur du *Moïse*, ne l'oublions pas,
ont vivement impressionné l'expression décorative
qui triomphera surtout sous Louis XIV. Mais toutefois

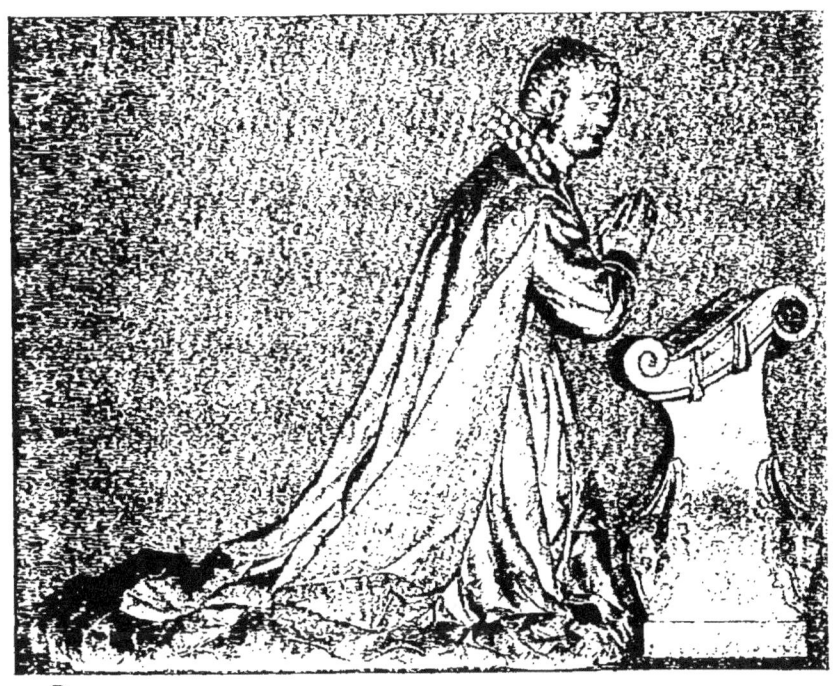

FIG. 83. — *Charlotte-Catherine de la Trémoille, princesse de Conde*
(Musée du Louvre), par S. Guillain.

il faut reconnaître que si Nicolas Poussin orienta,
par l'exemple, l'école de la peinture française, la
sculpture, à tous les temps d'ailleurs, demeure beaucoup plus indépendante et peut-être plus originale. Il
est vrai qu'elle est beaucoup moins brillante en ce
moment, sous Louis XIII, et que le moule classique,

8

si commode à la banalité, n'a point encore été coulé pour elle.

Pas davantage que Michel-Ange, Puget ne devait faire école, par la suite, et Puget est, en réalité, le sculpteur le plus original et le plus admirable du xviie siècle. Entre Pierre Puget et Nicolas Poussin, il y a toute la différence d'un chef de file et d'un chef d'école.

Mais arrivons au nom de Guillaume Dupré qui eut, le premier, l'idée d'appliquer l'art de la sculpture à la gravure en médailles. Dupré, né à Sissonne (Aisne) vers 1574, mourut en 1647. Il produisit brillamment sous Henri IV et sous Louis XIII. Comparé à Pisanello, le grand artiste qui fit aussi œuvre de sculpteur (il exécuta la statue de Henri IV élevée après la mort de ce prince, du moins le cavalier seul, car le cheval du fameux monument érigé sur le Pont-Neuf et détruit en 1792, était l'œuvre de Jean de Bologne[1]) est surtout connu par ses médailles, médaillons et monnaies, d'une technique comme d'une pensée admirables. Citons, dans ce genre, la médaille qui fut frappée en 1603, à l'occasion du mariage de Henri IV avec

---

1. Le cheval de bronze modelé par Jean de Bologne avait été envoyé à la reine Marie de Médicis par Come de Médicis, et nous avons dit que les parties décoratives du piédestal de cette statue étaient dues à Pierre de Francheville, élève de Jean de Bologne.

Marie de Médicis; les portraits de ces derniers, de

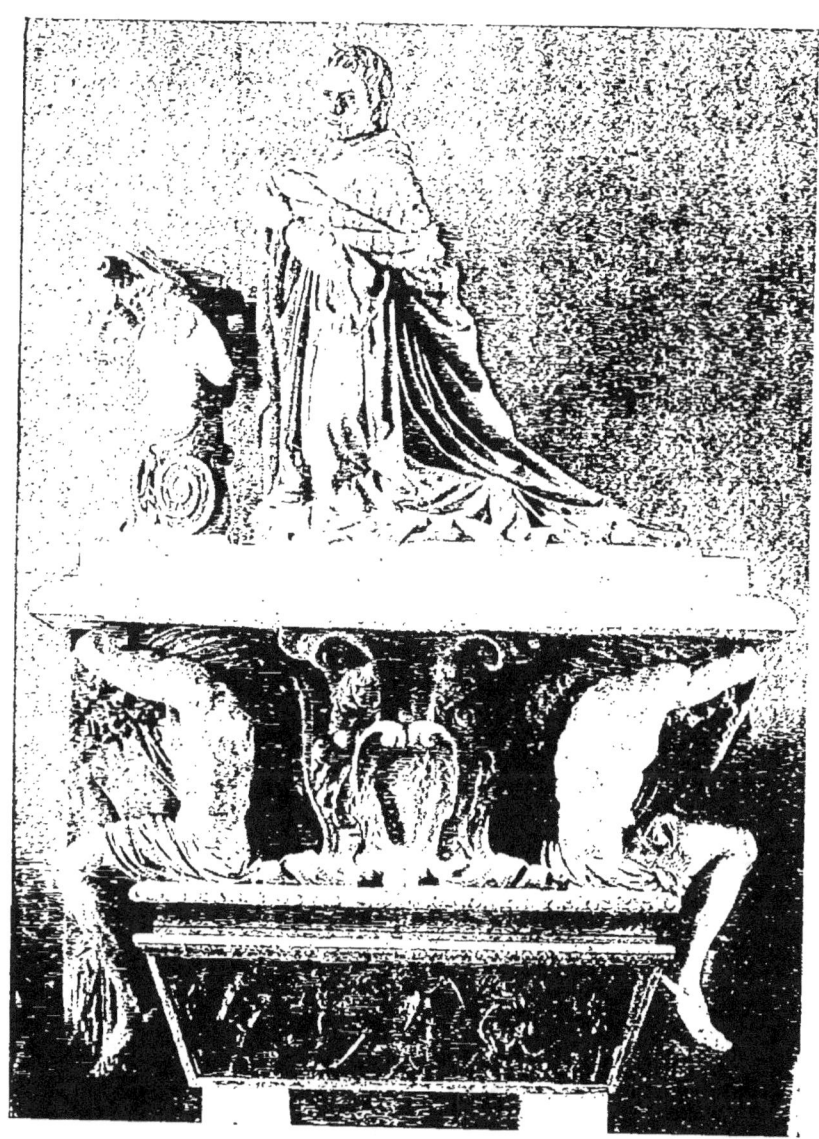

Fig. 84. — *Tombeau de Jacques-Auguste de Thou*
(Musée du Louvre). par François Anguier.

Louis XIII enfant, de Richelieu, du prince de Condé,
de *Nicolas Brulart de Sillery* (*fig.* 90), du maréchal

de Toyras; les coins de monnaies du règne de Henri IV et ceux de la minorité de Louis XIII, etc. G. Dupré, qui signa aussi Guil. Dupré, fut nommé par Henri IV « conducteur et contrôleur général en l'art de sculpteur sur le faict des monnaies et revers d'icelles », fonctions qu'il exerça d'abord en compagnie de Jean Pilon, et seul ensuite.

Avec Jean Warin, autre graveur en médailles, se continue la beauté de cet art. Jean Warin, né à Liège en 1604, mourut à Paris en 1672. Il vint s'établir à Paris, dès sa vingt-quatrième année et, désormais, il ne quitta plus cette ville où, le succès obtenu par une médaille de Louis XIII et par une autre de lui-même, lui valut d'être nommé garde et conducteur de la Monnaie royale. La réputation de l'artiste se poursuivit avec une série de commandes faites par Richelieu et parmi lesquelles se détache la célèbre médaille d'*Anne d'Autriche tenant dans ses bras Louis XIV enfant*.

Jean Warin, à qui l'on doit aussi le premier sceau de l'Académie française et un beau buste de *Louis XIII* (*fig.* 91), appartint à l'Académie royale de peinture et de sculpture dès sa fondation, et son fils, François, lui succéda comme tailleur général des monnaies de France.

Dupré et Warin ont glorieusement illustré l'art de la médaille à l'origine. Leurs chefs-d'œuvre sont

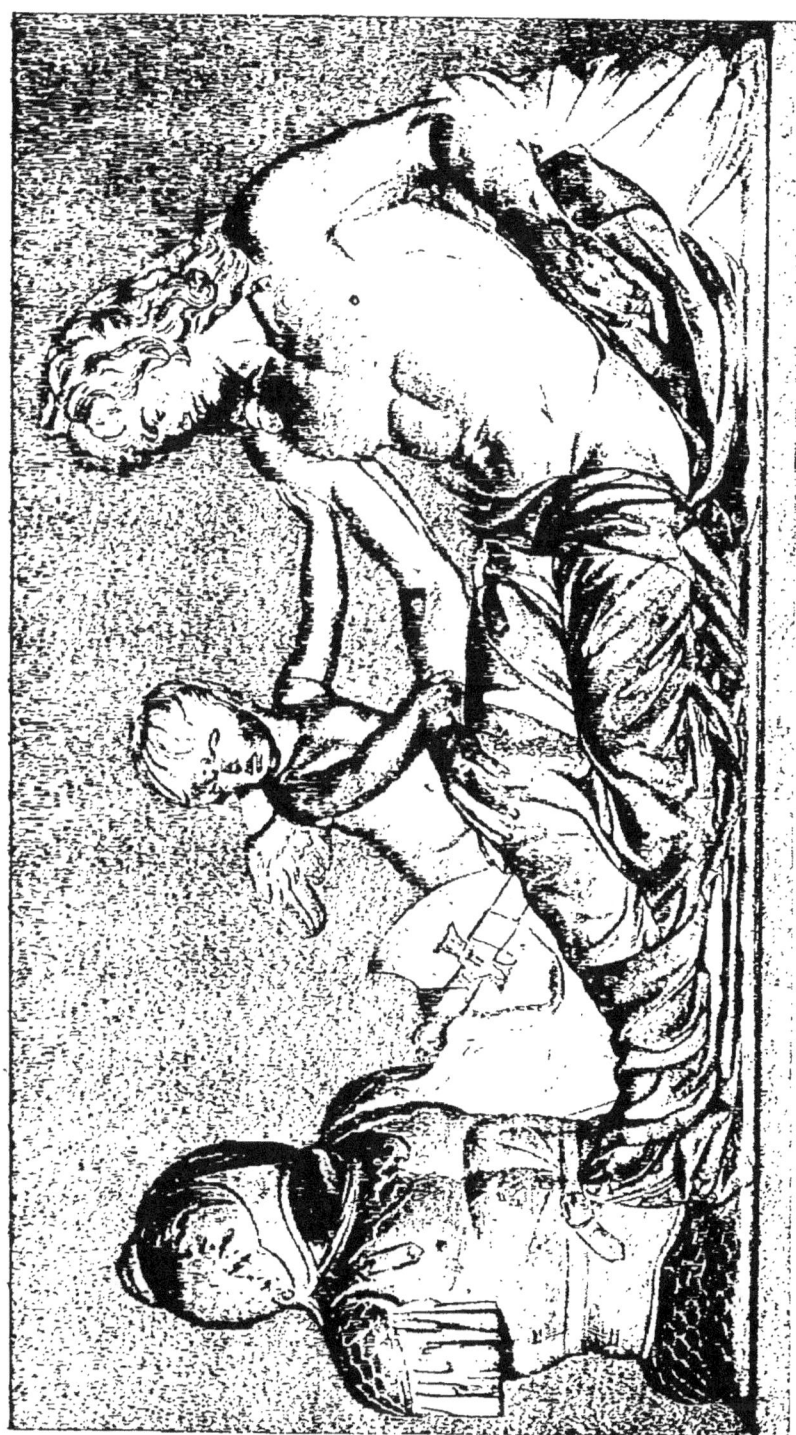

FIG. 85. — *Jacques de Souvré de Courtenvaux* (Musée du Louvre), par François Anguier.

de précieux témoins du temps qui nous occupe; ils intéressent à la fois l'histoire et l'esthétique. Leur nom clôt brillamment ce chapitre plutôt aride de la sculpture, à une époque de transition. Plus les siècles reculent, plus ils semblent emporter, dans la marée descendante des souvenirs, le plus grand nombre des artistes, et nous devons nous contenter d'énumérer ceux dont les œuvres ont résisté à l'oubli.

Cependant, à cette heure stagnante ou, mieux, recueillie, le déchet est relatif; nous ne sommes plus aux beaux temps de la Renaissance où les artistes étaient innombrables, tellement innombrables, même, que, malgré leur énumération très incomplète, nous n'avons que l'embarras du choix. Il est vrai que le siècle d'apothéose de Louis XIV nous dédommagera de la présente pénurie, mais aussi, à ce moment-là, la sculpture marchera de pair avec l'architecture, et, l'architecture monumentale, celle qui favorise le plus l'essor de la décoration sculpturale, sera singulièrement remise en faveur!

Dès le chapitre suivant, nous parlerons du meuble, solidaire, également, de l'architecture, et nous verrons les caprices de cette solidarité, sa communion étroite aussi, car chaque style crée son atmosphère où les personnages se meuvent, inséparables du décor, de leur décor. L'unité des styles se fond avec l'harmonie du ciel et des mœurs dont ces mobiliers, œuvres

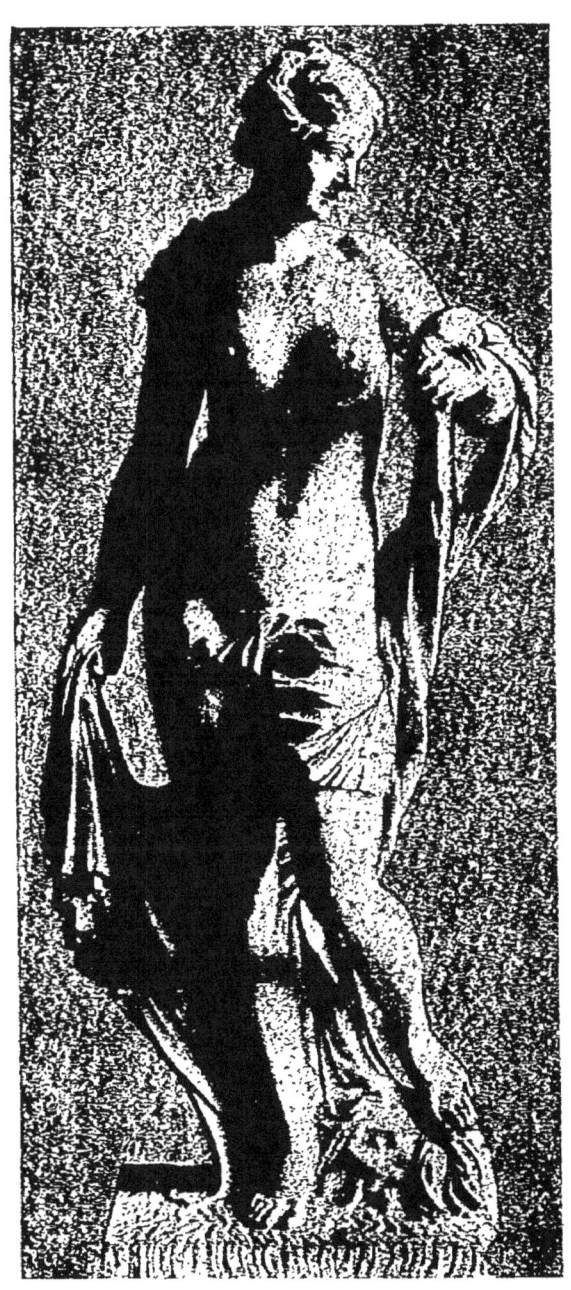

FIG. 86. — *Amphitrite* (Musée du Louvre),
par Michel Anguier.

d'art, costumes, gardent le reflet, symbolisent l'empreinte, fixent le type, même physique, si tant est que
le corps réfléchit l'âme. Et nous allons voir le meuble,
austère dans son ambiance d'austérité, parfaitement
à sa place, aussi beau que la gravité d'un beau front
soucieux.

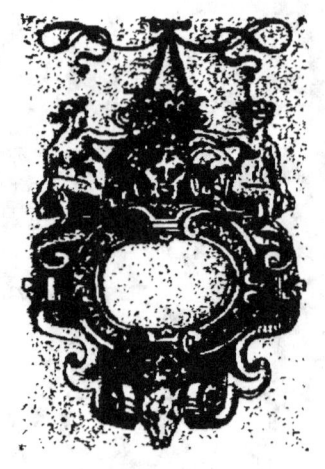

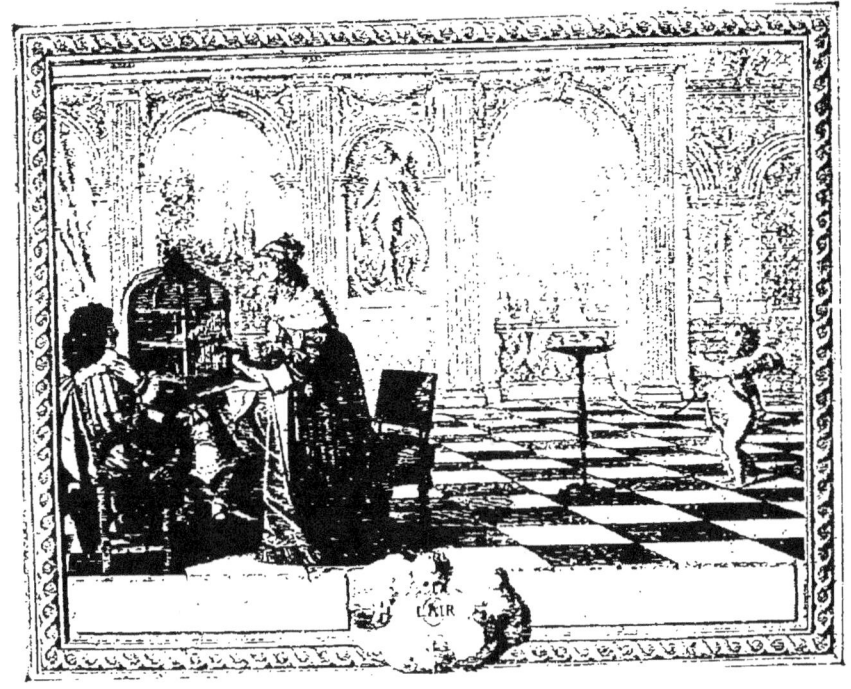

FIG. 88. — *Gravure originale d'Abraham Bosse.*

CHAPITRE VI

L'architecture intérieure. — Le meuble

Nous avons traité des caractéristiques de l'architecture extérieure, nous allons maintenant pénétrer dans l'hôtel qui a succédé, ainsi que nous l'avons dit, au palais. Puis, au fur et à mesure, nous sèmerons des meubles dans les pièces, maintenant substituées à la *salle* unique. Effectivement, en même temps que quelque intimité naîtra dans les édifices devenus plus amènes, des cloisons couperont avantageusement la

grande salle qui, depuis le moyen âge, semblait interdire le recueillement, banalisait la vie en contredisant
à la satisfaction des aises. C'en est donc fait des tapisseries provisoirement affectées auparavant, à la sépa-
ration des pièces. Les pièces auront dorénavant une
affectation spéciale, architecturalement conçue, elles
seront coupées, plus ou moins, dans la grande salle
du passé et, par conséquent, réduites.

Il s'ensuit que les meubles vont commencer à devenir plus nombreux ainsi que plus portatifs, malgré
qu'il faille attendre le xviiie siècle, pour atteindre à
la quantité et à la légèreté du mobilier dans le confort définitivement établi. Et les meubles encore, à
l'époque qui nous occupe, auront une destination con-
forme à l'utilité et à la convenance des pièces. On
prétend que Marie de Médicis aurait pris modèle sur
l'hôtel de Mme de Rambouillet pour la construction de
son palais du Luxembourg. Cela ne nous étonne guère,
étant donnée l'avance prise par la marquise sur la ci-
vilisation qui devait suivre; avance due à la délicatesse des sentiments comme à la correction des mœurs
exaltées dans la politesse, innovée, ainsi que nous le
savons, par la grande dame. Car, ces raffinements, ce
bon ton, toutes ces distances observées symboliquement par l'individu mis en garde contre les écarts du
goût et du langage, devaient se répercuter fatalement,
se réaliser matériellement, dans la demeure, par au-

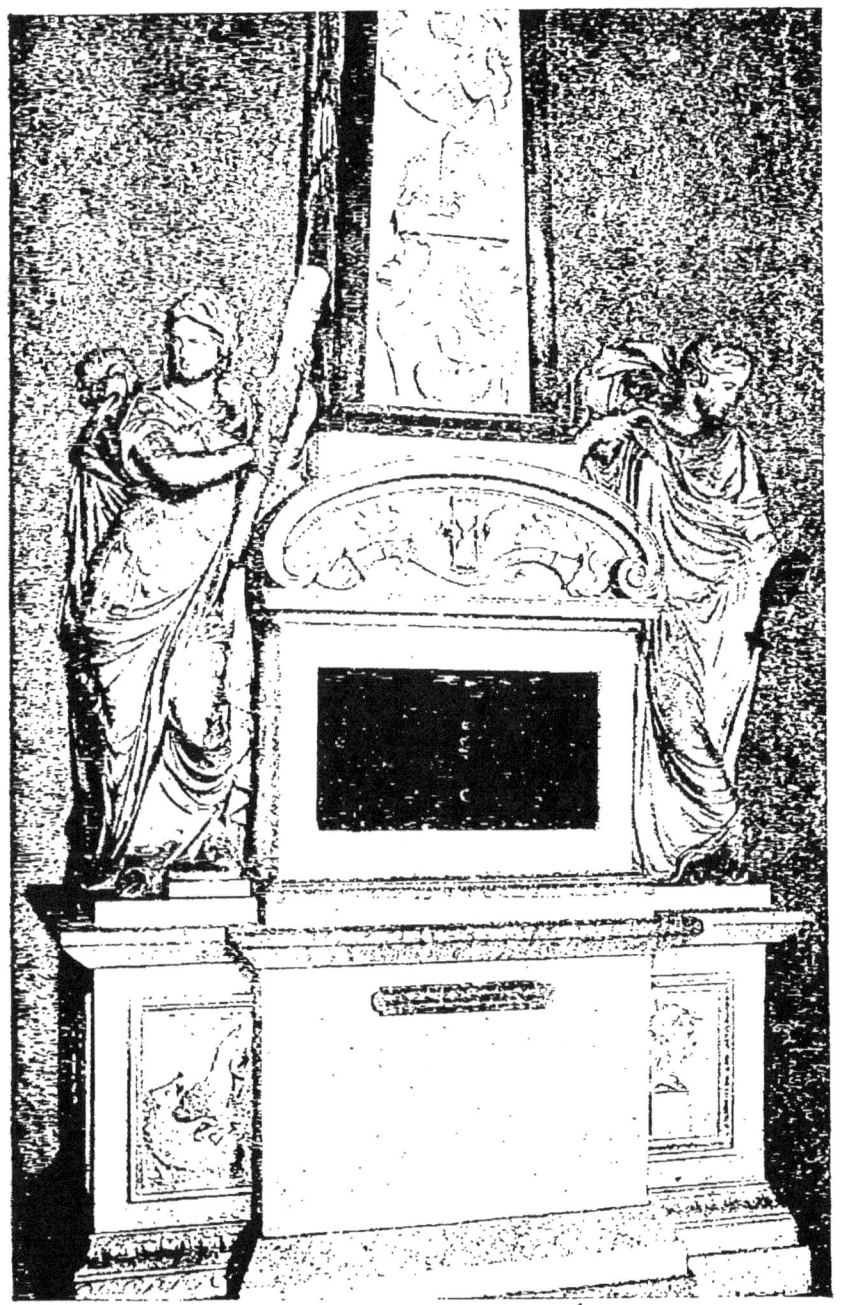

Fig. 89. — *Monument funéraire des ducs de Longueville* (Musée du Louvre), par François Anguier.

tant de séparations et de préparations à l'accès de la *ruelle.*

Au reste, Mme de Rambouillet, de santé chancelante, avait singulièrement indiqué, à l'époque de Louis XIII, l'emplacement du salon dans la chambre à coucher. Lorsqu'elle était alitée, la marquise recevait ses amies intimes dans sa ruelle. C'est ainsi qu'on appelait l'espace circonscrit par la muraille et le paravent qui isolait du reste de l'appartement les lits. Ceux-ci ne touchaient alors, à la muraille, que par le chevet, c'est-à-dire laissaient accès autour d'eux, par trois côtés. De la pose alanguie de Mme de Rambouillet, et puis, parce que les sièges étaient rares, dériva l'habitude que les femmes prirent de recevoir assises et entièrement vêtues, sur leur couche, et notre moderne alcôve n'est autre chose que le souvenir de la ruelle.

Ainsi donc, tandis que s'échangent les belles paroles et les manières distinguées chez les grandes dames qui tenaient ruelle ou les fréquentaient, et après avoir reconnu à Mme de Rambouillet le mérite des premières marques de courtoisie, en France, ainsi que leur retentissement sur la disposition plus délicate de nos appartements, nous poursuivrons notre examen de l'architecture intérieure.

Le plancher se substitue maintenant aux dalles, des plafonds à caissons (*fig.* 93 et 97) commencent à peser sur les têtes, mais les pièces s'éclairent plus convenablement, grâce à des fenêtres symétriques où de grandes vitres s'enchâssent dans des cadres en bois. Cette meilleure distribution du jour, indiquée d'abord

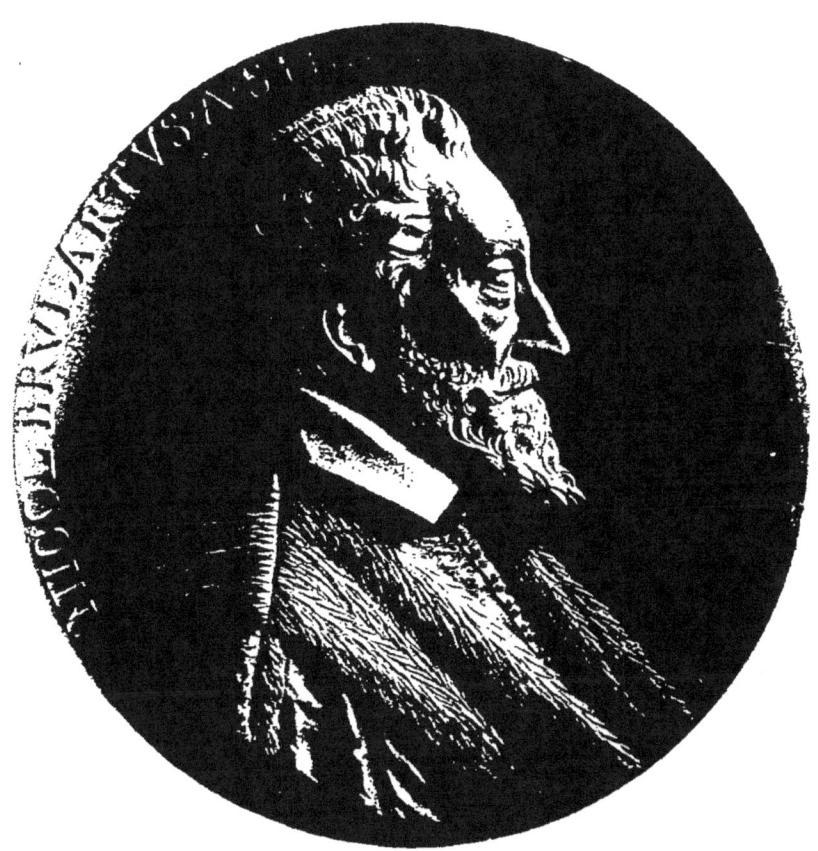

FIG. 90. — *Portrait-médaillon en bronze de Nicolas Brulart de Sillery* (1613) [Musée du Louvre], par Guillaume Dupré.

par la suppression des meneaux de la Renaissance, tient aussi à une architecture moins subordonnée à la façade; cette façade, du moins, étant plus esclave de la nécessité intérieure que préoccupée de briller à l'extérieur, comme cela était une loi, auparavant.

C'était un pas vers la construction pratique et vers
l'architecture rêvée, si l'on peut dire, qui serait de
satisfaire parfaitement les besoins sans laisser de demeurer esthétique. Or, nous verrons par la suite, ces
deux vertus se refuser malheureusement à cette con-
ciliation idéale. Plus les siècles iront, plus les commodités de l'hygiène sembleront absorber le côté artistique de l'architecture, nos jours en sont une preuve.
C'est dans la solution étonnamment confortable de nos
immeubles actuels, que l'art de l'architecte trouve sa
consolation. Il est vrai que notre génie national a
quelque droit de se reposer sur ses lauriers, en attendant la mise au point du style architectural moderne,
si séduisant déjà, à travers ses recherches.

Quant à l'escalier, pour en revenir au temps de
Louis XIII, il dériverait encore de celui que l'in-
comparable « Arthénice » (anagramme de la célèbre
Catherine de Rambouillet) avait inauguré en son
hôtel. Il était situé à l'une des extrémités du corps
principal, faisant ainsi valoir une succession de pièces,
parmi lesquelles on distinguait la fameuse chambre
tapissée de velours bleu rehaussé d'or et d'argent, où
se tenaient les assises de la culture littéraire, au moment. Avant cette création (l'hôtel de la marquise fut
bâti en 1618 par Charles d'Angennes, marquis de
Rambouillet, sur les indications de la grande dame),
si l'on en croit Tallemant des Réaux, « on ne savait

que faire une salle à un côté, une chambre à l'autre, et un escalier au milieu ».

Bref, sous Louis XIII, on voit davantage clair dans les pièces, la froideur des dalles a fait son temps, et les grandes cheminées à hotte, montant jusqu'au plafond, caractéristiques au moyen âge, ont été réduites ; depuis la Renaissance, du moins, les dimensions de l'âtre sont-elles rétrécies et le manteau de la cheminée a-t-il pris davantage d'élégance. Il nous faut maintenant, garnir ces

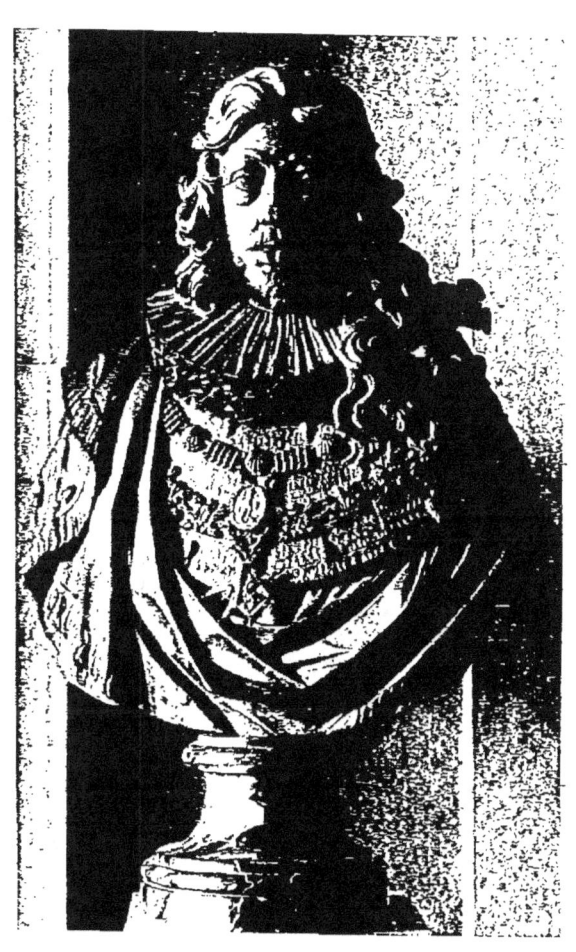

Fig. 91. — *Buste en bronze, de Louis XIII* (Musée du Louvre), par Jean Warin.

différentes pièces avec des meubles à leur convenance. Cette convenance est réduite encore, répétons-le, à la pointe de confort qui perce. Peu à peu les besoins s'imposent et consacrent le mobilier, modelé progres-

sivement sur l'habitude du geste comme sur la forme
même de l'individu. Le fauteuil devra s'accommoder
au personnage dont il a le dos, les bras et les pieds
symboliques. La table arrondira ses angles, l'armoire
diminuera sa haute taille inaccessible à la grâce, et
ainsi de suite pour tous ces serviteurs de nos aises à
travers le progrès ou bien le caprice de nos exigences,
à travers la satisfaction de nos manies et les lois de la
mode, qui, seules, bouleversent les habitudes sans
consulter, le plus souvent, ni l'expérience, ni la raison.

Saluons donc l'avènement de la table ronde (alter-
nant avec la table carrée, très fréquente, plus classique encore), dans la salle à manger ; et de même,
apprécions à sa valeur le charme inédit des fauteuils,
canapés et paravents, garnis de riches étoffes, de dentelles, de broderies et de tapisseries.

La tapisserie débute dans l'ameublement par ces
belles verdures flamandes que les tableaux des vieux
maîtres nous montrent à l'envi, ces belles verdures
qui sont maintenant en concurrence de beauté sur la
muraille, avec les ouvrages de cuir doré d'Avignon,
de Lyon et de Paris ou bien de Cordoue.

Avant de poursuivre la description du mobilier en
détail, nous dirons deux mots de sa physionomie et de
son histoire après la Renaissance. Il a conservé l'aspect architectural précédent. En son fronton, en ses
cariatides, moulures et ornements (la torsade et les

godrons sont ses motifs favoris), revit la façade du

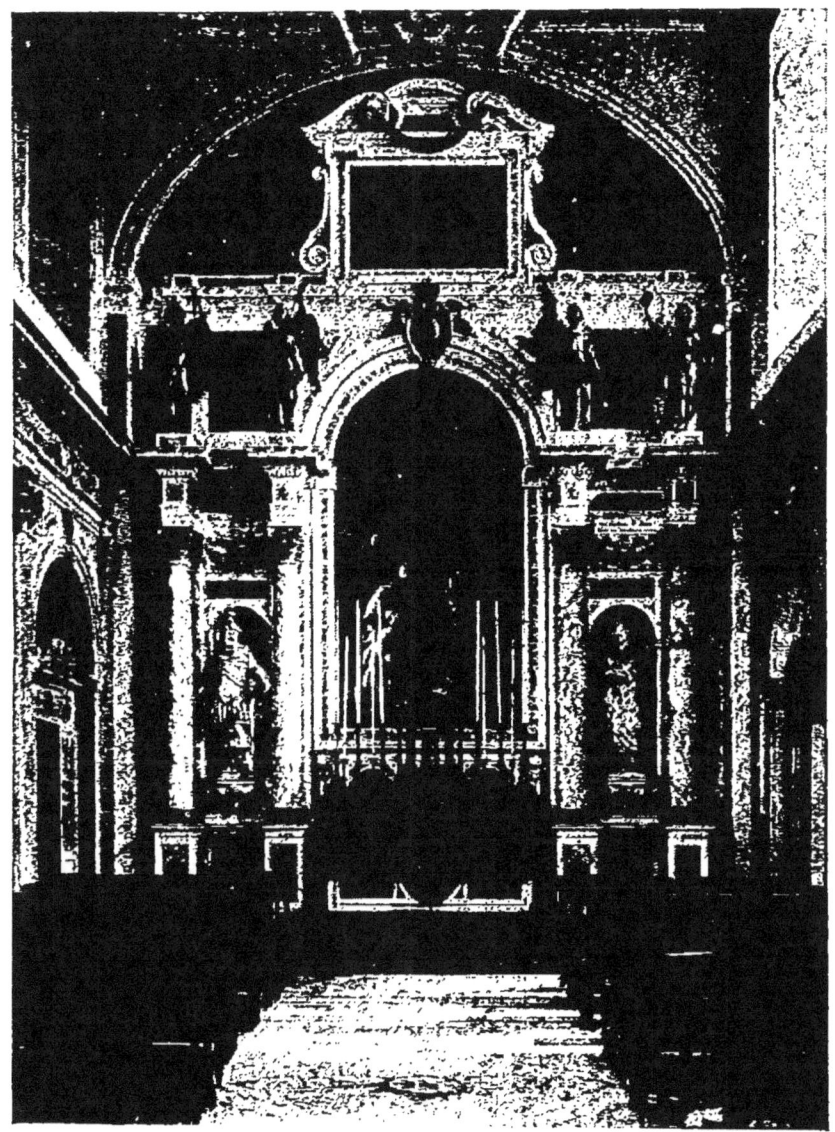

Fig. 92. — *Chapelle de la Sainte-Trinité* (Palais de Fontainebleau).

monument réduit. Point de découpures, des grandes masses, des balustres renflés, des colonnes en place de colonnettes ; le meuble est lourd, imposant et sombre, qu'il soit de bois d'ébène si indiqué pour son austérité, ou qu'il mesure étroitement l'agrément des ornements à une somme de beauté rigide et sobre.

L'ébène est réservé aux gros meubles et l'on peint volontiers en noir le bois des sièges à hauts dossiers et les lits.

La ligne générale est carrée ; les reliefs et profils sont très accusés, mais les applications ornementales qui les parent, sont de très mince épaisseur ; les formes sont simples comme les silhouettes. L'ensemble de ce mobilier de grand air, né de la dépouille de la Renaissance, altéré dans la discipline, dans la répression de la grâce, se détache avec une mâle grandeur sur les tapisseries et les cuirs qui garnissent les murs.

Le meuble typique, sous Louis XIII, est le cabinet. Son origine est allemande, flamande (de la Flandre espagnole) et hollandaise. Sa lourdeur, effectivement, s'éloigne de notre intelligence nationale, si toutefois elle cadre bien avec le caractère de l'époque. D'ailleurs, et c'est l'instant d'indiquer l'historique du meuble à ce moment — il a fallu, pour sa confection, faire appel à l'étranger, puisque notre production est maintenant stérile. Alors, Henri IV, lassé des importations espagnoles où pesait la tradition moresque, lassé des incrustations de mosaïque, de nacre et

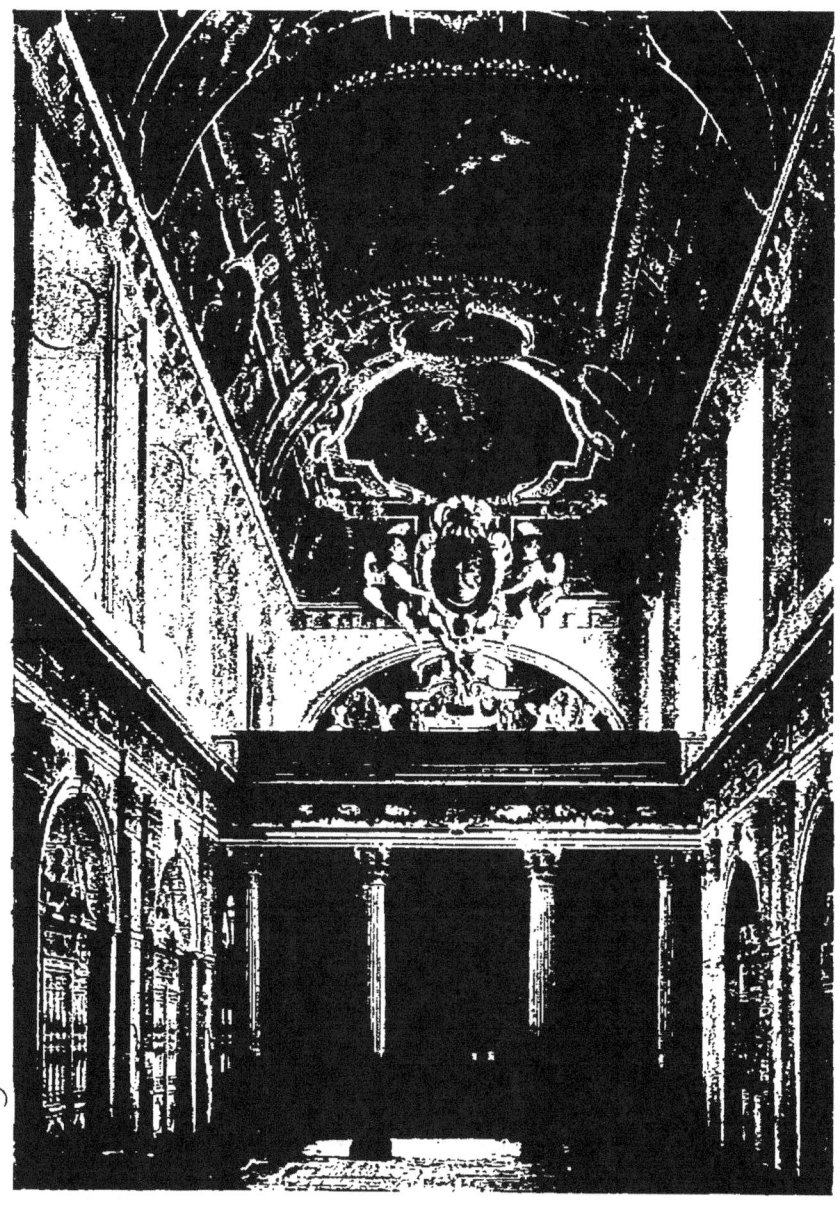

FIG. 93. — *Tribune royale et plafond*, à caissons, encadrant les peintures de Fréminet, chapelle de la Sainte-Trinité (Palais de Fontainebleau).

d'ivoire, intempestives et souvent de mauvais goût, dues à la décadence italienne, écœuré, d'autre part, par l'invasion des conceptions germaines et néerlandaises, envoya des artistes français étudier, dans ces pays mêmes, les procédés de la sculpture sur ébène.

« Notre grande école de sculpture étant morte épuisée, écrit A. de Champeaux (*le Meuble*), la mode s'adressait à la Flandre et à l'Allemagne pour acquérir les cabinets ornés de peintures et de fines ciselures, que les ouvriers français, habitués aux œuvres plus largement traitées, ne comprenaient pas. Découragée par ce changement de goût, qui succédait à une guerre civile peu favorable aux arts, la production de notre pays s'abaissa promptement, se bornant à répéter les compositions du siècle précédent. »

Mais voici nos ouvriers nationaux de retour de l'étranger et installés par Henri IV au Louvre. C'est là que nous trouvons trace d'un « menuysier et tourneur en esbeyne et autres bois » nommé Pierre Boulle, frère ou ascendant du grand ébéniste de Louis XIV, André-Charles Boulle. L'ébénisterie naît alors, qui « substitue, dans les meubles de prix, la marqueterie sévère de ses bois de rapport aux élégantes saillies, aux gracieux bas-reliefs ingénieusement combinés par l'ornemaniste, et largement rendus par le ciseau du sculpteur ».

De cette époque donc, date un renouveau dont l'ori-

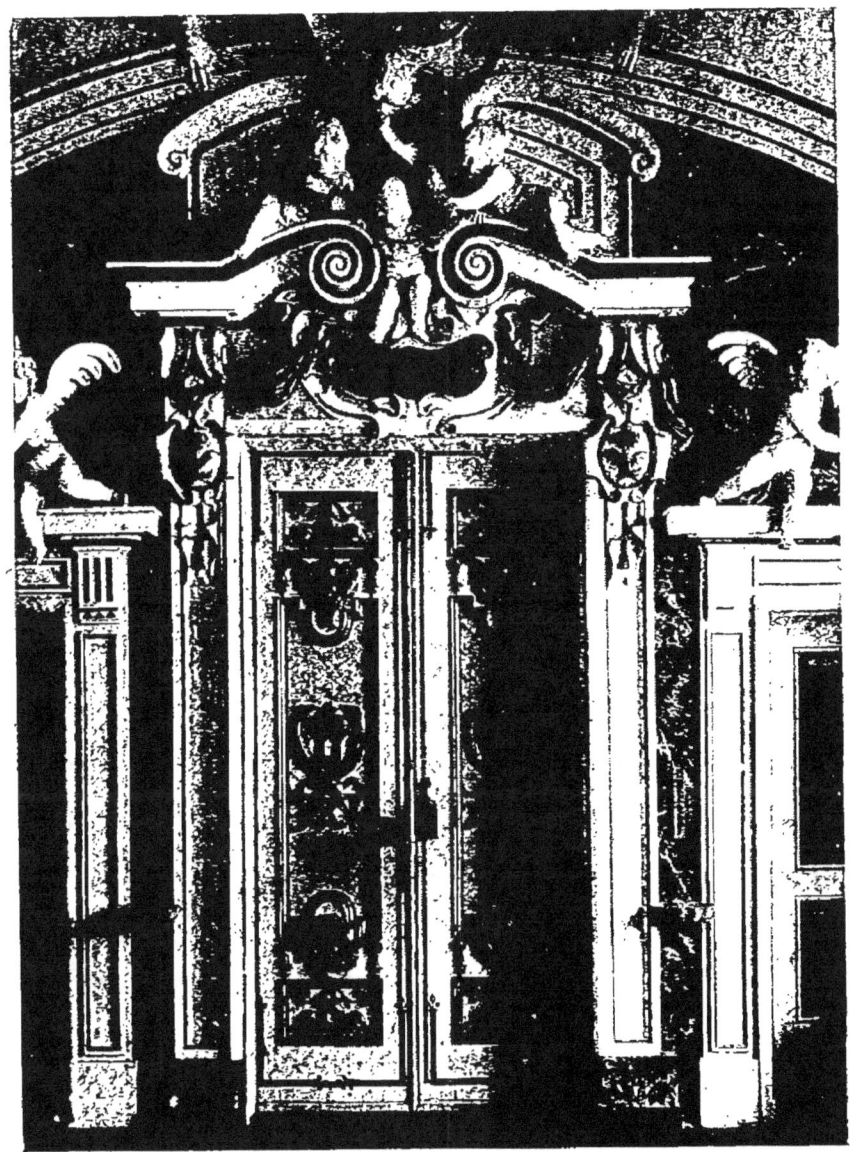

Fig. 94. — *Porte de la tribune du roi*, dans la chapelle
de la Sainte-Trinité (Palais de Fontainebleau).

ginalité sera plutôt le fait du règne de Louis XIII.
Originalité où percent néanmoins les influences que

9*

nous avons dites. En dehors d'un style Louis XIII purement français d'ornementation et de goût, il ne faut pas oublier, en effet, que l'on discerne un Louis XIII flamand, voire espagnol, hollandais ou allemand. L'important pour notre génie était de dominer l'inspiration des autres, et il faut constater que nous y réussîmes au point que c'est l'inspiration étrangère qui, maintenant, à travers les siècles, en réfère à la marque du fils de Henri IV.

Nous aborderons ensuite l'étude du mobilier en ses détails. Revenons à la table. Voyons-la sur un support massif énergiquement sculpté ; les tréteaux ont disparu. La table est plus souvent carrée qu'ovale et ronde, mais ces dernières particularités marquent une date dans la variété de son usage et de son façonnage : elle s'oriente vers le pesant guéridon avant d'être la fragile petite table du xviiie siècle.

Les quatre colonnettes torses de la table — ou bien les piliers solidement chaussés de bases ou coiffés de robustes chapiteaux — sont réunis par un entre-jambe également en torsade — si un autre pilier ne remplit pas le même but — torsade ou pilier ponctué d'un motif vertical très saillant. La colonne torse, d'ailleurs, est le plus souvent coupée, en son sommet, au milieu et à la base, par un motif carré qui rompt agréablement la monotonie. Pour les tables comme pour les sièges, si fréquemment bâtis aussi avec des colonnes torses, les pieds sont exprimés par des

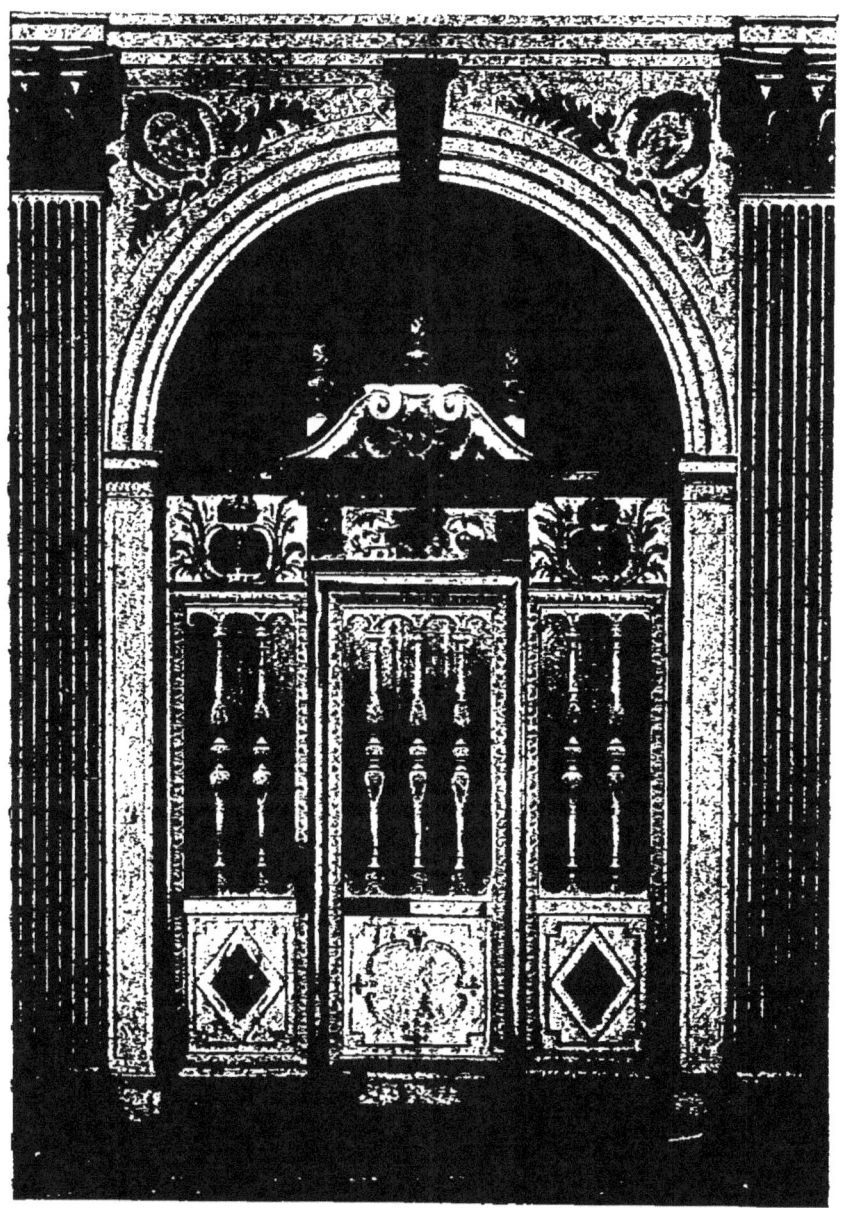

FIG. 95. — *Une des portes latérales de la chapelle de la Sainte-Trinité* (Palais de Fontainebleau).

boules ou des cubes massifs. Point de dorures, en général, — le bois demeure à sa couleur naturelle. D'amples tapis recouvrent les tables de leurs plis rigides, et nous apercevrons au lit, des *courtines* majestueusement étoffées. Sous Louis XIII, le costume sera pareillement étoffé ; cette richesse des tissus aux grands ramages d'une parfaite discrétion, qui parera les sièges (lorsque ceux-ci ne seront pas en bois nu, canné ou tapissé de cuir) répond harmonieusement à la tristesse somptueuse d'alentour. Le velours noir et l'ébène sont à la couleur du temps ; leur gravité domine, elle est typique.

Du côté des sièges, voici des escabeaux, des tabourets, remplacés cependant, peu à peu, sous Louis XIII, par des pliants, par des chaises à bras (ou sans) et des fauteuils. Le pliant devient un siège hiérarchique ; il est en velours rouge cramoisi, « crépiné d'or et d'argent », ou garni de moquette et de petite brocatelle, à moins qu'il ne soit garni d'argent ciselé.

Chaises à *vertugadin*, fort en vogue, ainsi nommées parce que, dépourvues de bras, elles permettaient aux femmes revêtues des vertugadins qui enflaient leurs jupes, de s'asseoir plus aisément. Chaises à vertugadin « couvertes par le siège et le dossier de cuir orangé, garni de clous argentéz » ou couvertes de tapisserie au gros point. Perroquets, sortes de pliants à dossiers. Dos des fauteuils, droit, bras presque rigides ; d'une manière générale, la carrure si frappante des fauteuils sous Louis XIV, débuta sous

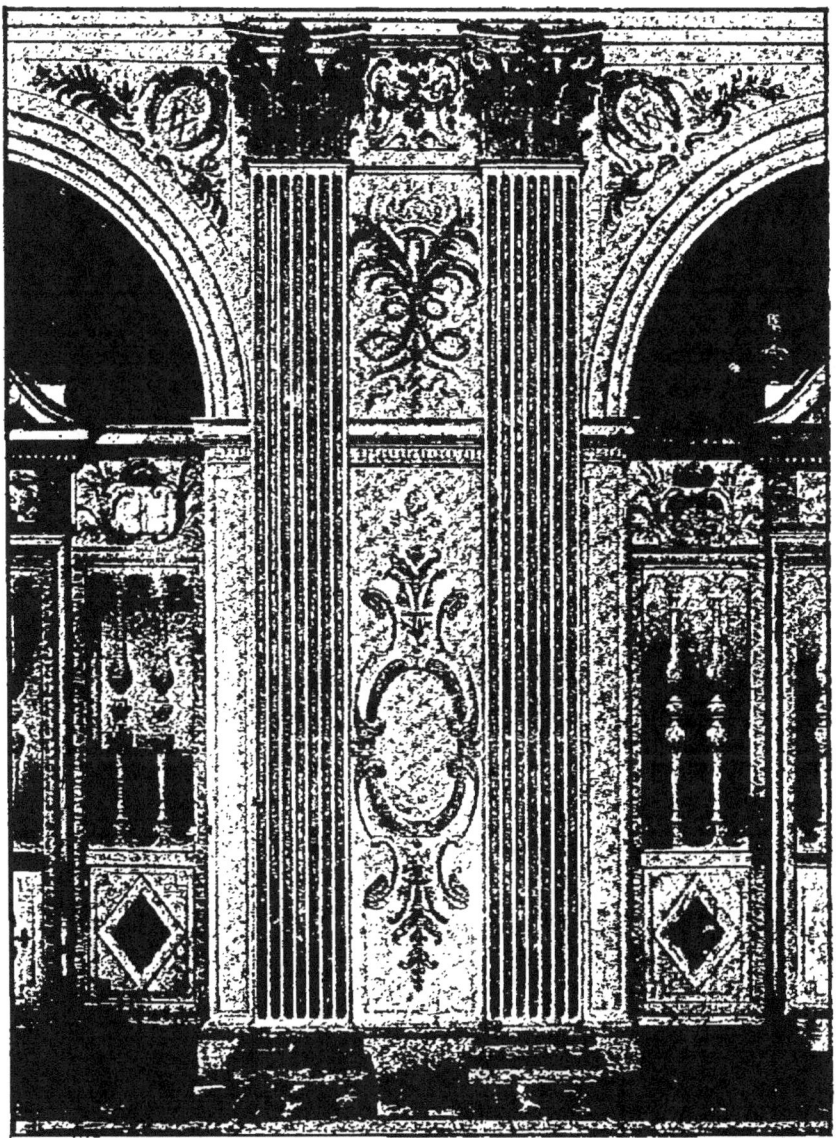

Fig.96 . — *Colonnes engagées et motifs décoratifs* séparant
les portes latérales de la chapelle de la Sainte-Trinité.

Louis XIII, qui inaugura aussi le moderne fauteuil,
spacieux et commode. Chaises trapues aux bâtis

carrés, au dossier à peine infléchi en arrière, bas ou assez haut. Chaises aux moulures fortement godronnées, à bâtis torses, répétons-le, à lourds frontons sculptés, à dossiers en médaillon entouré de sculptures sans légèreté. Fauteuils tout en bois, à dossier plus étroit que le siège évasé sur sa face antérieure, en bois largement tourné et mouluré avec entre-jambe bas et massif.

« Les trois sièges *nobles*, en usage à cette époque, résume H. Havard, sont : la chaise à bras et à haut dossier, que nous appelons improprement fauteuil Louis XIII, le fauteuil à bras et à bas dossier, et la chaise à vertugadin, à dossier mais sans bras. » A ces sièges, le lecteur ajoutera, vers la fin du règne du fils de Henri IV, la chaise et le fauteuil pourvus d'un haut dossier, qui prendra toute son ampleur sous Louis XIV; au surplus, insistons sur le caractère hiérarchique du pliant.

Et ces sièges, ainsi que nous l'avons dit, sont souvent recouverts de tapisserie et de cuir (lorsqu'ils ne sont pas cannés ou en bois nu) adhérents au bâti à l'aide de gros clous de cuivre. Les gros clous de cuivre, dorés ou argentés, employés dans la décoration du siège tapissé de cuir de Cordoue ou de velours (à larges bandes), bordé de longues franges, sont très caractéristiques.

Les galons métalliques, les broderies et dentelles

sont aussi, fréquemment employés à la garniture des sièges.

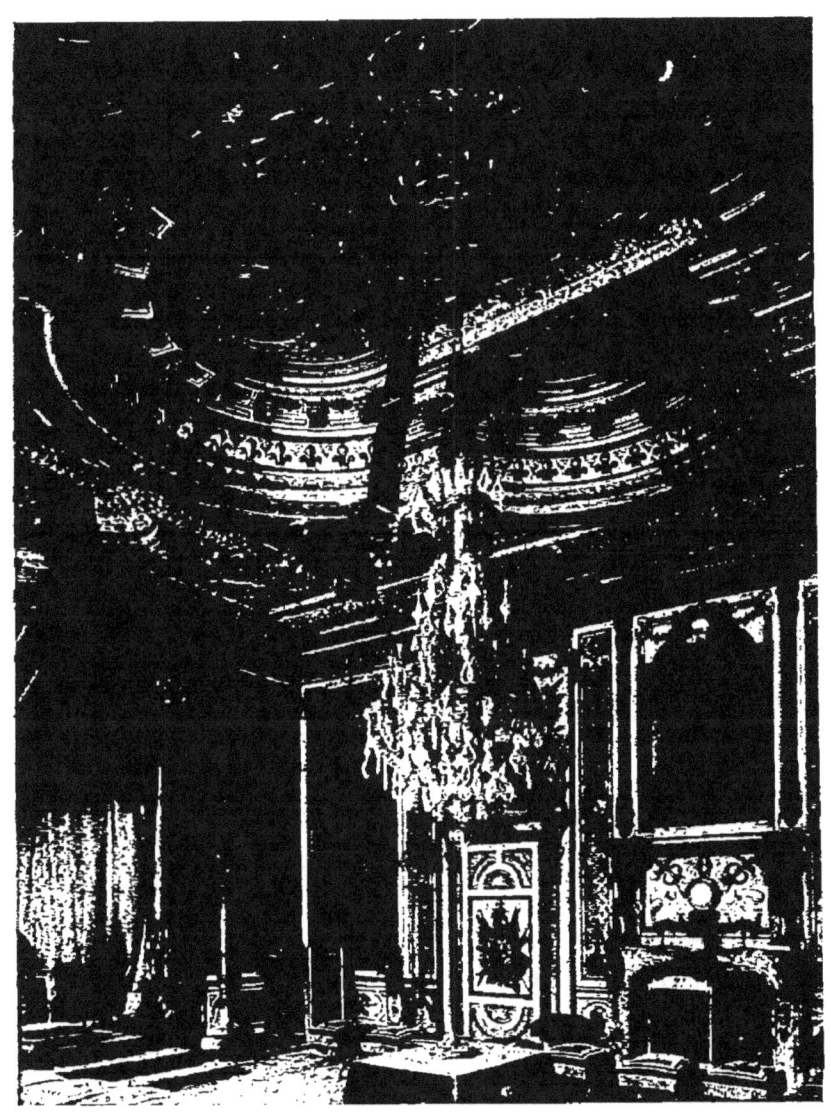

FIG. 97. — *Plafond Louis XIII, à caissons* (Palais de Fontainebleau).

Nota bene. — On commence à être mieux assis, les sièges reçoivent un peu de capiton, c'est la nais-

sance du confortable qui s'accentuera au fur et à
mesure des époques. Quant aux canapés et autres
meubles dérivés du siège et de la table, ils sont rares,
à vrai dire. Le passé, d'ailleurs, ne nous a guère
laissé juger que des plus grosses pièces, les autres
s'étant évaporées dans l'usure et la décrépitude des
temps. C'est ainsi qu'il serait téméraire de juger du
mobilier d'une époque lointaine sans émettre des
restrictions sur tant de témoins disparus, car, plus
les styles sont près de nous, plus ils nous livrent de
souvenirs. Il n'en demeure pas moins acquis, cependant, que l'abondance des meubles et leur faculté por-
tative ne date que du xvIIIᵉ siècle.

Mais passons à l'examen du *cabinet* (*fig.* **98** et **131**).
Grâce à son importance, le cabinet qui succéda au
dressoir dans la chambre a persisté avantageusement
dans les collections, jusqu'à nos jours.

Décrivons-en quelques-uns. Voici un cabinet en
bois de cèdre, orné, sur sa façade, de huit colonnes
du même bois, à bases et chapiteaux d'ordre corinthien, dorés. Sur le milieu, une niche où figure la statue équestre de Henri IV, foulant aux pieds ses ennemis. En voici un autre en bois du Brésil, à compartiments d'ivoire « ayant vingt et un tiroirs enfermés par
deux battants, ornés de six pilastres d'ébène cannelés,
de trois médaillons à fleurs de lis et des chiffres de
Louis XIII portés sur des pieds à quatre colonnes go-

dronnées ». Citons encore des cabinets en bois d'ébène avec filets d'étain, ou ornés de moulures à ondes (les

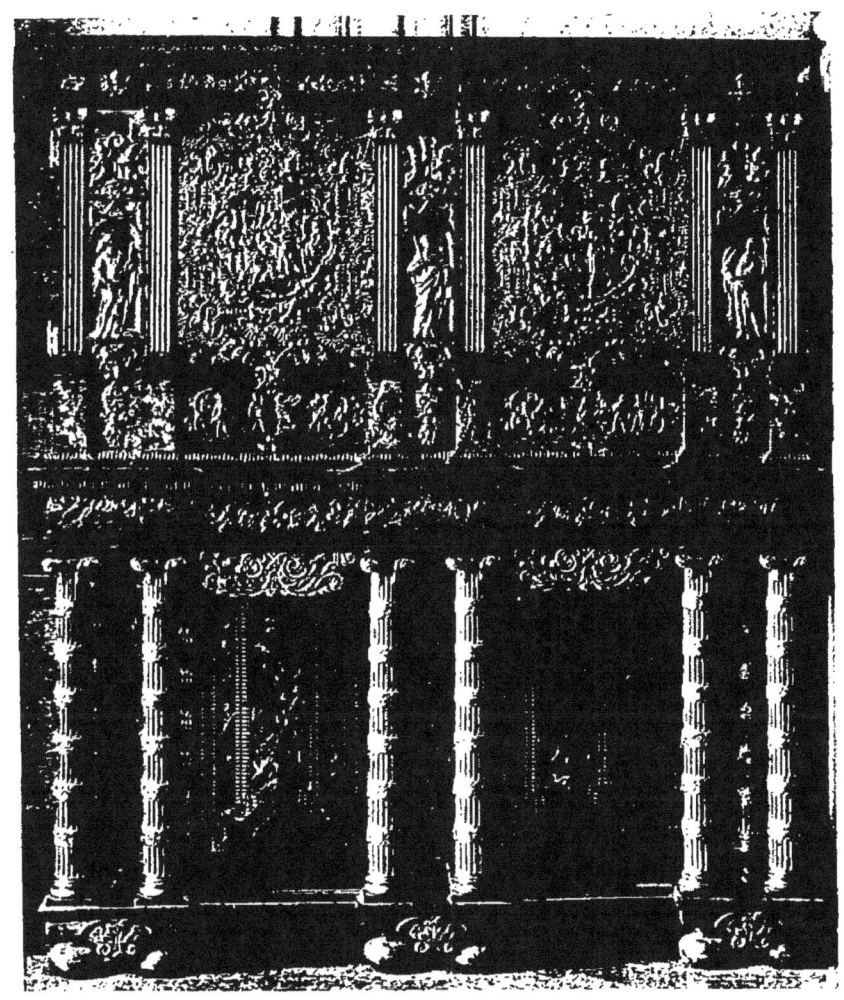

FIG. 98. — *Cabinet en ébène* (Palais de Fontainebleau).

moulures à ondes sont typiques, voir celles de la glace de la figure 127), des cabinets en nacre de perle avec des ornements en filigrane d'argent ou des peintures; des cabinets — ceux-ci plus près de

l'époque de Louis XIV, où ces meubles furent encore
en usage — décorés de marqueterie de cuivre et
d'étain sur fond d'écaille [1], etc.

Dans notre énumération, forcément restreinte, du
meuble sous Louis XIII, pour les raisons précédemment données, nous en arrivons à l'armoire.

Sous la Renaissance, l'armoire abdiqua les formes
carrées et massives de l'ancien meuble de ce nom,
dont l'énorme caisse dressée contre la muraille avec
ses vantaux garnis de pentures et autres ferrures ré-
barbatives, avait des allures de portes de cathédrale.
Aussi bien, dans tout le xvie siècle, les formes comme
les décors sont d'une grâce et d'une fantaisie raffi-
nées ; c'est ainsi que l'armoire Renaissance, à deux
corps, « celui d'en bas, large et d'apparence so-
lide ; celui d'en haut, plus étroit, élégant et svelte ;
tous deux avec une certaine apparence d'édicule »
peut être rangée parmi les petits meubles. Avec le
xviie siècle, l'armoire commence à reprendre ses
larges proportions, « elle redevient, dit H. Havard
dans son *Dictionnaire de l'ameublement*, un meuble
de dimensions considérables, d'un seul corps et, par
conséquent, d'une seule venue, que les ébénistes sur-

---

1. Il est à remarquer, à propos de ce genre de décoration,
qu'il était pratiqué avant A.-C. Boulle. Le fameux ébéniste de
Louis XIV, devait cependant fixer sa plus grande beauté et
consacrer sa caractéristique.

montent parfois d'un couronnement héroïque, mais
qui a perdu la sveltesse et la grâce qu'il avait quelques
années plus tôt ». A côté de l'armoire, citons le coffre
qui servait d'armoire ou de malle aux seigneurs du

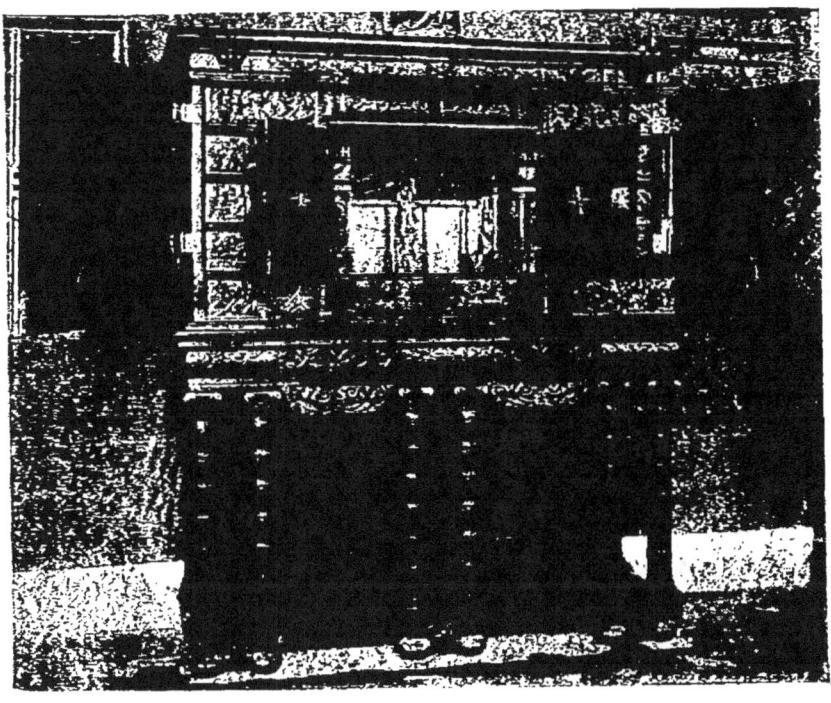

Fig. 99. — *Cabinet* (le même que le précédent, ouvert).

xviie siècle. On s'asseyait aussi sur ces coffres qui, lorsqu'ils seront munis de pieds et de tiroirs, deviendront des commodes, ces commodes qui pulluleront
au xviiie siècle !

De même que les armoires, les coffres sont copieu-
sement sculptés ; mais, naturellement, ils perdent dans
la force, sous Louis XIII, la grâce de la Renaissance,

lis deviennent aussi moins nombreux. De la famille des coffres sont les bahuts « ou coffres couverts, ornés de petits clous rangés agréablement ». Il y a des coffres recouverts en cuir, au couvercle arrondi, il en est d'autres plats et simplement en bois. Les bahuts ne disparaîtront guère qu'au XVIIIe siècle.

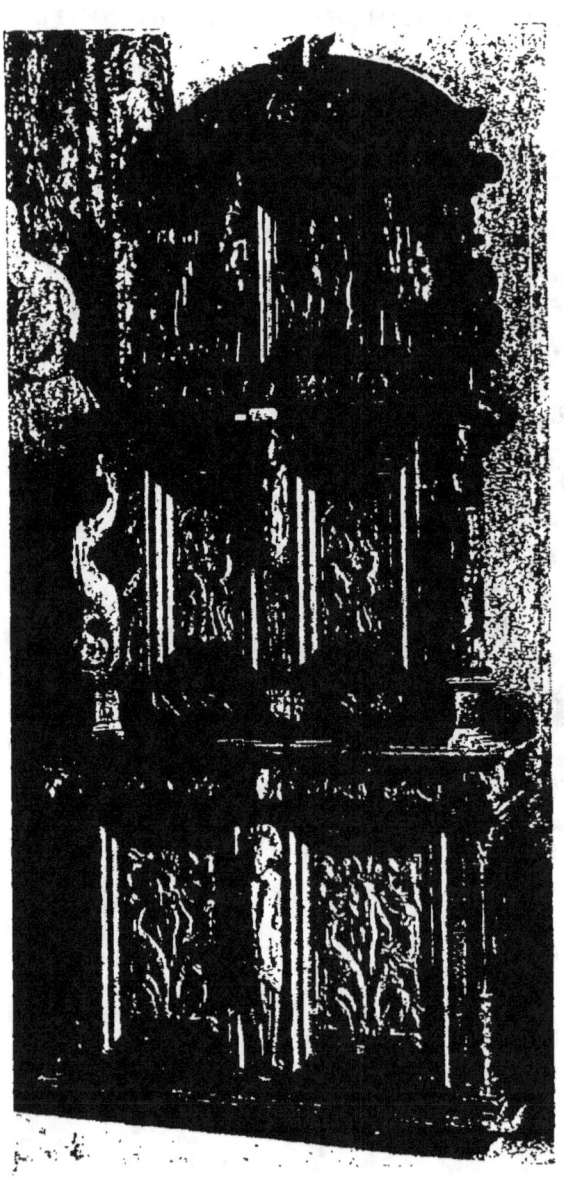

Fig. 100. — *Armoire à deux corps.*

Passons maintenant au lit. Au XVIIe siècle, le lit est somptueux, mais il ne sera monumental que sous Louis XIV. Le lit Louis XIII conserve son caractère sévère ; il est tantôt à colonnes moulurées ou torses, tantôt encadré de cariatides qui, placées tout comme les colonnes, aux quatre coins du

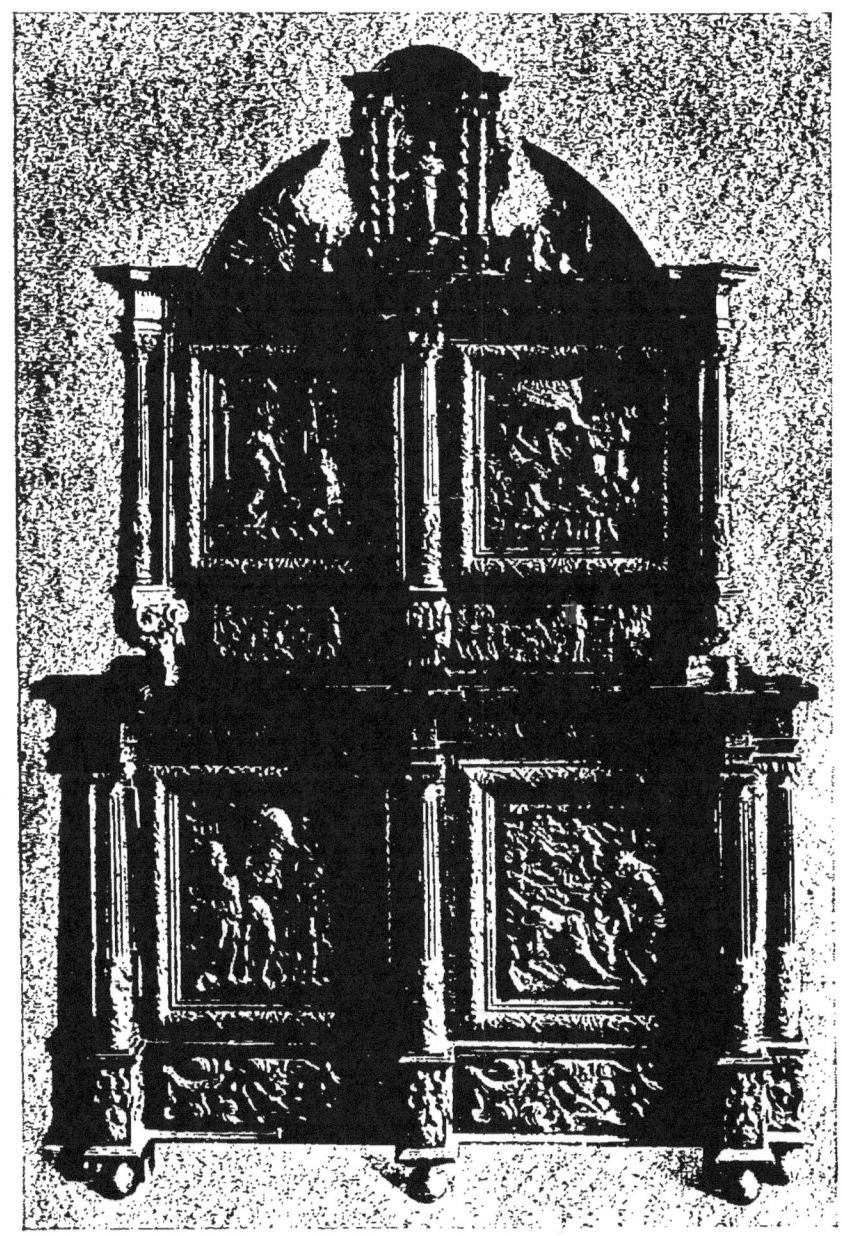

FIG. 101. — *Armoire à deux corps* (Palais de Fontainebleau).

rectangle formé par le châlit, soutiennent un dais carré, au large bandeau rigide, surmonté de panaches. Des rideaux ou courtines ferment complètement ce lit carré, ignorant encore du moelleux si cher aux époques suivantes. En revanche, son luxe, pour être discret, n'en est pas moins grand. Il y a des lits de velours noir brodé de perles dont les colonnes de jais ou d'ébène sont garnies d'argent.

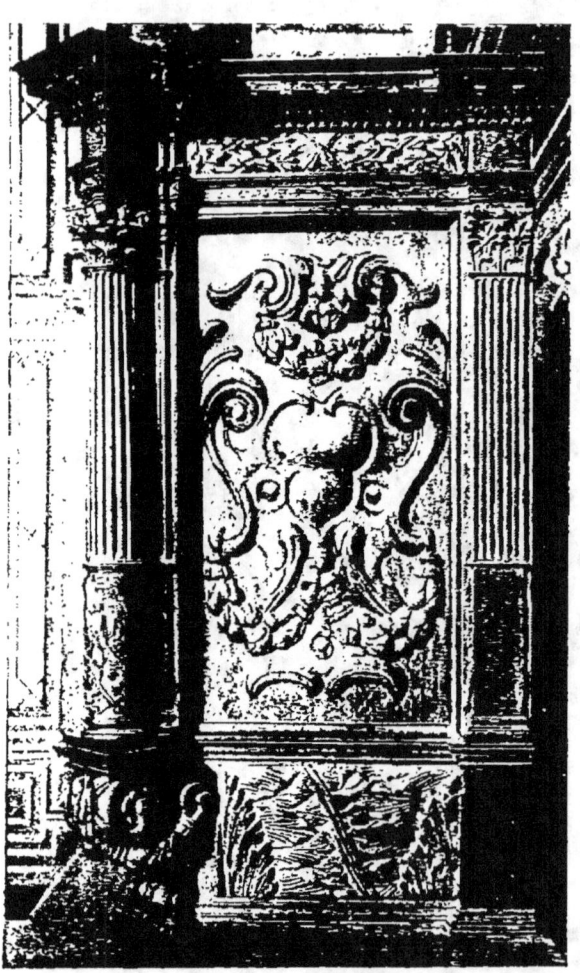

FIG. 102. — *Détail d'un panneau latéral du meuble précédent.*

On nous apprend, d'autre part, que Louis XIII coucha alternativement dans un lit de damas violet foncé, orné de larges broderies d'or et dans un lit de velours noir rehaussé de galons d'argent. Quant à Richelieu, on nous le montre couché moins sévèrement que son maître, dans un lit de satin blanc, cou-

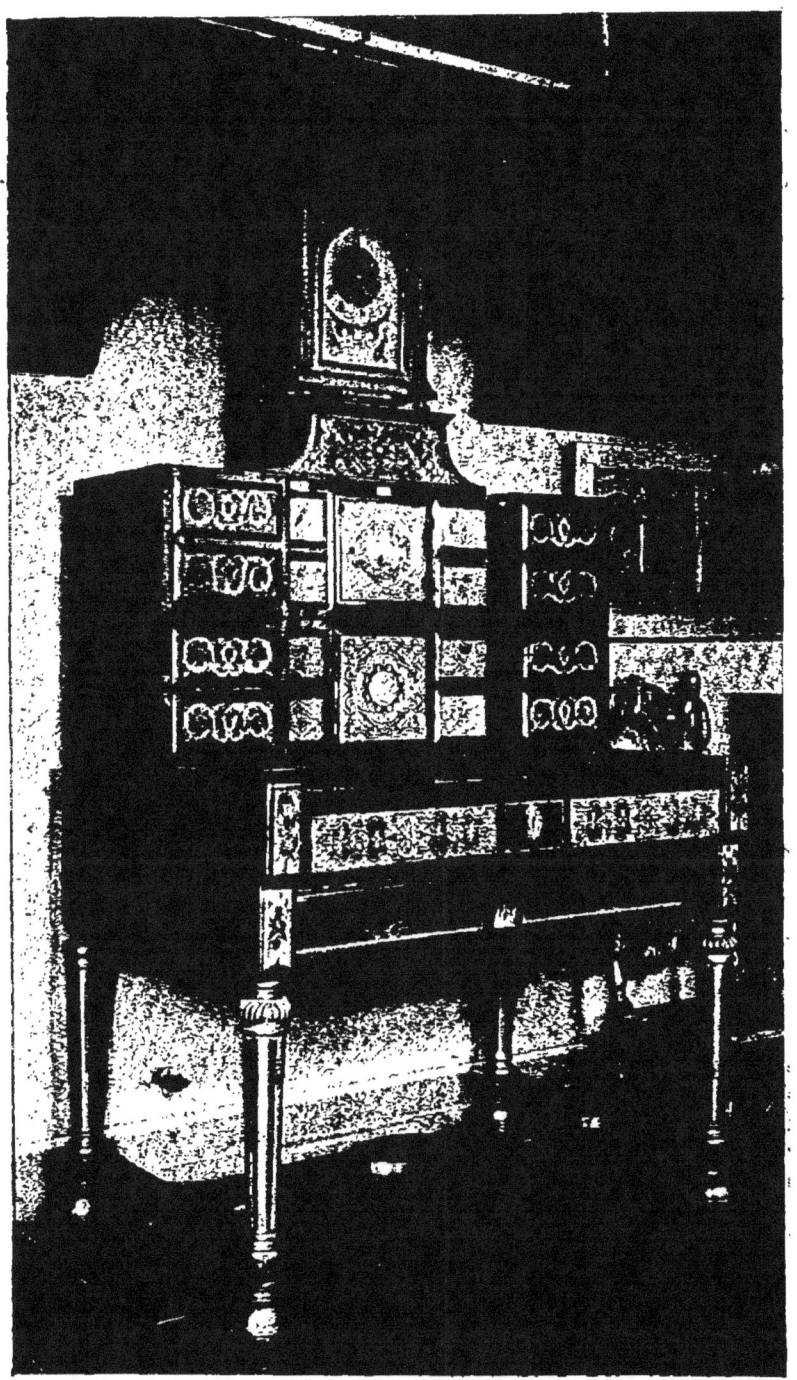

FIG. 103. — *Bureau du maréchal de Créqui* (Musée de Cluny).

vert de broderie d'or ou bien tout tendu de velours rouge soutaché de crépines et passements d'or fin...

Ce luxe du cardinal est singulier à côté de la modeste chambre grise de la reine Anne d'Autriche ! Et l'on est tenté de rapprocher des tons d'âme de ces personnages, les nuances de décor choisies pour leurs rêves. A Louis XIII le noir qui personnifie si bien sa pensée triste ; à Richelieu le rouge de sa volonté ardente, de sa rigueur impitoyable ; à Anne d'Autriche le gris de sa passivité humiliée. Il est vrai que la reine ne voua à la couleur grise que son veuvage. En même temps que se lève l'aube de l'ébénisterie, notons l'avènement de l'art du tapissier ; le bois du meuble, dès lors, va sourire avantageusement et originalement sur la beauté des tentures aux plis comme aux tissus variés.

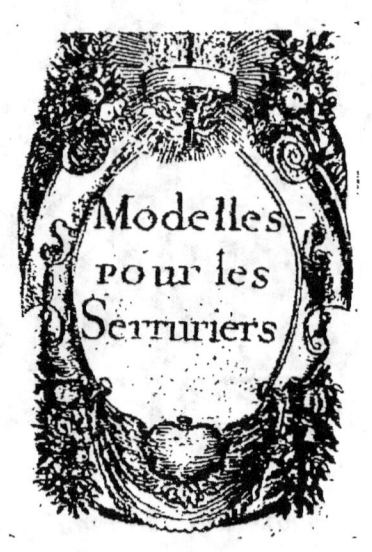

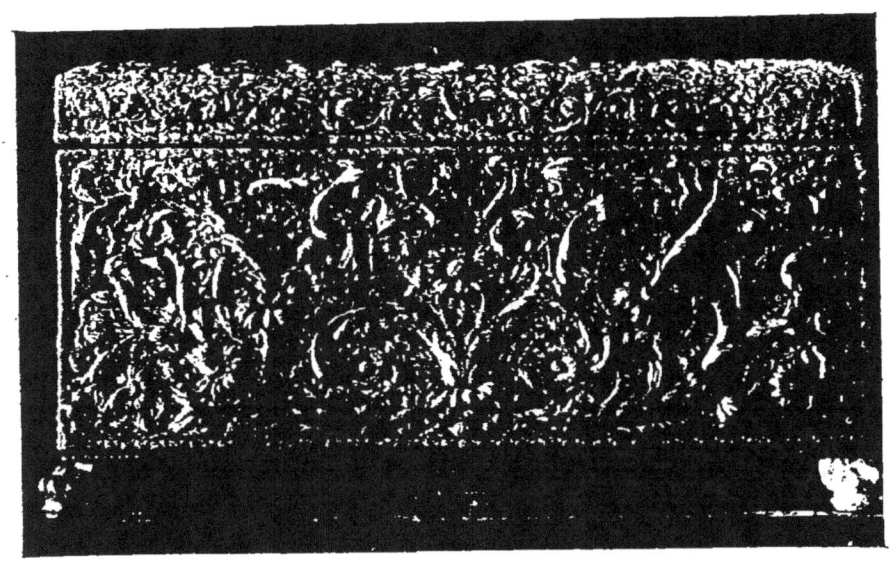

FIG. 105. — *Coffret en or ciselé d'Anne d'Autriche*
(Musée du Louvre).

CHAPITRE VII

Les tissus : tapisserie, velours, dentelles, etc.
L'orfèvrerie, le bijou.

L'importation fatale de l'art étranger en France, après le règne de Henri IV où les industries de luxe avaient pour ainsi dire sombré, devait retarder l'essor original de notre goût, et ce n'est que sous Louis XIV [1] que nous verrons notre pays, non seulement triompher de l'exemple d'autrui, mais encore ordonner la Beauté sous toutes ses formes, à l'étranger. Louis XIII

1. Voir le *Style Louis XIV*, du même auteur.

n'a pas laissé de traces rigoureusement personnelles dans l'expression décorative de son temps et, tandis que le roi de France dresse des faucons pour la chasse, le cardinal Richelieu bataille. C'est ainsi que notre art national vit d'emprunts, qu'il francise seulement, en attendant des temps plus favorables à l'établissement de sa personnalité.

A la mort de Henri IV, la fabrication de soierie lyonnaise périclite ; mais en revanche, les cuirs gaufrés, dorés, voire « écorchés », c'est-à-dire gravés, marquetés, damasquinés, martelés, nous viennent d'Espagne et de Flandre, pour tapisser les murailles et les meubles. Il est vrai que bientôt, des fabriques françaises, à Lyon même, à Paris et à Avignon, rivalisent brillamment avec les produits du dehors. Nous avons signalé d'ailleurs, au précédent chapitre, la faveur avec laquelle la tenture de cuir était accueillie concurremment avec les tapisseries célèbres de la Flandre, qui ne devaient pas tarder non plus à être égalées en France.

Du côté des velours, satins, taffetas, si l'on continue encore à faire appel aux manufactures italiennes, de Gênes et de Venise, Paris, Tours, Lyon, Montpellier, entre autres villes, progressent rapidement dans l'expression de ces tissus, dont cependant Louis XIV devait le premier interdire définitivement l'importation. Quant aux dentelles, si estimées à l'époque

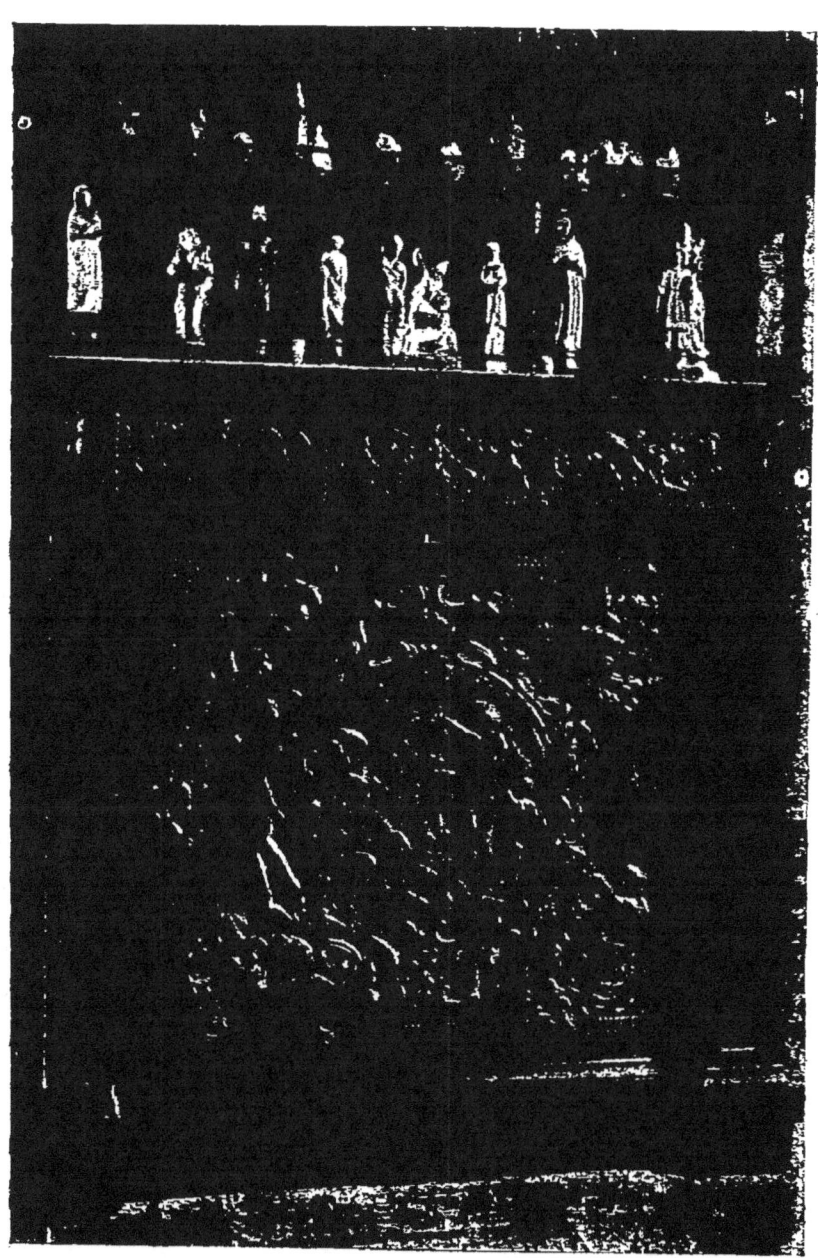

FIG. 106. *Bas d'armoire en ébène* (Musée de Cluny).

qui nous occupe, nous voyons leur importation triompher, malgré qu'à côté des points espagnols, italiens et de Flandre le point de France fasse encore bonne figure. Sous Louis XIII, nous assistons à une débauche de la dentelle, singulière dans des temps aussi moroses, et il faut avouer que cette fraîcheur légère dans le décor, semble une contradiction. Souveraine dans l'ameublement, meubles, rideaux, tapis de table, la dentelle ne domine pas moins dans la lingerie et le costume, où nous la verrons garnir même le revers des bottes !

Mais nous reparlerons des tissus et de la dentelle avec le costume et, pour terminer en deux mots notre aperçu de cette partie de l'art décoratif, nous dirons que l'art décoratif tout entier, même à l'époque en question, est surtout écrasé entre le triomphe de la Renaissance et celui du siècle de Louis XIV. Nous avons déjà constaté dans l'architecture, cette situation difficile et redoutable qui devait s'accuser encore dans le luxe et la frivolité. Ne verrons-nous pas, d'ailleurs, sous Louis XIII et sous la régence d'Anne d'Autriche, plusieurs édits somptuaires proscrire la dentelle ?

Glissons ensuite sur la céramique. Car, si les mémoires nous montrent le Dauphin (plus tard Louis XIII) allant chercher avec son frère des « petits marmouzets » en terre vernissée, à la fabrique d'Avon, près de Fontainebleau, où se continuait la tradition des

fameuses créations de Bernard Palissy, les trois prin-
cipaux centres de fabrication de faïences d'art :
Rouen, Nevers et Moustiers, ne brilleront qu'à la fin
du xviie siècle. Nous voici à l'orfèvrerie.

Nous avons noté l'influence espagnole implantée à

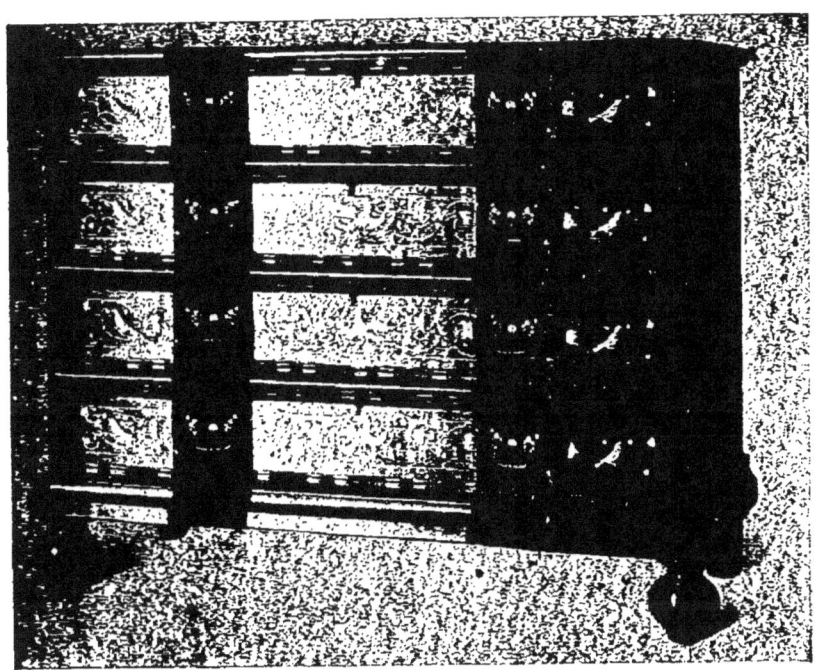

Fig. 107. — Commode.

la cour de France par la fille de Philippe III, Anne
d'Autriche, en dépit de la haine de la domination
espagnole professée par Richelieu. Cette influence
s'exerça davantage dans l'orfèvrerie. Ainsi la belle Anne
d'Autriche prenait-elle occultement sa revanche du
farouche cardinal, son adversaire. Il est vrai qu'en
l'occurrence, le luxe inédit que nous allons dire,

10*

n'était point d'une grande délicatesse. C'est dans l'ameublement de cette reine qu'apparurent pour la première fois, en France, les meubles et les balustres d'orfèvrerie depuis si longtemps en usage en Espagne, devenue depuis un siècle « le grand dépôt des métaux

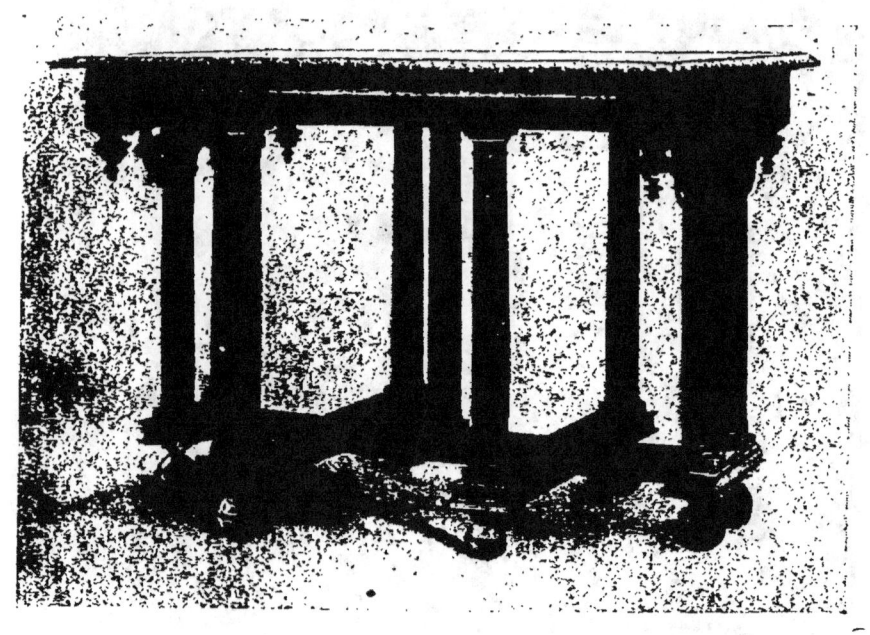

Fig. 108. — *Table à neuf pieds* (Musée de Cluny).

précieux ». Mais passons sur cette coûteuse fantaisie que Mazarin, dont le goût pour l'argenterie était aussi réputé, devait pousser à l'extrême, et qui s'altéra dans son enflure et sa redondance natales.

Si, tout comme son père, Louis XIII enfant joua avec de véritables joyaux d'orfèvrerie, l'histoire nous montre le fils de Henri IV, contrairement au roi Soleil, surtout intéressé par le prix de la riche ma-

tière. De telle sorte que l'on peut conclure à la pros-
périté de l'art en question, plutôt dans la période de la
régence d'Anne d'Autriche et après elle, que du temps
même de Louis XIII.

Aussi bien, tout se tient, et nous ne répéterons

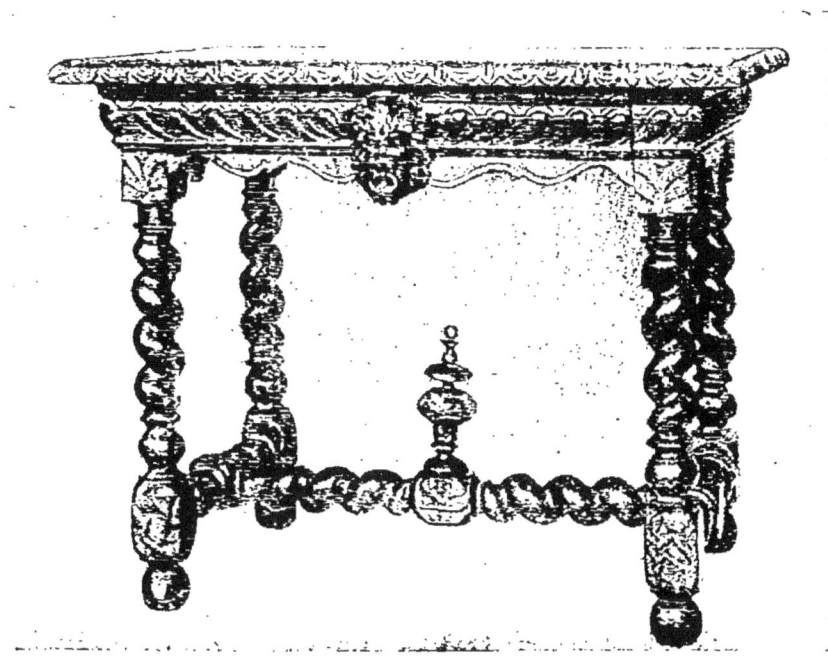

FIG. 109. — *Table* (Musée de Cluny).

plus que l'heure de la somptuosité n'a point encore
sonné, malgré l'excentricité coûteuse des meubles,
tout en argent, des tables de préférence, dont nous
n'avons plus, au reste, aucun témoignage palpable.
Cependant il importe d'inscrire ici la magnificence
du coffret d'Anne d'Autriche (*fig.* 105), où apparaissent nettement, entre parenthèses, les tendances

nouvelles de la décoration « vers une stylisation un peu froide et sèche des éléments naturels ». Gardons donc en mémoire ce noble modèle du travail des orfèvres d'alors ; il est d'une beauté caractéristique qui nous permettra de rêver sur de plus nombreux

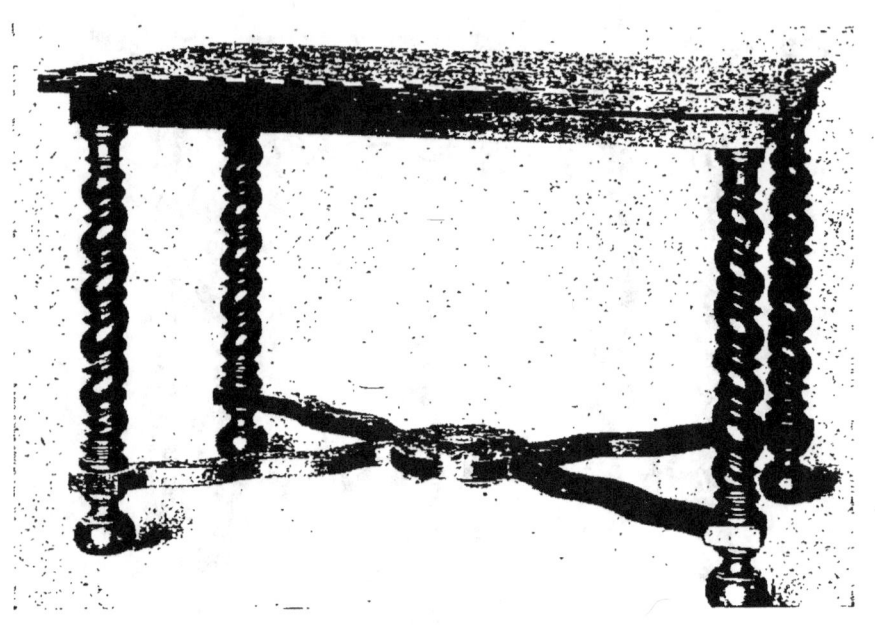

Fig. 110. — *Table* (Palais de Fontainebleau).

exemples défaillants. Car, en telle matière rare, il ne nous demeure guère que des exceptions arrachées au creuset qui guette fatalement les régimes au moment des échéances difficiles ; et puis il y eut le vandalisme de la Révolution.

Dès le xviie siècle, la vaisselle d'étain ainsi que les bibelots et objets dus à ce métal, a fait place aux argenteries précieuses, et la beauté n'a pu résister à

la cupidité de la fonte, au monnayage ignoré autrefois, fatalement, par la matière vulgaire. A l'époque,
l'étain ne sera plus guère employé qu'à l'état d'incrustation ; le fameux ébéniste de Louis XIV, A. Boulle,
l'utilisera dans la suite, d'une manière particulière-

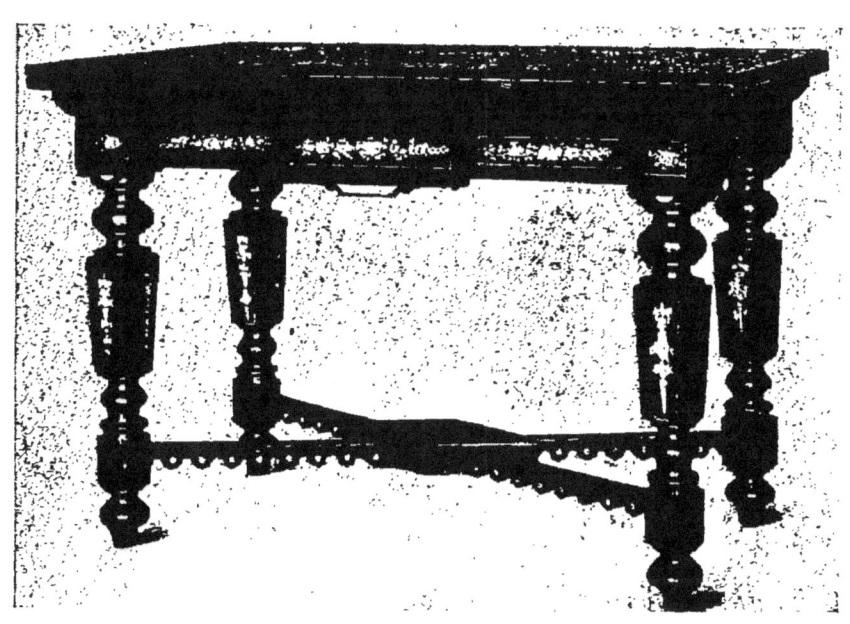

Fig. 111. — *Table en marqueterie.*

ment brillante, associé au cuivre et à l'écaille, dans
ses chefs-d'œuvre. Il est vrai que si l'argenterie des
époques lointaines est presque introuvable aujour-
d'hui, les modestes ciselures de cuivre ne le sont pas
moins. Mais, avant de parler de ces dernières, nous
rattacherons à l'orfèvrerie la richesse du miroir.
Voici la description de celui d'Anne d'Autriche : « Un
miroir de toilette, avec son appuy derrière, le tout

d'or ciselé d'entrelas et compartimens et émaillé des
armes et des deux chiffres de la reyne. » Les mi-
roirs de l'époque sont petits, étant donné que les
glaces ne sont encore que soufflées au lieu d'être
coulées comme elles le seront vers 1670. On les
fabrique à Venise, et leur dimension réduite, déjà coûteuse, s'avantage de cadres non seulement riches,
mais encore d'une ampleur qui les écrase. Cadres en
bois doré ou en ébène sculpté, fortement moulurés,
flanqués de lourdes cariatides avec des mascarons,
des têtes d'ange ailé au fronton et à la base. Lesquels
agréments décoratifs se détachent sur des entrelacs
capricieux, des chutes de fruits.

Après avoir rapproché des difficultés de fabrication
du miroir celles de la vitre dépendant de la même
opération préliminaire et, après avoir, pour cette
raison, constaté que les fenêtres sont, alors, garnies de verres montés sur plomb (les petits carreaux
encadrés de bois viendront sous Louis XIV), nous
aborderons la description des cuivres ciselés, chandeliers, chenets, lustres, etc.

Pour tous ces ustensiles, même observation que
pour le meuble : l'inspiration de la forme et du décor
ne diffère pas de celle de l'architecture. Nous ren-
verrons donc initialement le lecteur aussi bien à l'ar-
ticle du meuble qu'aux signes distinctifs généraux
de l'ornementation du style qui nous occupe. Pareil

aspect de construction, égale lourdeur, sobriété et grand air analogues.

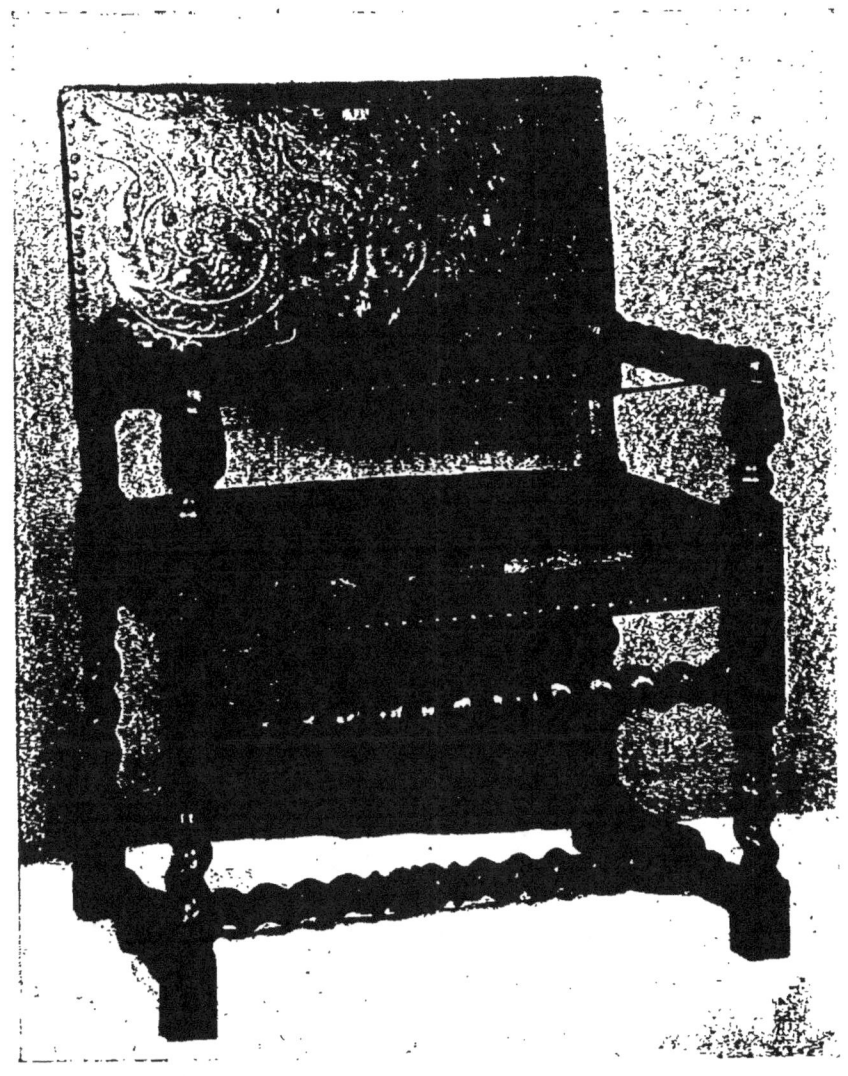

FIG. 112. — *Fauteuil en cuir de Cordoue* (Musée de Cluny).

Cependant, en matière de chandelier, la forme pour ainsi dire classique, que nos jours ont conservée, ne date guère que de la seconde moitié du xviie siècle.

Les chandeliers, sous Louis XIII, sont courts et trapus,
leur base est pesante. Les chenets, eux, affectionnent
les lourdes pommes de cuivre. Ils ne sont plus en fer,
depuis le début du xvi⁰ siècle où le bronze fut en
faveur, et la mode des chenets en cuivre sur la partie
antérieure, s'affirme au xviiᵉ siècle. Chenets à godrons,
d'une taille moins considérable que ceux de la Renaissance, mais encore assez volumineux. Quant aux
lustres, ils sont en bois doré, en fer forgé, en cuivre,
mais ils ne connaîtront le luxe du cristal que vers le
règne de Louis XIV et surtout, au xviiiᵉ siècle.

Les lustres en cuivre (*fig.* 128 et 135), sous
Louis XIII, ont la pesanteur uniforme que nous
savons; beaucoup d'entre eux se ressentent de l'inspiration flamande et espagnole.

Les industries d'art, les merveilleuses ciselures,
ne seront avantageusement traitées, au xviiᵉ siècle,
que dès Louis XIV et, fatalement, le nombre et
la qualité, autant que l'essence purement française
des créations de ce genre, ne peuvent être que relatifs. Le grand luxe, d'autre part, le désir de magnificence ne relève que de l'orgueil, à défaut du
goût artistique des gouvernants et, pour l'instant,
nous sommes dans une ère d'expectative et non d'ini-
tiative.

La coquetterie des femmes, leur nonchalance et
leur oisiveté qui mènent le mouvement impérieux de

lı beauté, ignorent encore la fertilité délicieuse du bibelot, du petit meuble fragile et inutile. Malgré

l'atmosphère intellectuelle créée par la marquise de Rambouillet, il flotte comme un soupçon de non-sensibilité, de délicatesse mesurée, dans cette époque où la femme, comparée à celle du délicieux XVIIIe siècle, n'est point encore la femme faible et charmante que nous aimons symboliquement à opposer au sexe fort. A meubles réduits, gestes ré-

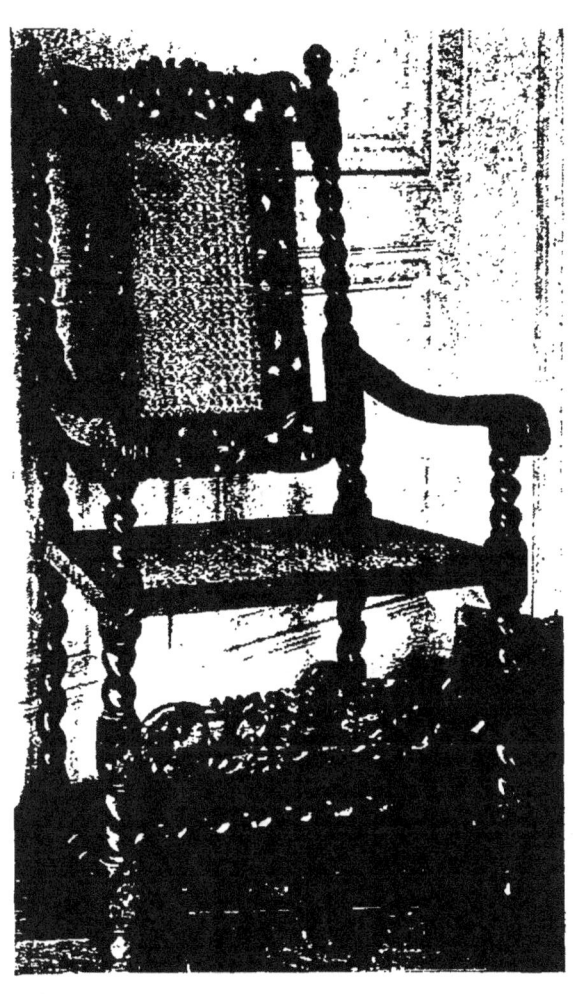

Fig. 113. — *Fauteuil canné* (Palais de Fontainebleau).

duits. Les alanguissements de la grâce sont provoqués par la douceur des capitons, et ce n'est que dans la galanterie qui fleurit les mots, que le luxe du mobilier moelleux s'est répandu, varié et multiplié.

Laissons donc les chats de Richelieu jouer avec l'éventail que la reine de France, Anne d'Autriche, ainsi qu'on l'a dit, oublie de manier de ses belles mains, tant la politique absorbe ses pensées, et touchons deux mots du bijou.

Le bijou sous Louis XIII, brille en réalité, plutôt lourdement, timidement et sans grande délicatesse, à côté du siècle du grand Roi où nous le verrons resplendir en toute liberté. Malgré le désir d'harmonie qui assigne plutôt à l'époque en question, les larmes du jais que les perles du sourire, nous constaterons avec un chroniqueur du temps, qu'il faut à la femme, sous Louis XIII « des carcans, chaînes et bracelets, diamants, affiquets et montants de collets, pour charger un mulet, et voire davantage... » L'Histoire nous montre Sully paradant avec des chaînes et des bracelets de diamant délaissés depuis plus de vingt-cinq ans et, plusieurs seigneurs de la cour du fils de Henri IV, affectionnèrent, dit-on, la mode de la *cadenette* — ou longue mèche de cheveux pendant sur un des côtés de la face — parce que cette cadenette dégageant l'oreille, permettait d'y admirer une boucle d'oreille.

Mais, c'est là un effet de l'éternelle coquetterie ui ne cessera que lorsque les femmes cesseront 'être belles et, tant que durera la chevelure, on ercevra dans les chignons, des nœuds de rubans et

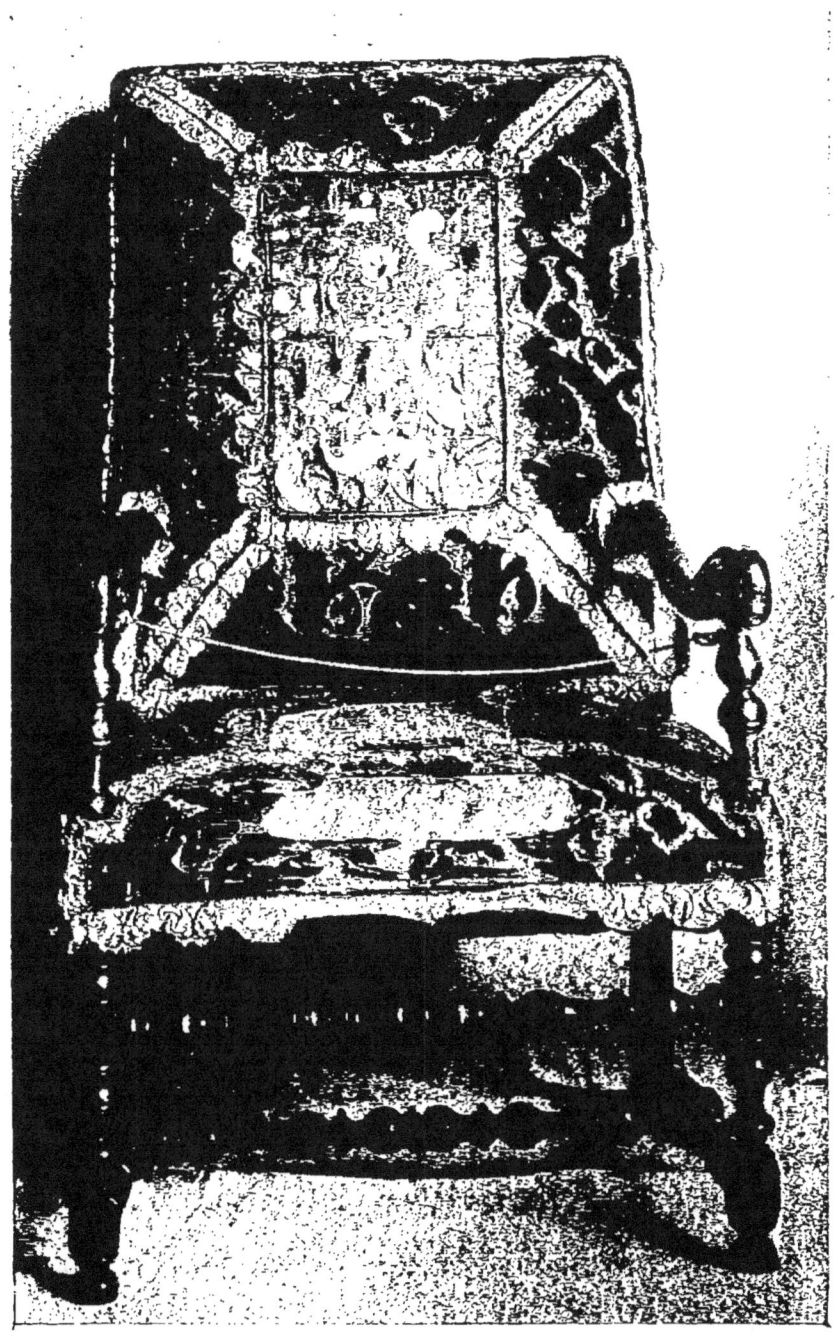

FIG. 114. — *Fauteuil* (Musée de Cluny).

des bouquets de pierreries. Quant à la boucle d'oreille masculine, elle n'est qu'un souvenir des « mignons » de la cour d'Henri III.

Les édits répressifs dressés contre la parure excessive, tempèrent particulièrement à l'époque, tous les luxes, et les bijoux en tête. C'est, au résumé, la caractéristique du temps et, nous ne voulons voir, dans ces joyaux et ornements fastueux, qu'une infraction à l'idée de sobriété générale. D'ailleurs, si Marie de Médicis met les perles en vogue, c'est pour orner sa coiffe de veuve, et Henri IV, tandis que son ministre étale à plaisir, gaminement, ses riches pendeloques, voit d'un œil paternel les bagues et les bracelets portés par les gens du peuple.

Sous Louis XIII, donc, le bijou écrase et ne scintille guère, malgré qu'au xviie siècle, les rapports avec l'Orient étant plus suivis que précédemment, les gemmes fussent moins rares. Toutefois, n'oublions pas que c'est à ce moment du siècle que le clinquant est vertement prohibé. Après avoir signalé au bas de la jupe en dentelle de Venise de la reine Anne d'Autriche, une bordure de pierres précieuses, pour le plaisir sans doute de narguer Richelieu, nous parlerons des dentelles, inséparables, en revanche, du temps qui nous occupe. Mais, comme toujours se poursuit la communion du décor, du luxe, des atours avec les mœurs, Louis XIII et la reine

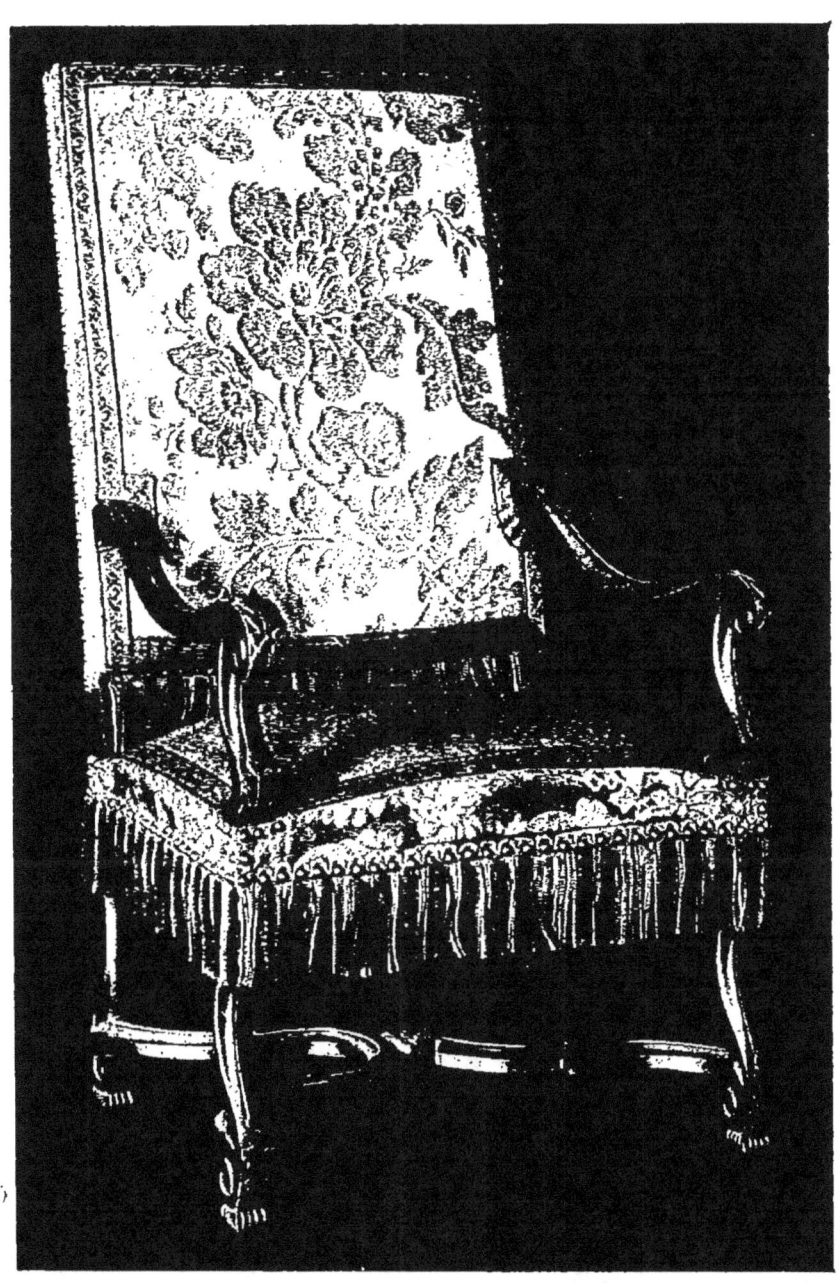

Fig. 115. — *Fauteuil.*

régente ne manqueront pas de refréner l'engouement inouï des points de Flandre et de Venise ; d'Auvergne, d'Argentan et d'Alençon, ainsi que les galons, cannetilles, pourfilures, franges, etc., que, de par un édit de 1634, on était tenu de faire découdre au plus vite et d'envoyer au creuset des orfèvres. En attendant que nous parlions des dentelles dans le costume qu'elles enrichissent, signalons-les à l'intérieur des carrosses, très nombreux et très luxueux alors, et dans l'ameublement. « Si les grands vendent leurs terres pour porter dentelles, les femmes en perdent l'esprit. » Nous terminerons ce chapitre sur cette marque de frivolité à vrai dire imprévue.

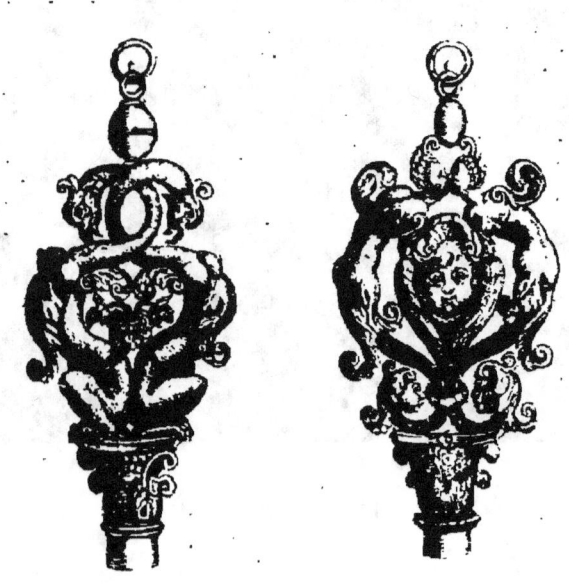

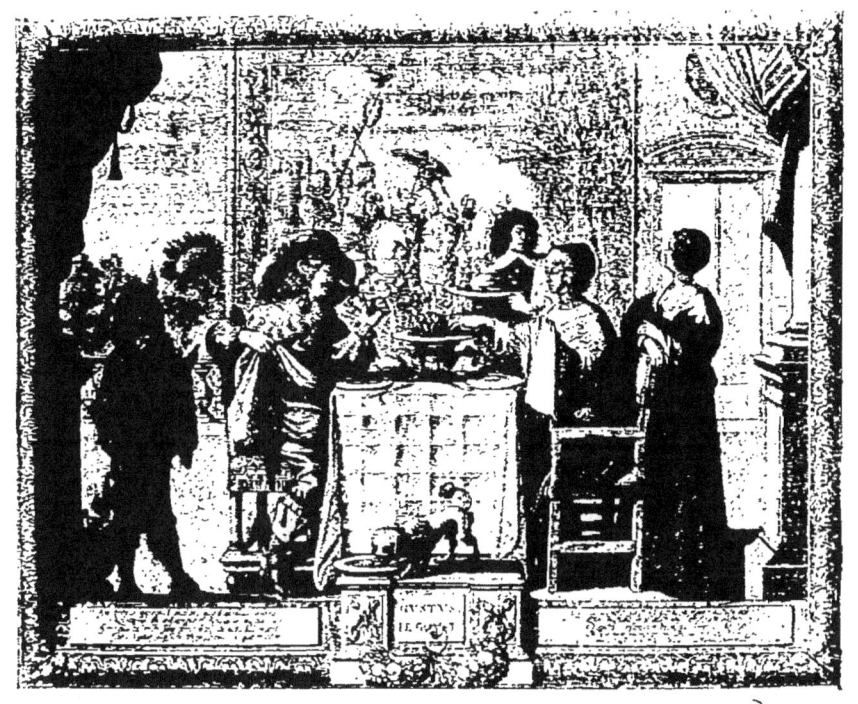

FIG. 117. — *Gravure originale d'Abraham Bosse.*

CHAPITRE VIII

Le costume.

Sous Henri IV, la simplicité relative des vêtements généralement noirs, marche de pair avec les répressions du Béarnais, qui, à l'exemple de ses prédécesseurs, avait défendu les passements d'or ou brochés d'or. Nous voyons ensuite Louis XIII promener sa tristesse dans une cour dont la gaîté factice voudrait s'illusionner. L'occasion de la claire dentelle et autres brillantes garnitures, se présente alors pour le divertissement de la toilette. Mais « la passion des esprits éclairés de ce temps-là à l'égard de tout ce qui avait un air de grandeur » met encore le holà aux débordements aussi bien des dentelles que des galons, franges, etc., d'or. Les broderies et galons de soie, à condition qu'ils soient de largeur modeste, sont seuls tolérés.

D'ailleurs, il convenait à ce moment, de réagir contre l'importation étrangère et de favoriser la production nationale. C'est ainsi que les broderies et galons de soie fabriqués en France, de même que le point coupé, dont on faisait de hautes manchettes, des bordures de collets, de manchons, des chutes au corsage des femmes, furent encouragés. Nous allons marquer maintenant une autre étape dans le vêtement d'alors ; étape où se fixe la manifestation la plus typique du costume Louis XIII, entre 1620 et 1643. On revient dans les étoffes, aux couleurs unies. Les bigarrures, les bouquets et les ramages sans lesquels il n'était pas auparavant de riches tissus, vont disparaître. Ce mouvement de sobriété décorative déjà sensible sous Henri IV, s'affirme maintenant, et les soies, les satins, se contentent de leurs nets chatoiements. Glissons sur l'harmonie logique de cette uniformité à la fois gracieuse et sévère, avec la couleur du ciel de l'époque, dans le cadre lourd mais de grand air, que nous savons.

Il ne faut pas d'ailleurs comparer l'art de Poussin

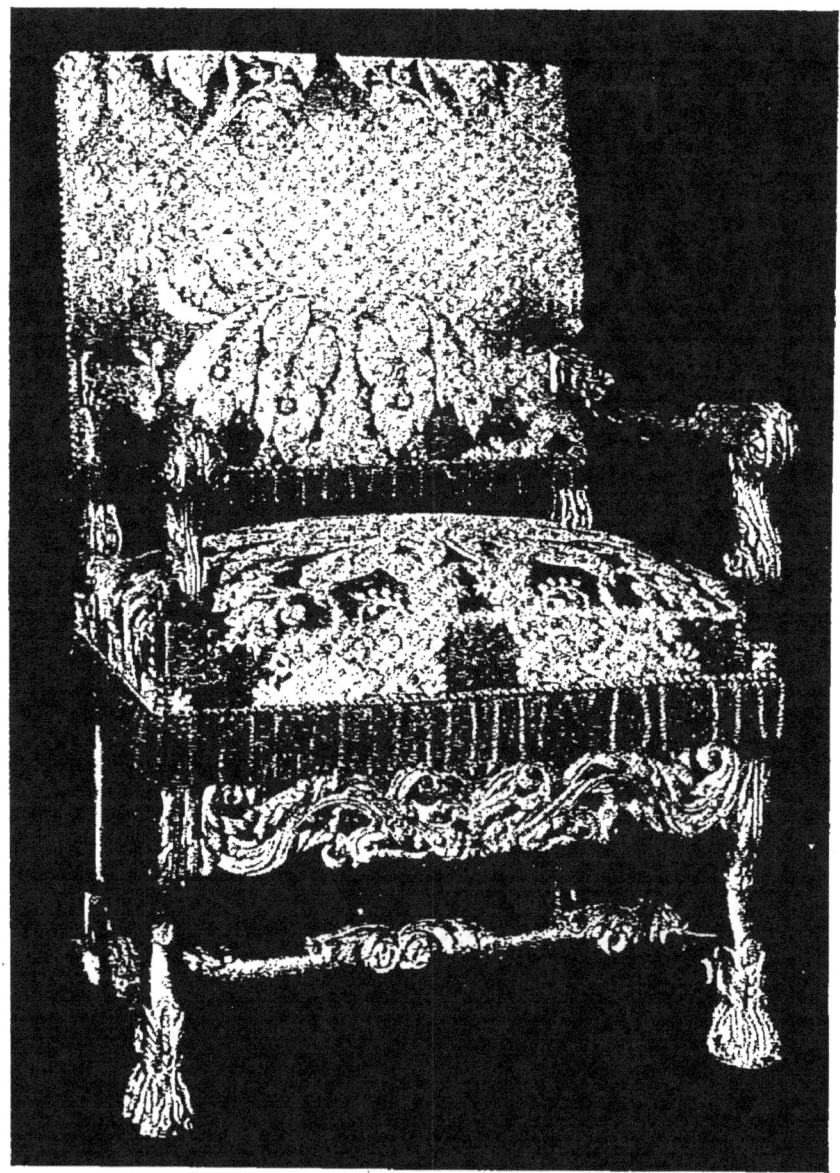

Fig. 118. — *Fauteuil* (Palais de Fontainebleau).

à celui de Watteau et chacune de ces expressions est parfaitement adéquate à son heure.

11*

Après cet exposé général qui, répétons-le, tend plutôt à fixer un costume d'une pureté classique, à travers des fantaisies dont les nuances échappent à l'étude élémentaire, nous décrirons de la tête aux pieds, nos personnages détachés pour la circonstance, de quelque tableau de l'école flamande.

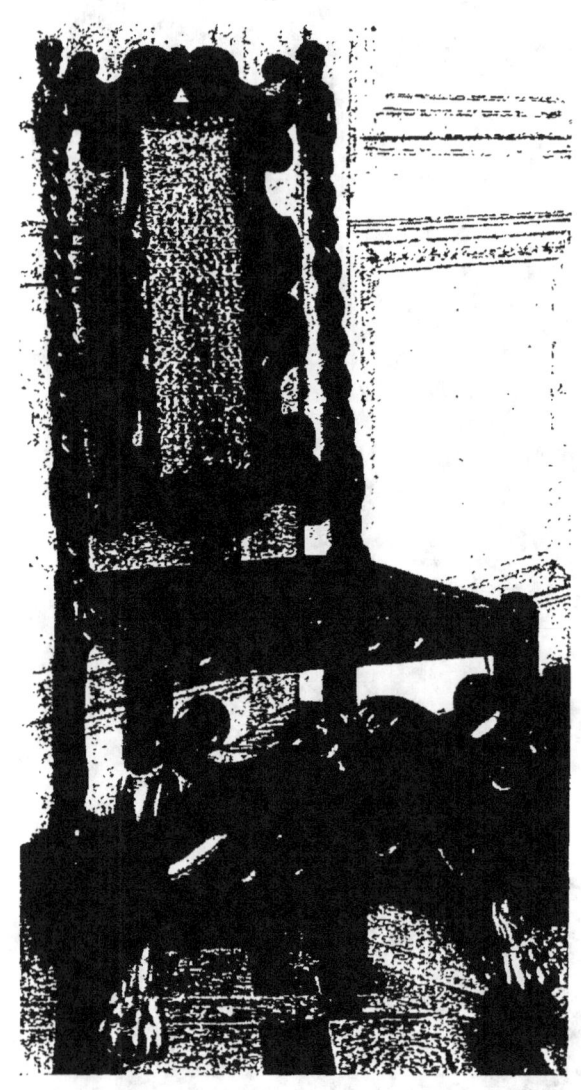

Fig. 119. — *Chaise cannée* (Palais de Fontainebleau).

Sous Louis XIII, la mode de la perruque a été généralisée. Le roi avait à peine trente ans lorsqu'il perdit une partie de ses cheveux, qu'il avait fort beaux. Il eut recours aux artificiels. Ces cheveux n'étaient pas encore tout à fait des perruques, mais de simples coins ou chutes de cheveux très fournies appliquées aux deux

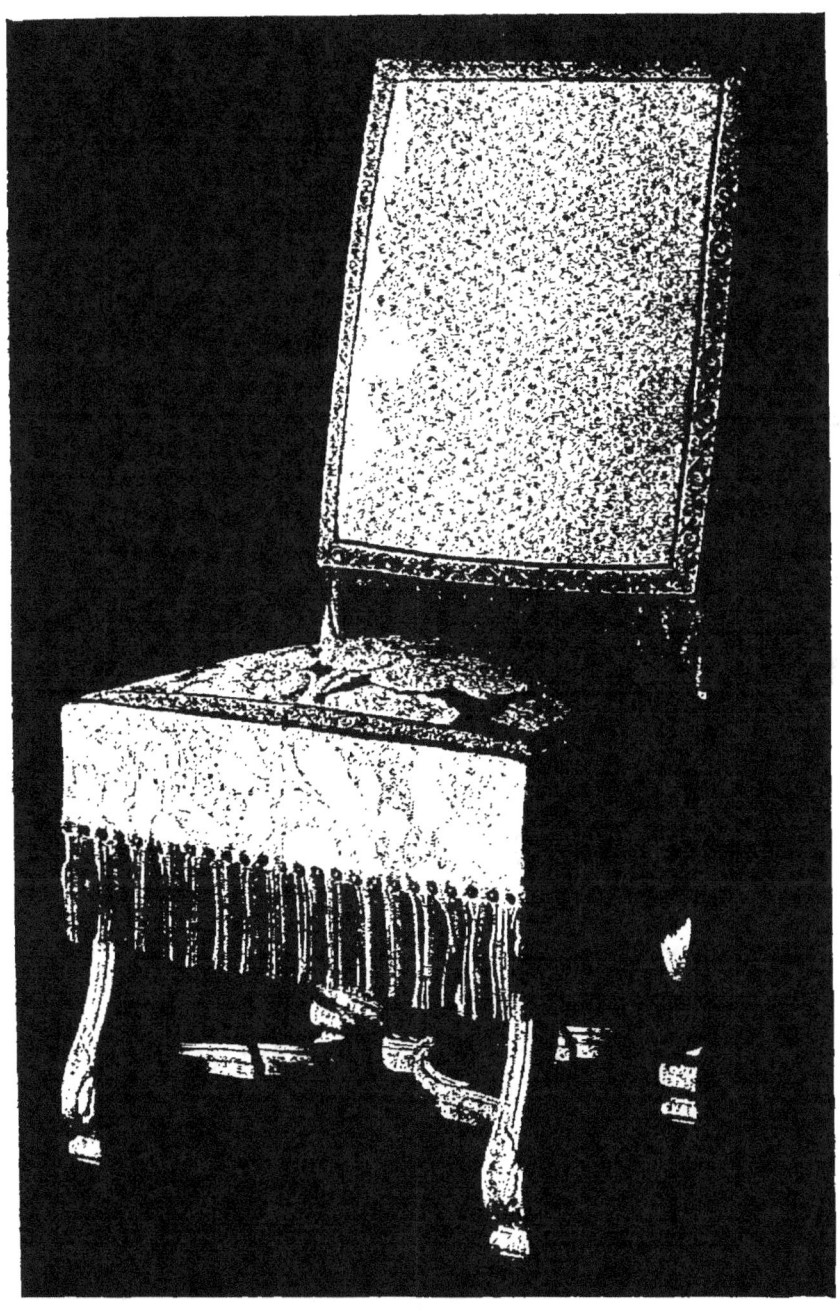

Fig. 120. — *Chaise.*

côtés de la tête et confondues avec les cheveux natu rels. Des mèches bouclaient sur le front. Quant à la barbe, elle se portait à *la royale*, et les commissures des lèvres s'or_naient d'une moustache relevée. Seul Richelieu conser_va la barbe en pointe, tandis que *la royale* faisait fureur, en souvenir de l'amusement que Louis XIII avait pris à raser lui-même tous ses officiers de manière à ne leur laisser qu'un petit toupet au menton.

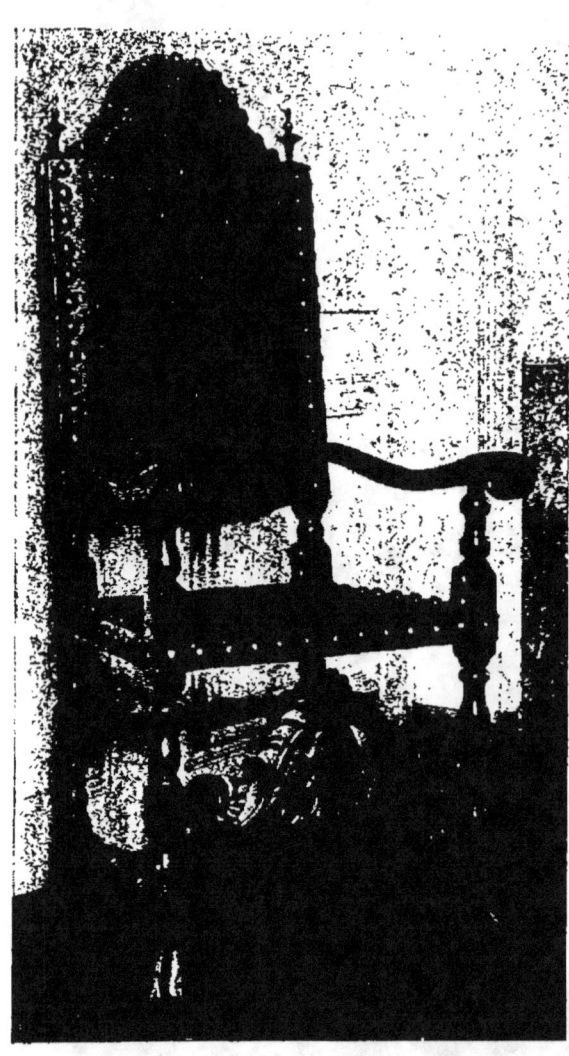

FIG. 121. — *Fauteuil en cuir* (Palais de Fontainebleau).

Jetez maintenant sur ce chef, l'ombre d'un vaste chapeau de feutre gris ou castor, légèrement retroussé sur le devant ou sur les côtés, et vous aurez la physionomie de notre personnage,

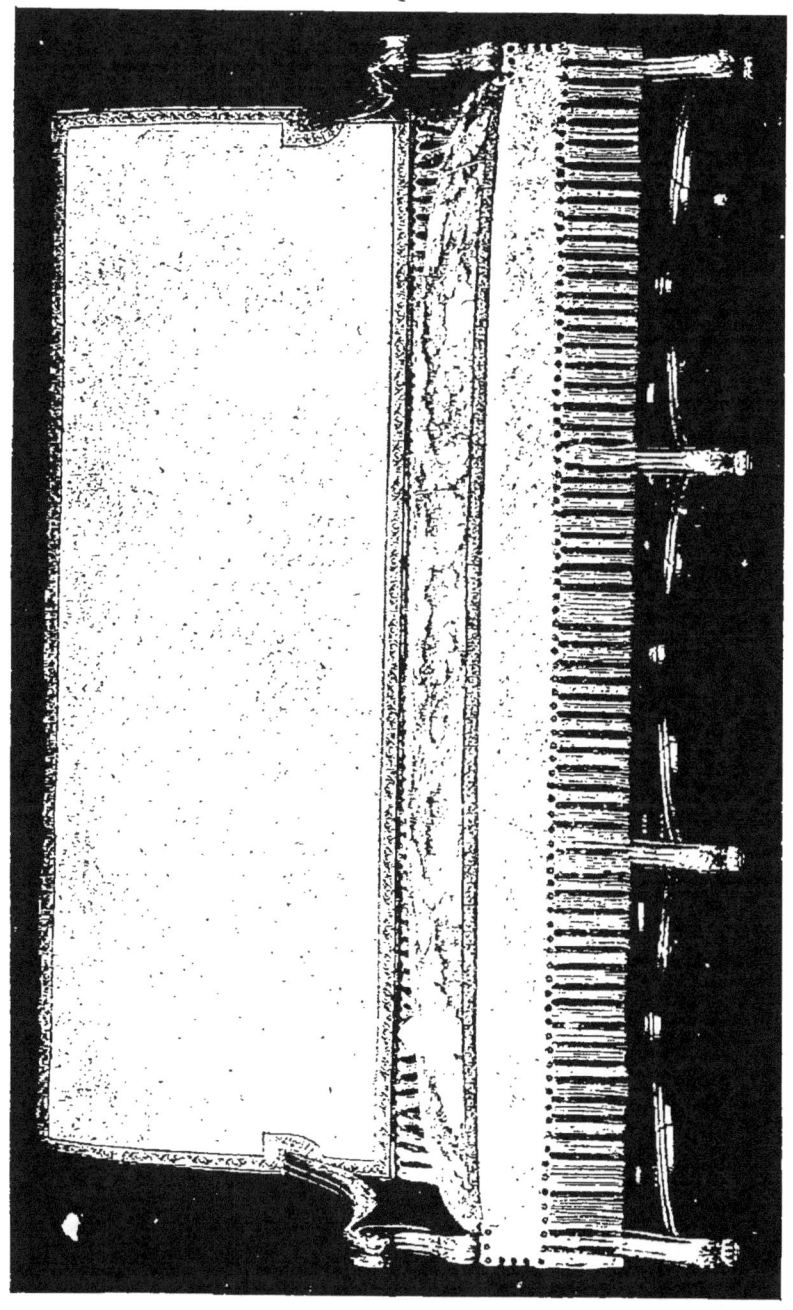

Fig. 122. — *Canapé.*

dont nous allons crayonner la suite des atours.

On a conservé le pourpoint de Henri IV, mais il est maintenant court et ajusté au haut du buste. Il se boutonnera depuis le cou jusqu'au milieu de la poitrine. Ses pans plus longs sur le devant et terminés en pointe, s'évasent gracieusement de chaque côté, découvrant (sur le devant seulement) une chemise bouillonnée. Des boutons remplacent les rubans ; ils servent d'ornement sur le pourpoint comme sur la bande de côté des chausses.

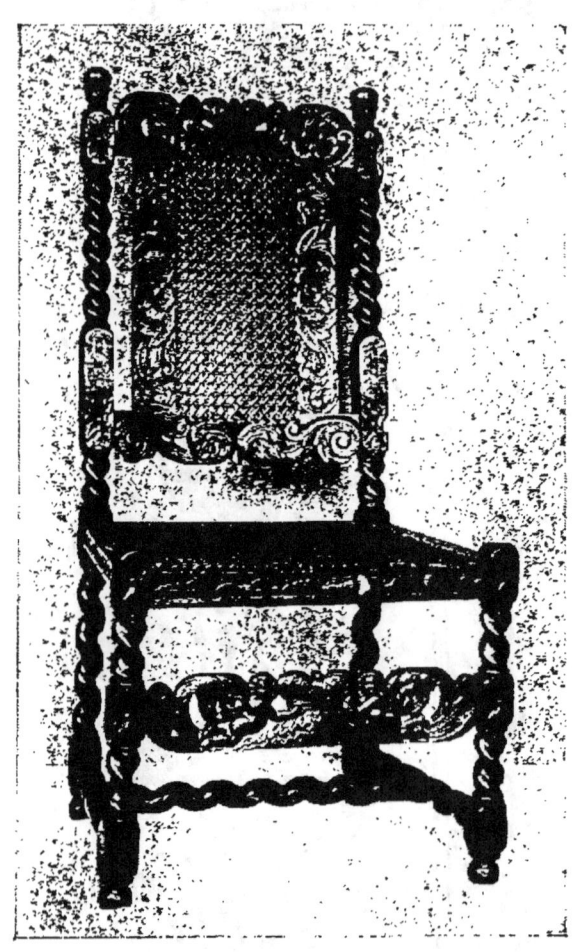

Fig. 123. — *Chaise cannée* (Musée de Cluny).

Lesquelles chausses autrefois « en ballon » sont devenues une sorte de pantalon ample descendant jusqu'au mollet à la rencontre du revers de la botte. Ne quittons pas le pourpoint sans déposer dessus un vaste col de dentelle tom-

bant jusque sur les épaules. Ce col répondra à d'autres
blancheurs, expri-
mées non seule-
ment par des man-
chettes également
en dentelle, non
seulement par la
chemise sur le de-
vant et sur les
côtés, mais encore
par la chemise
jaillissant d'une
fente pratiquée
sur la partie anté-
rieure de chaque
manche.

Nous avons par-
lé du haut-de-
chausses dérivé
en pantalon; aper-
cevons un instant
le bas entre l'ex-
trémité du panta-
lon (souvent fermé
par une coulisse
ou par un ruban
bouillonné ; par-

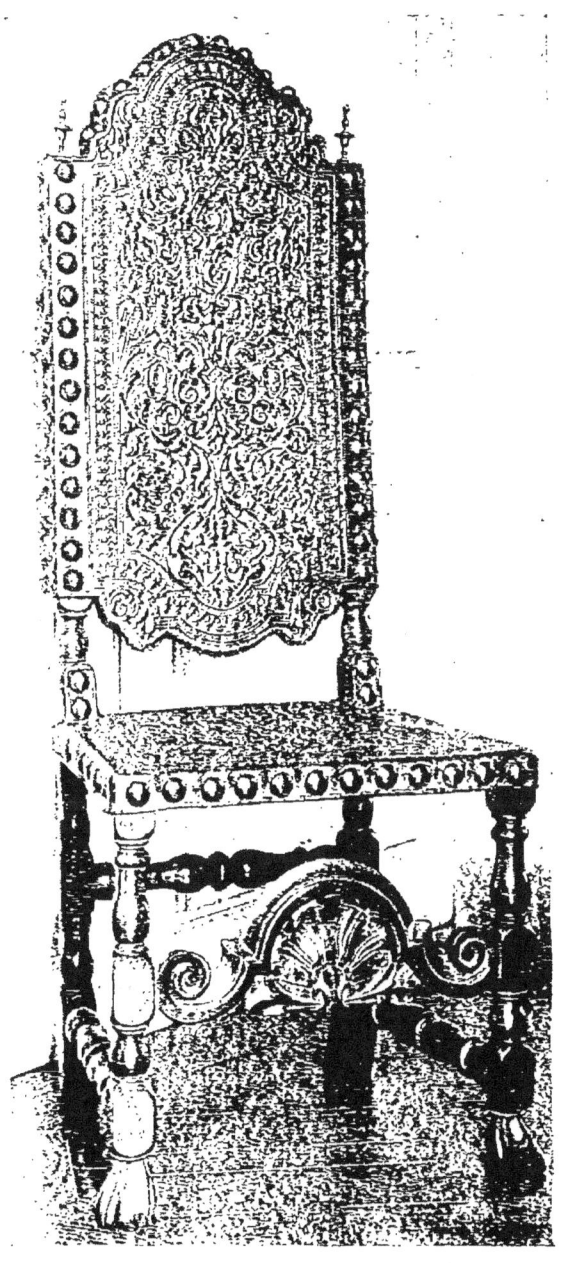

FIG. 124. — *Chaise en cuir*
(Palais de Fontainebleau).

fois aussi, ponctué d'un « crevé ») et la botte.

La botte, alors, s'épanouit au milieu de la jambe, en un ample revers recouvert de lingerie bordée de dentelle.

Sur le pied, on distingue un large ornement en cuir rigide et plat découpant quatre lobes symétriques.

Par-dessus ces bottes en maroquin clair, on chaussait des galoches ou des mules, quand on n'allait point en carrosse, afin de ne pas les salir. Avant 1620, les bottes atteignirent, au contraire, plus haut que mi-cuisses, et leur souplesse épousa les contours de la jambe; sans compter que le bas et la chaussure alternèrent souvent avec la vision de la botte. Mais, à l'instant que nous avons choisi, la botte courte, à entonnoir, règne.

Une écharpe ceint le torse, et la cape ou manteau souple se drape sur un bras ou autour du buste. On porte des gants à longues gardes évasées.

Changements survenus depuis Henri IV, autres modes et détails complémentaires : le pourpoint n'est plus tailladé ou à « crevés », sauf aux manches et aux basques. Le collet est droit, supprimant ainsi les cols rabattus au bénéfice des rotondes ou cols montés sur du carton, au profit de fraises à plusieurs rangs tenus horizontaux ou bien se relevant derrière la nuque. Ce genre de cols précéda les grands cols formant châle sur les épaules. Les chausses en ballon, encore goûtées, ne tarderont pas à être remplacées

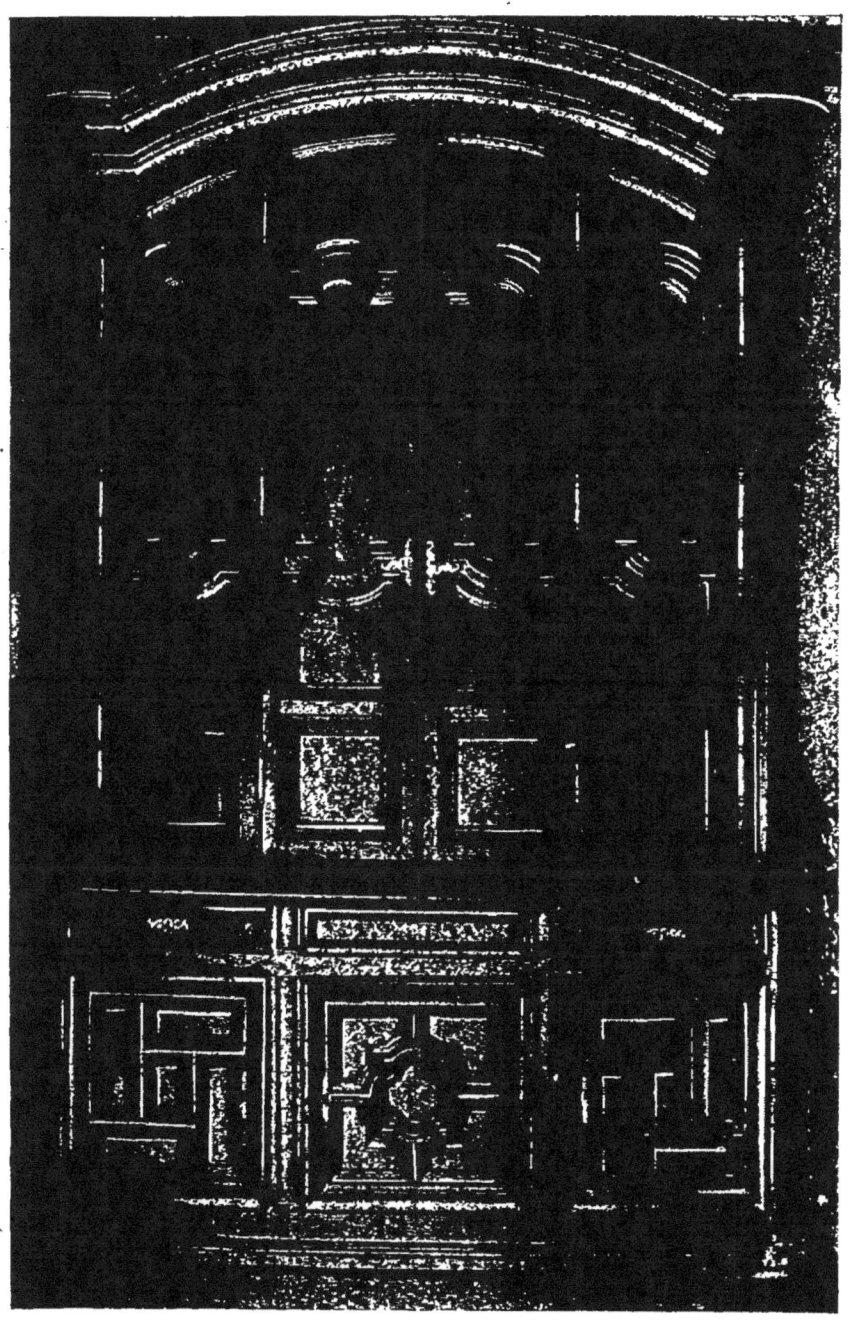

FIG. 125. — *Grande armoire à deux corps*, milieu du XVIIᵉ siècle.

par les culottes flottantes que nous avons vues. On porte, sur les bas de soie, que l'on recouvre de bas de laine en hiver, avant l'usage des culottes flottantes, ou lorsque l'on ne se botte pas, des jarretières à nœud pendant, a'tachées sous le genou. Les bottes souples montant à mi-cuisses et chaussant très étroit marchent alors de pair avec les courtes chausses en ballon. Pour aller avec les bas, les souliers sont dits à pont-levis lorsqu'ils sont maintenus au cou-de-pied par deux oreilles, ou à cric s'ils craquent sous les pas. Lorsque l'on montait à cheval avec les culottes flottantes, il fallait maintenir les tiges des bottes épanouies par le haut; à cet effet, on attachait ces tiges, au moyen des tirants, à la ceinture.

Pour en revenir au costume particulièrement caractéristique que nous avons décrit plus haut, nous soulignerons maintenant la sobriété de son élégance et le calme de ses lignes. Plus de choses bouffantes, pendantes et volantes à l'excès, et les couleurs sont devenues discrètes. On ne s'habille plus guère à ce moment que de velours uni et de drap.

Nous parlerons ensuite des femmes. Leur coiffure connaît, après la poudre collante, la liberté des bouclettes rondes et petites. Chignon rond et bouclettes tombant, légères et frisées, de chaque côté de l'ovale. Sur la tête, les cheveux se séparent progressivement jusqu'au sommet et, dans la coiffure dite « à la garcette », on revient aux faux cheveux, en souvenir d'un essai de perruque réprimé vers 1620. La coquetterie de la coiffure prend un rapide essor (on signale le premier coiffeur pour dames en 1635) et les mèches soyeuses, bouffantes et frisées, reçoivent comme garniture surtout des plumes, des choux de rubans et des perles. Ornements qui n'exagéreront leur volume et leur luxe que plus tard. On jette sur ces légèretés un large chapeau « mousquetaire » dont la

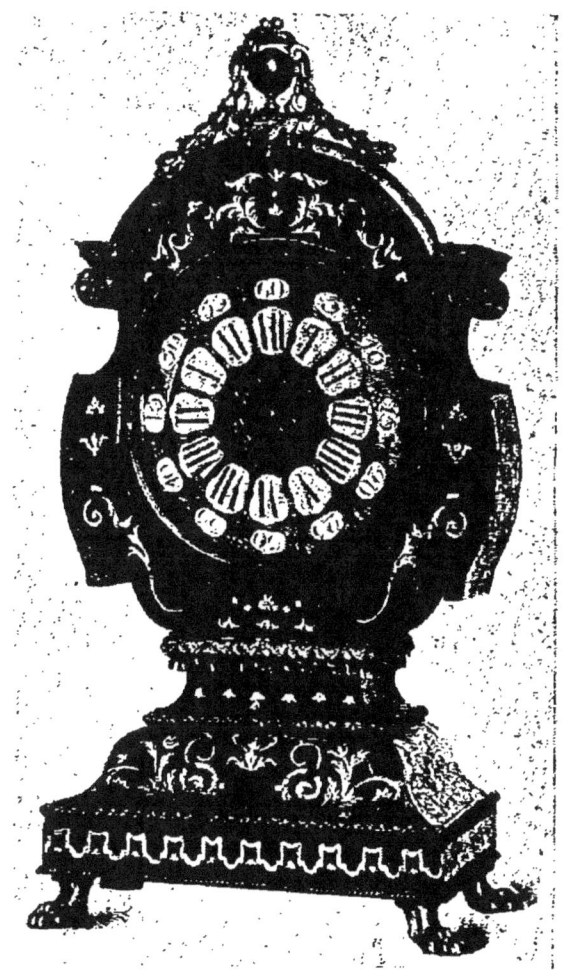

Fig. 126. — *Horloge* dite *Religieuse* (Palais de Fontainebleau).

haute calotte s'ébouriffe de grandes plumes. Les longs cheveux aiment à déborder, tout frisés, sous ce vaste couvre-chef que les *précieuses* abandonnent à l'allure martiale de la Grande Mademoiselle, préférant les « ténèbres » ou coiffes de taffetas ou de crêpe.

Du côté du costume : on raccourcit le corsage des robes; les basques tombent sur la jupe en dépit du vertugadin qui ne bouffe plus au-dessus des hanches, dégageant ainsi, un peu, le tour de taille allégé par un retroussis fixe de la robe.

Les « crevés » demeurent au corsage et aux manches. Nous avons vu proscrire les passements d'or ou brochés d'or ; puis, nous signalâmes la faveur qui accueillit à leur place les garnitures en passementerie de soie et le point coupé dont nous dîmes les divers emplois. Voici maintenant le col, une façon de col, entre autres, du moins, car la mode chez les femmes fut presque aussi changeante à toutes les époques. Ce col dit monté, se dirige verticalement derrière la tête, et maintient plus que jamais la coiffure en hauteur. Cela stimule, à ce moment (avant 1620), le goût de la perruque, que l'on crêpe, frise et poudre tellement qu'elle semble une coiffe en peau de mouton !

Néanmoins, certaines belles, pour montrer leurs cheveux naturels, n'hésitent pas à les laisser un peu déborder sous la perruque couverte de nœuds de rubans qui les aplatit. Quant au chaperon découpé en pointe sur le front et muni par derrière, d'un appendice destiné à tomber entre les épaules, il demeure plutôt la coiffure des veuves. Signalons ensuite, la parure, pour sortir, d'un léger et riche mouchoir

FIG. 127. — *Cadre d'une glace.*

bordé de dentelle, attaché sur les cheveux avec des épingles.

Au cou, un *carcan* d'un ou plusieurs rangs de perles ou de pierreries enchâssées. « Entre le carcan et le collier (qui battait sur les épaules et sur la poi-

trine), s'ouvrait le collet ou collerette, qui était revenu
à ne faire qu'un avec le rabat (ou garniture se rabat-
tant sur la fente du corsage et sur le reste de l'encolure), de sorte que, le plus souvent, le rabat désignait
les deux choses ensemble. »

Encolure évasée pour laisser voir les épaules à
l'échancrure des robes qui, alors, s'ornent d'un grand
col rappelant celui des hommes. Busc à la taille;
manchettes dentelées à longues pointes. **Le voile** qui
flottait derrière la nuque de Gabrielle **d'Estrées** s'est
apaisé en mantille, en fichu de dentelle.

Nous détaillerons enfin, le costume le plus typique
des femmes, pour faire pendant à celui que nous dé-
crivîmes avec davantage d'intérêt, chez les hommes.
Le buste apparaît d'une manière inédite, entièrement
dégagé sous la robe.

Corsage baleiné, en pointe; basques découpées sur
le côté et dont la partie de devant est arrondie;
manches dont les ouvertures attachées par des rubans
accusent la chemise bouffante; manchettes montant
à mi-coudes; robe laissant le devant du corps à décou-
vert, soit une jupe particulièrement belle, ou tout au
moins plus soyeuse et plus claire — souvent en soie
changeante — que la robe sur laquelle elle tranche. Jupe
très ample à l'époque où les vertugadins existaient
encore, et après (1630), tombant droite, flanquée de
trois plis plats, plutôt étroite à la base et non à traîne.

Avant d'être unique, la jupe s'étoffait d'une ou de
deux autres superposées.

Il est à noter encore, que, à l'époque des vertugadins, la robe telle que nous venons de la voir, réduite
à n'être qu'une redingote largement ouverte sur le

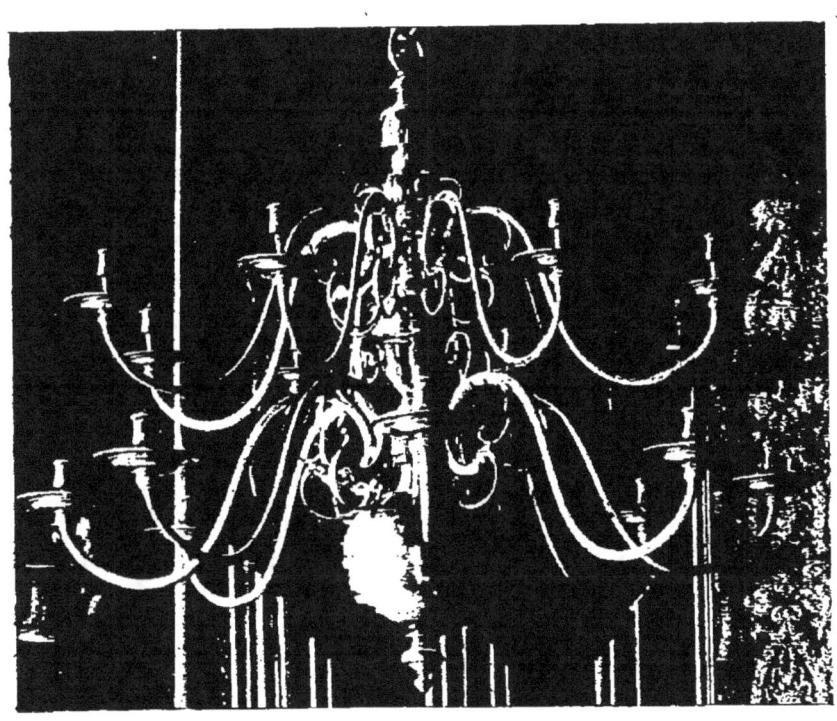

FIG. 128. — *Lustre en cuivre*, style Hollandais
(Palais de Fontainebleau).

devant, indépendante du corsage, était très étoffée par
derrière. Elle engonçait ainsi, haut placée dans le
milieu du dos, et renforcée de trois gros plis en tuyaux,
la taille raccourcie. Cette taille que ses deux chutes
latérales s'efforçaient d'allonger pourtant, de toute la
grâce de sa traîne.

D'une manière générale, on découvre complaisamment le cou, la poitrine et les bras, et, pour corriger la malpropreté corporelle qui se poursuit et se continuera, on se parfume outrageusement. Le fard, au surplus, ajoute excessivement à la fraîcheur du teint, à l'éclat des yeux, et les mouches apparaissent. Il en est pareillement de toutes les sociétés contraintes, qui veulent quand même sourire sous la férule. Et c'est sous le fard, sous le masque encore, que la beauté éternelle se manifeste, que la gaîté perce, que le naturel spirituel et enjoué de notre race enfin, transparaît à l'ombre du nuage qui passe.

Aussi bien la jambe fine gainée de rouge frétille malgré tout sous la jupe sombre, et le pied chaussé de souliers à la Choisy ou blotti dans des muletins de maroquin violet, jaune ou fauve, claque quand même, recouvert qu'il est, pour sortir, de patins en velours cramoisi à hautes semelles de liège.

Lorsque nous aurons enfin enfoui pour l'hiver les mains de nos précieuses au sein de luxueux manchons de fourrure, de martre ou d'hermine, voire de velours, nous terminerons par un aperçu du costume dans le peuple.

Le costume des hommes du peuple ne diffère guère, comme forme, de celui des nobles. Mettons à Jacques Bonhomme des bas de laine et qu'il endosse un pourpoint et un haut-de-chausse également de laine ; que son chef s'enfonce dans un feutre plus ou moins cabossé et que ses épaules disparaissent sous une ample cape : le voici paré.

La période du costume moderne inaugurée sous Louis XIII, correspond à l'abandon presque complet des armes défensives, et notre paysan s'appuie sur un bâton. Quant aux miséreux et aux mendiants, leur silhouette pittoresque a été magistralement tracée par Jacques Callot (*fig.* 72, 73 et 74).

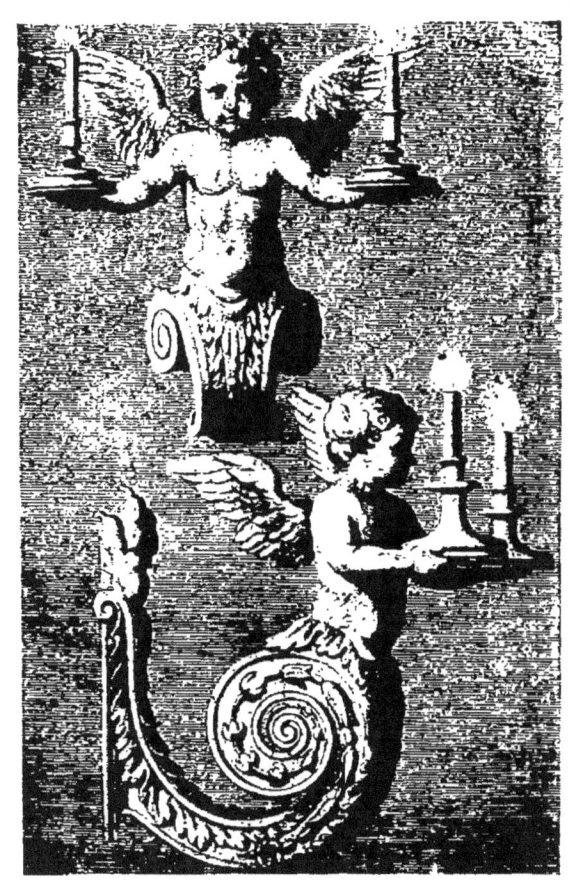

FIG. 129. — *Dessin d'un candélabre ou bras* (face et profil).

Au tour, maintenant, du costume des femmes dans le commun.

Celles-ci portent couramment, une camisole à grandes basques, dite *hongreline*, d'origine hongroise, comme son nom l'indique.

De cette vulgaire camisole dériva la tenue négligée de quelques grandes dames, aux environs de la naissance de Louis XIV, lesquelles ne craignirent pas d'ajouter à cet emprunt, le tablier qui complétait la tenue des ménagères du

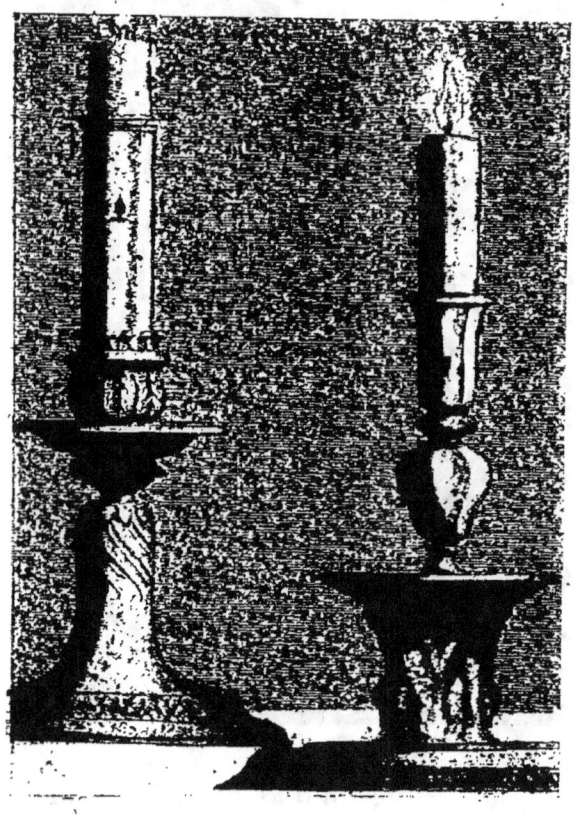

temps. « Une hongreline et un chapeau d'homme à panache, composaient le costume d'amazone. »

Pour en revenir aux femmes du peuple, elles ignoraient la robe proprement dite, mais elles passaient, sur deux jupes de tissu ordinaire, un corsage souvent aussi

Fig. 130. — *Chandeliers* (dessin).

si riche que celui des dames, et nous ne quitterons pas la hongreline sans signaler la ceinture qui l'accompagnait. Cette ceinture consistait en une large tresse de soie, décorée en partie, de plaques d'orfèvrerie émaillées ou ciselées. « La gloire des chambrières était de mettre trente et quarante écus à

leur ceinture, sans préjudice de la chaîne, aussi d'argent, qui était pour tenir suspendues au flanc toutes

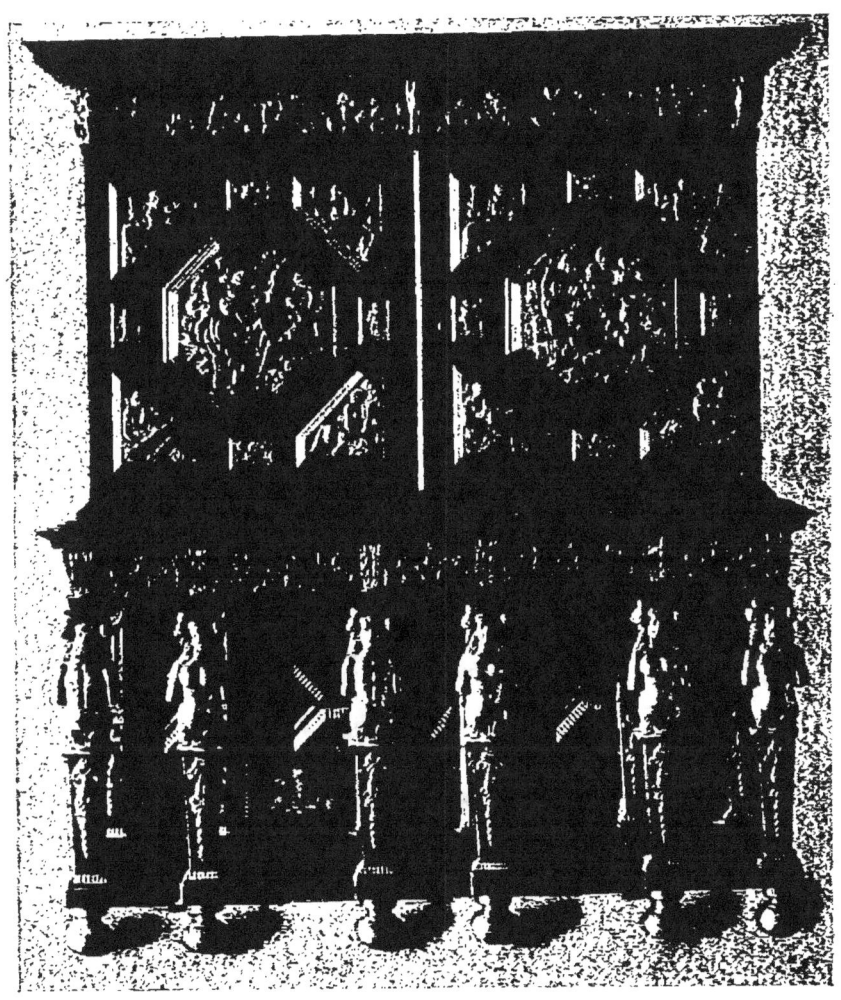

Fig. 131. — *Cabinet.*

sortes de choses, des clefs, des ciseaux, un couteau,
une bourse, etc. »

Et ces chambrières, encore, ornaient coquettement
leur coiffe ou leur petit bonnet rond, d'une pièce

d'étoffe carrée qui ombrageait doucement leur front.

Au résumé, le costume, sous Louis XIII, a de l'allure et de la noblesse dans son austérité. Plus rationnel, moins tapageur que celui de Louis XIV, il est aussi d'une distinction supérieure.

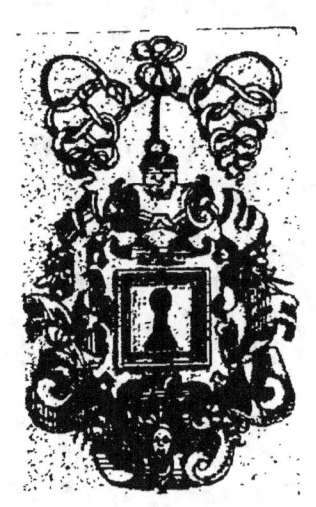

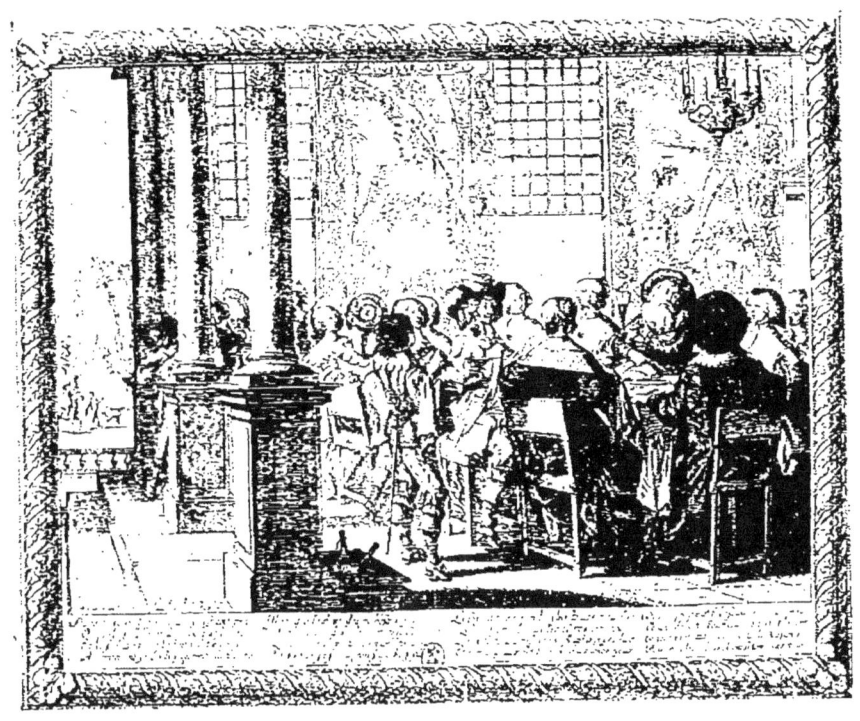

FIG. 133. — *Gravure originale d'Abraham Bosse.*

CHAPITRE IX

Les styles après Louis XIII.

Après Louis XIII, le nuage a passé et le soleil est apparu. Mais ce soleil brille longtemps, à vrai dire, sur l'œuvre de Louis XIII ; du moins la période la plus pure du style Louis XIV date-t-elle du ministère de Mazarin. La minorité du grand Roi, comme celle de son père, fut marquée par des troubles. Les deux Frondes sévirent. Et il apparaît que ces troubles donnèrent à l'art une gravité, une raison, dont le règne

personnel de Louis XIV se souvint dans son geste
large et désinvolte.

La magnificence eût pu s'égarer dans l'excentricité si l'on avait brusqué le sobre modèle précédent; et l'on se contenta d'exalter dans une
lumière resplendissante, la timidité noble, la sérénité
craintive, l'autorité contrainte de l'esthétique devan-
cière.

C'est ainsi que Louis XIV dut beaucoup à
Louis XIII pour son style, qu'il magnifia à son image,
à son orgueil, mais dont il respecta la base bien française. Certes, la construction en brique et pierre
a disparu maintenant, et le fastueux Louis XIV
n'a pas tardé d'écraser de son immense palais de Versailles le modeste château de Versailles créé par son
père. Mais, si l'on veut bien se rappeler que l'architecture coloriste, née au temps de Rubens (comme
inspirée de sa palette rutilante) et de Henri IV, monarque aux goûts simples, poursuivie ensuite sous
Louis XIII, qui hérita plutôt de la paternité du genre,
il faut se souvenir, d'autre part, des constructions en
pierre essentiellement Louis XIII. Et c'est de ce mode
d'architecture plus particulière au fils de Henri IV,
et non plus en collaboration, en suite de règne de
Henri IV, que se dégagea l'architecture de Louis XIV.

Louis XIV semble avoir seulement donné de l'ampleur et de la lumière, de l'exubérance et de la joie,

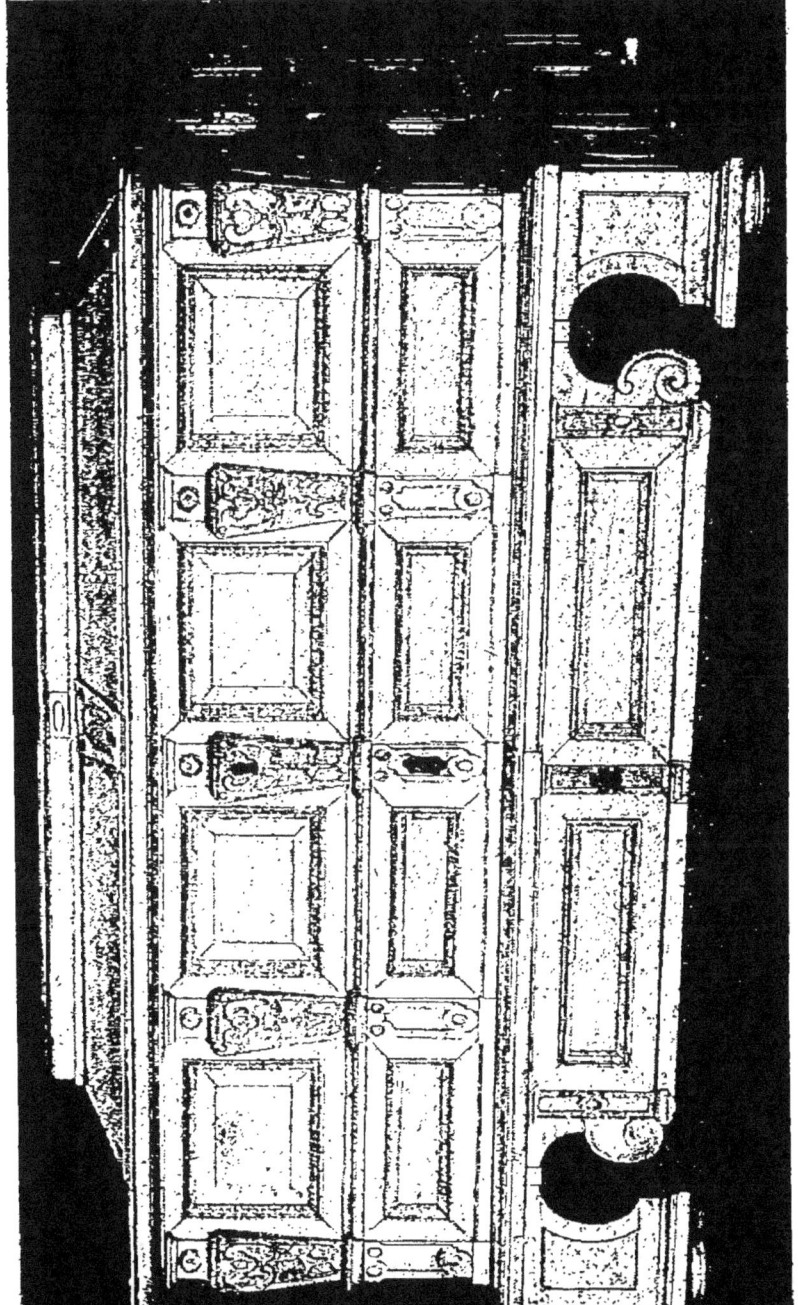

FIG. 134. — *Cassette en ivoire* (Palais de Fontainebleau).

à l'œuvre de son père. Il est vrai que cette exubérance et cette joie sont toute une originalité.

Le poète Malherbe, à la cour de Henri IV, la *ruelle* sous Louis XIII, avaient préparé l'épanouissement du beau langage dont le grand siècle devait s'enorgueillir et, pareillement, Rubens devait, avec Michel-Ange, guider le génie de Puget, comme Lemercier, après avoir achevé le Louvre pour Richelieu, succéda à François Mansard dans la direction des travaux du Val-de-Grâce, chef-d'œuvre que Mignard devait décorer d'une *gloire*.

Néanmoins, l'œuvre de Louis XIV est aussi extraordinaire que personnel. Ce siècle de vanité et de splendeur théâtrale donna à l'art et aux lettres un coup de fouet superbe. L'industrie nationale, si peu florissante auparavant, devint toute-puissante, et l'étranger, au lieu de nous fournir ses modèles, nous emprunta les nôtres. Bref, notre génie en imposera, à cette heure, au monde entier.

C'est Louis XIV qui créa l'Académie des inscriptions et médailles, les Académies des Sciences, de Musique, d'Architecture, etc.; c'est Louis XIV, enfin, qui, dans le principe de la puissance absolue, imposa l'art et la littérature classiques qui constituent encore le fond de notre enseignement.

Quant au style décoratif du grand Roi, il est dû en propre, au peintre Charles Le Brun, ordonnateur des travaux de la couronne, peintre en titre du Vice-Dieu.

Le XVIIe siècle, surtout à l'époque de Louis XIV,

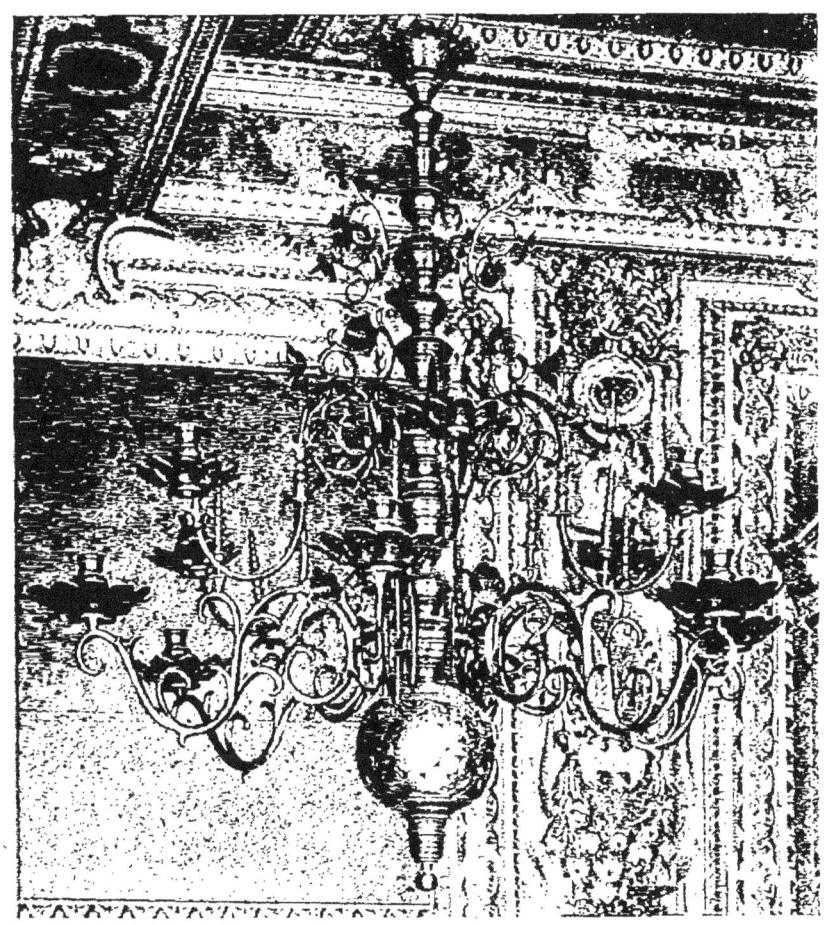

Fig. 135. — *Lustre en cuivre*, style hollandais
(Palais de Fontainebleau).

fut le règne de l'homme; le XVIIIe siècle sera celui de la
femme. Ces règnes opposés ont chacun une décoration et un mobilier différents, un style contraire en-
gendré par des mœurs autres. Le premier représente

la force, le second la grâce. La majesté du personnage au xviie siècle, sous le Roi-Soleil, se reflète dans
un décor pareillement majestueux. La volumineuse
perruque de Louis XIV, qui pare son chef grandiose,
trouve son analogie dans le vaste dôme qui couronne
les édifices, à cette époque. Théâtral, l'homme parade
dans le salon aux ors prodigués. Il s'asseoit dans un
siège monumental. Sa superbe reçoit des hommages.
Sa suffisance, en somme, met au second plan la
femme.

Notons, pour nous en tenir un instant au règne de
Louis XIV, que l'architecture du meuble, encore, a
trouvé son principe initial dans celle de Louis-XIII

Mais combien tous ces fauteuils, tables, cabinets,
armoires, etc., ont pris du corps, davantage de tour-
nure et d'éclat, de variété aussi ! Quelle richesse a
fait place à la sobriété ! Quelle profusion de détails
au lieu de la précédente mesure !

Et puis, le geste hier contraint, s'est élargi, donnant
au bras du fauteuil, à son siège, à son dossier, plus
de développement. Qu'est devenue encore l'unité
des tissus, si frappante auparavant ? Les grands ramages maintenant convertis en larges rinceaux aux
couleurs ardentes, vont chanter sur ces velours, sur
ces satins, sur ces soies. Les emblèmes de la force et
de la gloire, des cornes d'abondance, des armes, des
trophées toujours un peu lourds, cependant, varie-

ront originalement les ornements de la Renaissance, mêlés de goût flamand et italien, chers au Louis XIII. En un mot, sous Louis XIV, le décor ne sera plus prisonnier des entrelacs; les fruits et les fleurs en-

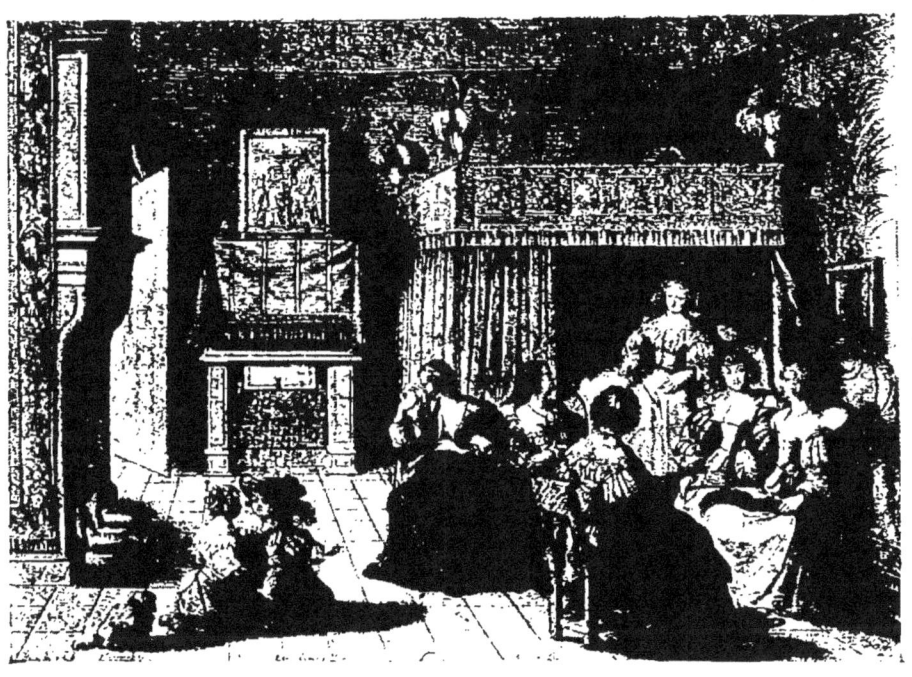

FIG. 136. — *Une « ruelle », sous Louis XIII*, gravure originale d'Abraham Bosse.

guirlandés prendront plus de liberté et de finesse, les guirlandes seront moins exclusives aussi, et l'esprit de la moulure architecturale enfin, sera classique; rais de cœur, oves, denticules, postes, etc. Sans compter que la panse des balustres et supports des meubles s'amincira.

Point de souplesse maintenant, la ligne demeure

encore rigide ; point encore de confort ni d'intimité,
l'homme n'a pensé qu'à lui, il est imposant comme
son décor. Grands appartements ; perspectives à perte
de vue ; escaliers aux degrés habilement ménagés,
de même que les terrasses, à un piédestal symbolique,
à un effet constant. Le siècle de Louis XIV est le
siècle de paraître et du joug auquel les arbres eux-
mêmes, impitoyablement taillés, sont assujettis.

Qu'est devenue la pénombre où l'on devinait, plus
qu'on ne les voyait, les tableaux du Poussin, de Ph.
de Champaigne, les tentures de cuir de Cordoue, les
verdures de Flandre ? A cette heure, tout brille, les
glaces reflètent à l'envi les tapisseries des Gobelins,
de Beauvais, et les immenses compositions de Le Brun.
Évanouies les influences étrangères ; l'art de la France
est prépondérant dans des mœurs plus étoffées, ragail-
lardies.

On pense à haute voix maintenant, l'éloquence
comme la littérature y gagnent ; de même, les arts
plastiques, encouragés, connaissent une latitude
d'expression hier inconnue.

Nous passerons, ensuite au xviiie siècle, au règne
des femmes. Autre changement motivé par l'intro-
duction de la grâce, de la galanterie et de l'élégance
dans une société plus raffinée, p'us attendrie.

Désastreux, a-t-on dit, pour la France, le règne de
Louis XV ne fut pas moins désastreux pour la royauté ;

et, de fait, au bout du régime des favorites qui diri-
gera les rois, en ce délicieux xviiie siècle, derrière la
figure timidement répressive de Louis XVI, on aperçoit la Révolution. Après l'ordre compressif de

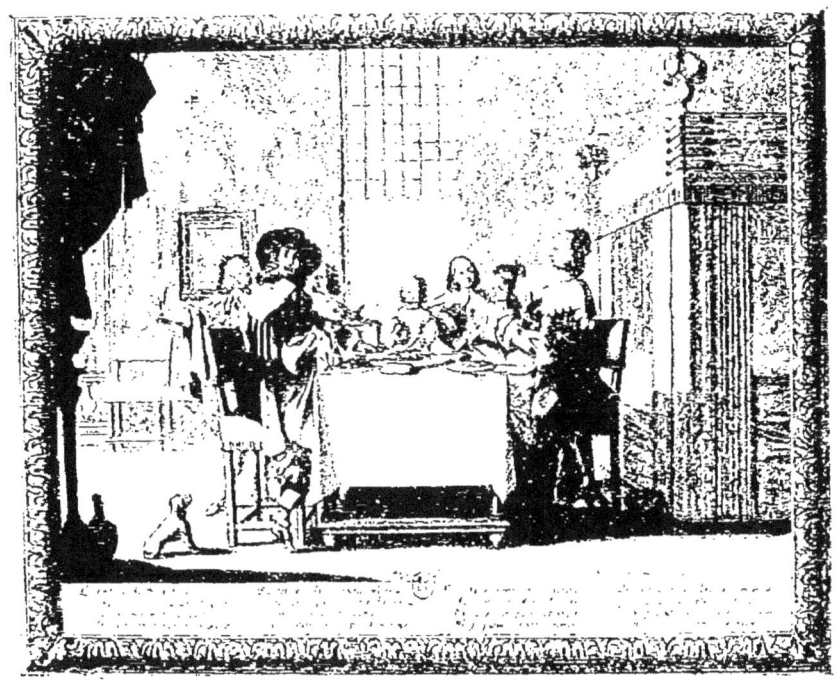

FIG. 137. — *Gravure originale d'Abraham Bosse.*

Louis XIV, succédant à la gravité soucieuse de
Louis XIII, vint la réaction de la Régence et de
Louis XV. A l'ordre et à la majesté se substituèrent,
dans la vie sociale comme dans l'architecture, le confort et le caprice. Évolution exquise d'ailleurs, au
point de vue de l'esthétique, qui seule nous concerne,
et, nous saluerons sans plus, l'avènement d'un style

13

essentiellement français par la grâce, la légèreté
et l'esprit.

Depuis la Renaissance, jamais on n'avait vu tant
de joliesse, et, l'aurore de la galanterie fut comme
une oasis charmante offerte à la tension fatigante, à
la longue, de l'attitude et des sentiments.

Dans ce relâchement, dans cet abandon, germèrent
l'aménité et le sourire auxquels la ligne répondit.

Avec une révérence, Cupidon décocha ses flèches aux
Amours héroïques martialement coiffés de casques.
Dans un nuage de poudre de riz, dans une symphonie
de roses tendres et de bleus, se fit la métamorphose.
Soudain, comme pour répondre à la manière d'alentour, les meubles fléchirent sur leurs pieds, ils se
contournèrent, tandis que se pâmaient de fraîcheur
leurs tissus, et tout, finalement, s'amenuisa. Évanouies
les pompeuses conversations, les cervelles aussi s'éva-
porèrent, et aujourd'hui on jacasse philosophie, entre
deux baisers. Après les fleurs vinrent, sur les tissus,
les fleurettes; les colonnes dégénérèrent en colonnettes, et l'on connut les voiles légers, les taffetas
clairs, les gaies cotonnades, en place des sombres
damas, velours et brocarts.

Tandis que la grâce s'amollit sur le coussin des
bergères, tandis qu'elle s'étire voluptueusement dans
la douceur des capitons, au mur, les cartouches et
les moulures chavirent leurs axes. S'inspirant de l'on-

dulation du corps dans la révérence, les angles s'arron-
dissent, et comme la parole se fait plus suave, l'harmonie des couleurs suit l'exemple. On donne alors au
boudoir sa signification intime et recueillie. C'est le
temple où Vénus se pare et où elle soupire dans une

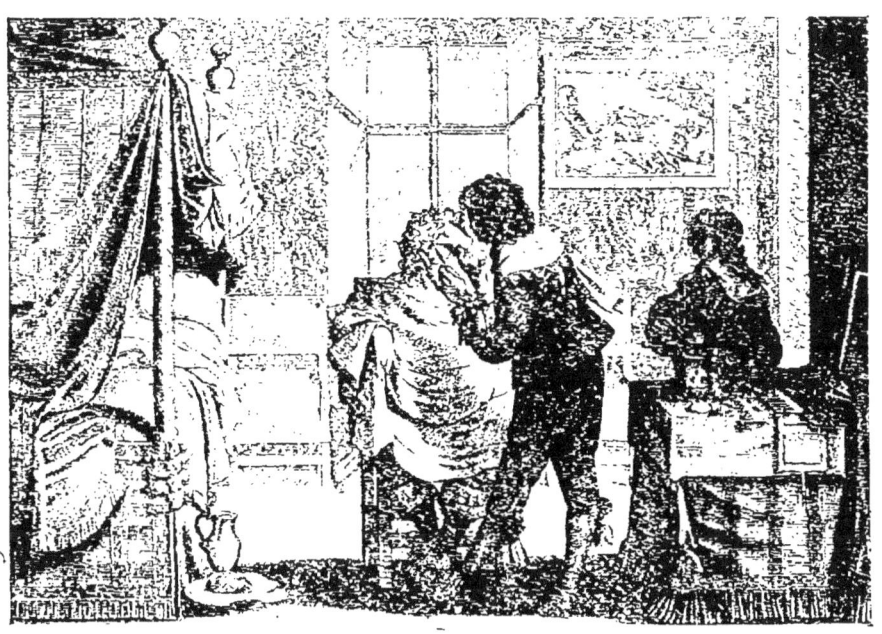

Fig. 138. — *Gravure originale d'Abraham Bosse.*

lumière tamisée, propice à l'accent de ses charmes.

Le boudoir et le bosquet que l'on voulait autrefois
ignorer, apparaissent comme indispensables dans le
décor enchanté où se meuvent ces personnages efféminés, au sein même des frivolités.

Qu'est devenu l'air compassé et solennel des personnages du XVIIe siècle? Jusqu'à la perruque qui s'est

rapetissée sur leurs têtes ! Il est vrai que, dans la coquetterie exacerbée du moment, la coiffure des
femmes, en revanche, sera pyramidale ; mais n'est-ce
point là l'effet logique du caprice effréné à la re-
cherche, toujours, de plus de beauté?

Ne sentez-vous pas poindre autour de ces êtres
précieux, de ces mâles défaillants, la délicatesse des
mignardises et autres « mignonnes » mesquineries?
Voyez-vous le cadre se resserrer autour des petits-
maîtres? L'intimité succède à l'apparat ; le grand
geste au menu ; la lèvre mesurée auparavant au
sourire, comme aux propos sévères, s'épanouit largement, tandis que l'éventail masque la rougeur savante d'un émoi. Dès lors, plus de grands appartements, les cloisons se resserrent ; les portes secrètes,
les escaliers dérobés, naissent. Et, comme l'oisiveté
voisine avec l'ennui, on s'ingénie à flatter les aises
dans la multiplication des bibelots, pour amuser les
doigts.

Aussi bien les petits meubles où l'on renferme des
babioles, vont croître en nombre ; leur légèreté sera
d'autant agréable aux empressements de la galanterie,
et tout cela sera joli, frais et pimpant.

Aux éclats de rire répondront les tintements joyeux
d'un lustre en cristal qui reflétera avec empresse-
ment, sur ses facettes irisées, des délices de tons,
des pâleurs de pâmoison, des roses, des gris, des bleus

à la couleur des sentiments de l'âme. C'est la fadeur
même, mais quelle fadeur! Et combien l'art est plus
original que sous le grand Roi! Le voici maintenant
affranchi, et Watteau sous la Régence, et Boucher sous

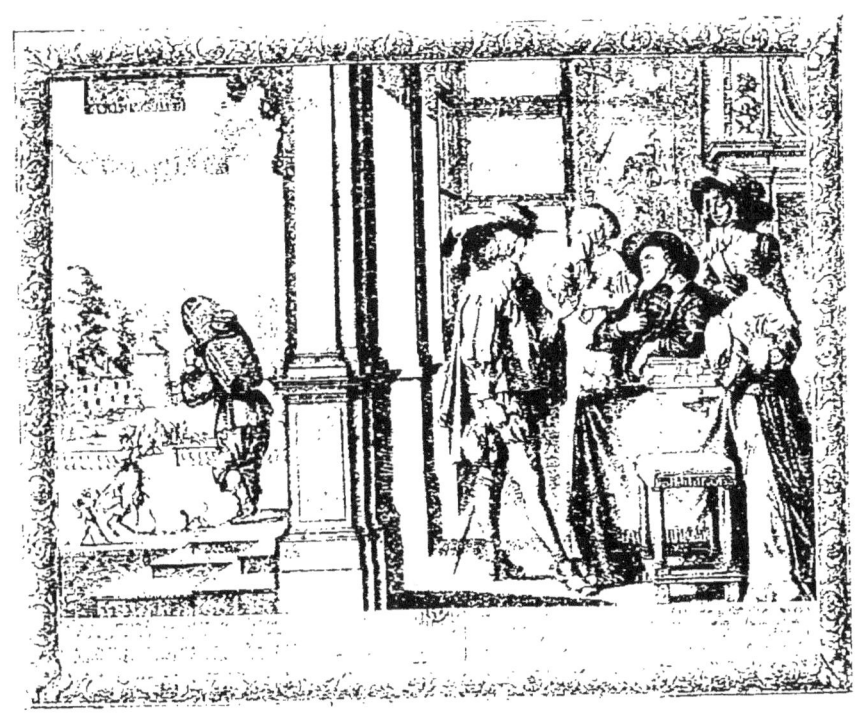

Fig. 139. — *Gravure originale d'Abraham Bosse.*

Louis XV, s'énonceront en dépit des Grecs et des
Romains, avec un génie essentiellement français.

Mais envisageons maintenant une classification
après le style Louis XIV, succédané du Louis XIII.

Le style de la Régence *rocaille* ou *rococo* exagéra
la formule qui prévalut plus classiquement sous
Louis XV. Il multiplia les courbes, les volutes et abusa

des détails, après une période où il n'était en somme que du Louis XIV fleuri, qu'un dérivatif du style du grand Roi, amendé et égayé.

Le style Louis XV, ensuite, profitera de l'expérience de la débauche décorative précédente. Tout son avantage résidera en l'ordre qu'il mit dans le désordre, surtout au moment où Mme de Pompadour ramènera vertueusement les écarts de la ligne à certaine simplicité antique.

C'est là l'époque, si l'on veut, du style Louis XV pur, moins encombré de rocaille, plus calme de mouvement, proche, enfin, du Louis XVI, qui, lui, invoquera franchement le retour à l'antique, sans rien abdiquer, néanmoins, de son originalité nationale. Après la tyrannie de Le Brun, la répression d'un Greuze, « s'avisant de donner des mœurs à la peinture »; à cette jolie peinture que Watteau et Boucher avaient introduite, — apparaît bien timide. L'auteur de la *Cruche cassée*, de la *Malédiction paternelle*, s'il mit en déroute les Amours « nourris de lait et de roses », les bergers enrubannés et leurs moutons frisés, n'apporte rien de grave, en vérité, dans ses scènes déclamatoires. Réservons donc à David la rude discipline qui débutera sous Louis XVI pour s'affirmer sous Napoléon Ier.

En attendant, constatons le triomphe de notre verve française que d'aucuns malencontreusement voudraient

rabaisser, sous prétexte qu'Edme Bouchardon, que Nicolas Coustou, parmi les sculpteurs, que Watteau, que Boucher et Fragonard, parmi les peintres de cette époque délicieuse, n'empruntaient plus à la solennité du classique. Les artistes doivent être l'expression de leur temps, et les méfaits de l'académisme d'ailleurs, nous vengent des pontifes et des catégories.

Nous en arrivons à Louis XVI. L'heure est grave. Une odeur de sang monte qui, néanmoins, ne troublera pas l'insouciance de ces jolies créatures anémiées, toutes de sensibilité, de cette sensibilité inaugurée par la littérature. Louis XVI costumé en meunier, Marie-Antoinette et les dames de la cour, vêtues en paysannes, célébreront les plaisirs champêtres, dans des jardins anglais, dans la chaumière de Trianon, à l'ombre de la guillotine.

Nous avons vu Greuze faire les gros yeux pour rire, et si Louis XV conservait encore, avec Gabriel, les principes d'une architecture grandiose, Louis XVI donnera à Marie-Antoinette, comme don de joyeux avènement, le Petit Trianon, une miniature de palais. C'est la fin des monuments pompeux et l'avènement de la nature en décor d'opéra-comique. Vertueusement, désespérément, l'esthétique se raccroche à l'austérité antique, mais plus spécialement en ce qui touche le meuble, car, à côté du restaurateur de la sculpture, Pajou, se dresse le Boucher de la sculpture, Clodion, continuateur victorieux de l'esprit maintenant condamné. Le peintre Louis David, certes, commence à brandir le sceptre du classicisme, à la manière impérieuse de Le Brun ; mais nous le voyons plutôt dominer, répétons-le, sous Napoléon Ier, dont la cour ressemble, sur certains points, à celle de Louis XIV.

Maintenant l'orage de la Révolution gronde; les meubles vont s'abîmer dans la tempête, les belles pierres s'écrouleront, et l'image du despotisme, au bout d'une pique, apparaîtra sanglante.

Les styles ont vécu, du moins il faut attendre que le torrent de la Révolution s'écoule, pour recueillir des débris, d'où, fortement amalgamé de gréco-romain, sortira le style Empire. L'aigle s'installe dans le nid des héros antiques, le trône de Napoléon Ier sera celui de César ; de même son lit improvisé, comme au soir d'une bataille, ressemblera à une tente que ses lieutenants Percier et Fontaine dessineront. Placez maintenant notre guerrier vêtu en romain au sommet de la colonne Vendôme, et vous aurez le symbole du dictateur et de son style spontané. Lorsque les arts sont à cours d'imagination ou de génie, ils vont, en Grèce ou à Rome, interroger les chefs-d'œuvre du passé.

Cependant, malgré que les artistes français, à travers leurs meilleures conceptions et à toutes époques, aient volontiers ramené leur génie au modèle antique, ils ne faillirent jamais à la personnalité ; — nos styles, si originaux, en sont témoin. Nous avons vu Louis XVI, en dernier lieu, faire un ultime appel au classique, et cependant son style est purement national; mais, au temps du « petit Caporal », on n'eut guère le loisir de se ressaisir. Voici pourquoi les temples, les odéons et autres arcs-de-triomphe grecs, vinrent détonner sous nos cieux. C'était, hélas! le signal de la débandade, à travers laquelle les régimes qui suivirent ne devaient point s'y retrouver. Si nous reconnaissons, en effet, à l'art du mobilier sous le premier Empire, les caractères d'un style, rien, par la suite, ne nous donnera cette sensation. C'est le triomphe de l'indigence imaginative dans le goût désespérément bourgeois. On ne vit que d'emprunts et de redites. On compile et l'on travestit les beaux modèles d'autrefois. Au surplus, le faux luxe, la pacotille, se substituent à la riche matière.

Bref, les deux Restaurations, le règne de Napoléon III, échouent piteusement dans des œuvres seulement honnêtes, et la somptueuse chaîne des styles est brisée. Fort heureusement, des audaces méritoires et nécessaires autant que logiques, ont marqué avec succès, dans l'architecture et le meuble ainsi que dans tout l'art décoratif, la base d'une expression caractéristique de nos jours. Saluons donc l'avènement d'une beauté typique qui pourra devenir notre style. La nature, plus encore que la tradition obsédante, à la longue, et d'idéal usé, semble guider nos aspirations

modernes vers des sources nouvelles. Il faut applaudir
à ces recherches intimes, dépouillées de l'habitude,
mortelle comme l'exemple qui n'est, souvent, que la
morale de la routine. Mieux vaut aller à l'originalité, à travers l'erreur, que de piétiner dans les
scientifiques répétitions, adaptations et restaurations
rétrogrades, parce que le génie est un monstre d'in-
discipline.

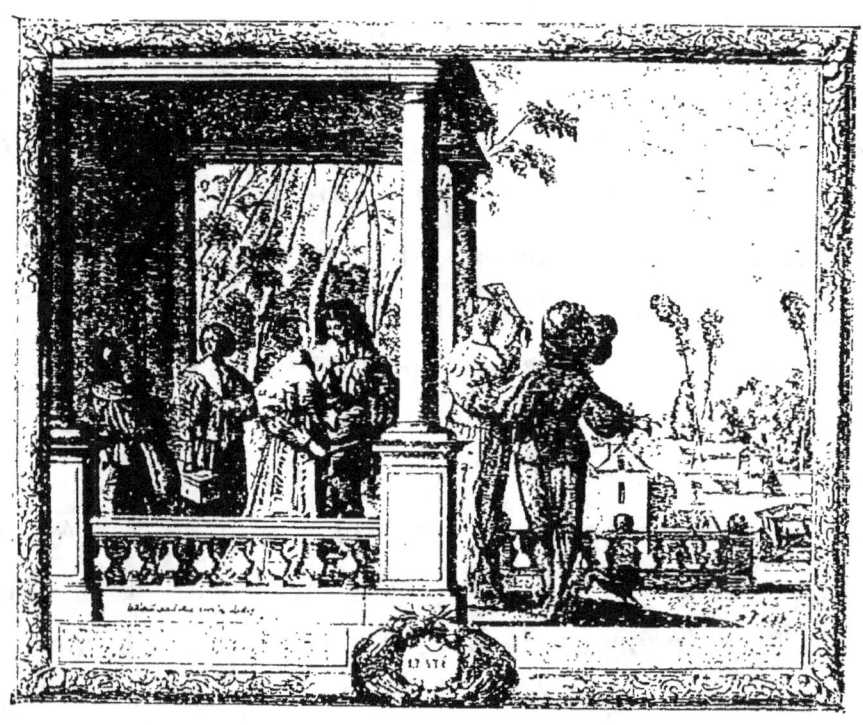

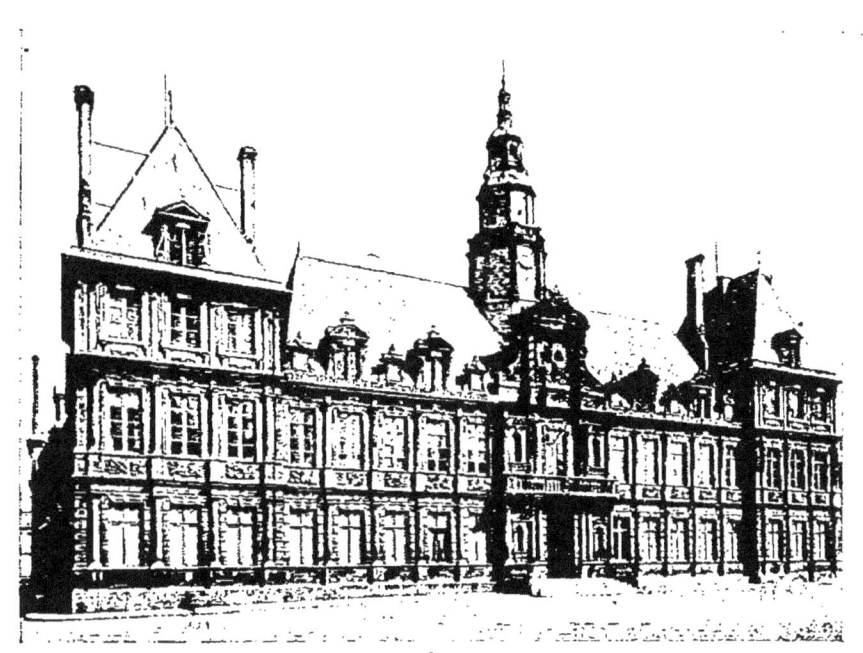

Fig. 141. — *Hôtel de Ville de Reims.*

CHAPITRE X

Causerie sur nos gravures.

Les compositions décoratives qui débutent, ne nous inspirent aucune observation en dehors de celles que nous notâmes dans notre texte. En vérité, elles se situent entre la Renaissance par la fantaisie, et le style Louis XIV par la lourdeur. D'ailleurs, en ce qui concerne les vases, panneaux et encadrements que nous donnons, bien qu'ils soient rigoureusement empruntés à des recueils du temps de Louis XIII, nous n'hésitâmes pas à les confondre intégralement

dans le xviiᵉ siècle, puisqu'ils sont signés de Jean Le-
pautre (1618-1682), artiste chevauchant sur les deux
époques Louis XIII et Louis XIV. Cependant, il faut
retenir certains détails d'ornementation Louis XIII
caractéristiques (têtes de chérubins ailés, *fig.* 5),
bossages, cartouches à bords retournés (*fig.* 8),
godrons, guirlandes de fruits (*fig.* 9), draperies et
autres ordonnances de composition à compartiments
géométriques qui communient dans cet aspect de
sobriété, de riche pesanteur et de gravité que nous
avons décrit.

Fig. 38. — *Porte et fronton* (château de Selles-sur-
Cher). Le fronton se ressent de l'esprit de la Renaissance mais il est plus lourd, ses sculptures ont
aussi plus de relief. A noter les palmettes écheve-
lées du bandeau ; le cartouche à enroulements du
fronton ; l'ordre symétrique et géométrique des moulures de la porte. Voir sur l'autre fronton (*fig.* 15),
de la même provenance, le développement du cartouche similaire au précédent, ses enroulements
inspirés de ceux du cuir. La sobriété et l'épaisseur
des ornements et des moulures, l'aspect robuste général, sont assez éloignés de la Renaissance malgré
qu'ils en gardent la forme constructive.

Fig. 39. — *Château de Louis XIII à Versailles.*

L'ancien pavillon de chasse de Louis XIII situé dans la cour de marbre du palais, fut agrandi par les soins de Le Vau et reçut son entier développement, à la mort de cet architecte, avec Jules Hardouin-Mansard, son successeur dans les travaux royaux. Le Vau prolongea le petit château en pierres et briques auquel, suivant l'ordre de Louis XIV, il ne devait pas toucher, par deux ailes, à l'est. J. Hardouin-Mansard construisit, à son tour, les ailes du nord et du sud, fit surélever d'un étage les bâtiments dus à son prédécesseur, et il établit la « galerie des glaces », sur une terrasse située à la partie centrale. Après le grand Roi, Louis XV demanda à Gabriel, son architecte, d'ajouter des pavillons ainsi que l'Opéra et, plus tard, les souverains qui se succédèrent à Versailles, plièrent à leur agrément et restaurèrent le somptueux château que Le Nôtre avait situé dans un décor de jardins d'une architecture harmonieuse.

Fig. 40. — *La Place des Vosges* (Paris). Autrefois place Royale, cette place entourée de bâtiments du temps de Henri IV et de Louis XIII, fut construite en briques et pierre sur l'emplacement du palais des Tournelles, palais démoli en 1565 par Catherine de Médicis, après la mort de Henri II. Les trente-sept pavillons symétriques qui composent cette place, aux harmonieuses galeries couvertes, sont l'œuvre de

Claude de Châtillon. Au milieu de jardins charmants,
récemment reconstitués dans le goût de l'époque, se
dresse la statue équestre de Louis XIII par Cortot et
dont le cheval est dû à Dupaty. Cette statue érigée
en 1829, remplace une autre du même roi commandée
par Richelieu et renversée en 1792. La superficie de
la place est de 19.000 mètres carrés.

FIG. 43. — *Mascarons du Pont-Neuf*. On remarquera
que les mascarons mis ici en évidence, tous différents,
sont maintenant débarrassés de l'esprit antique. Ils
ne représentent plus des satyres et des faunes; leur
figure grimaçante, d'expression tour à tour humaine
ou diabolique, est d'aspect nouveau.

FIG. 52. — *Palais du Luxembourg* (façade sur le jardin), par Salomon Debrosse. Pour avoir une idée de
l'architecture conçue primitivement par Debrosse, il
faut supprimer par la pensée, l'avant-corps de logis,
qui date de Louis-Philippe et les deux pavillons qui
le flanquent. La façade sur la rue de Tournon (*fig*. 53),
elle, bien que restaurée également, a été respectée
dans sa conception initiale. Le Sénat occupe ce palais
depuis l'année 1879. Palais du Sénat sous l'Empire,
palais de la Pairie sous la Restauration et sous
Louis-Philippe, il fut rendu au Sénat sous le second
Empire. De 1871 à 1879, la préfecture de la Seine y

siégea, avant le retour enfin, de ce bâtiment, à la destination que nous lui voyons depuis cette dernière date.
Le Petit Luxembourg, palais contigu au palais du
Luxembourg, fut construit par ordre de Richelieu
qui l'habita avant d'occuper le Palais-Royal. Sous la
première République, le Petit Luxembourg abrita le
gouvernement directorial ; il sert aujourd'hui d'habi-
tation au président du Sénat.

FIG. 54. — *Fontaine de Médicis*, par Salomon Debrosse. Cette fontaine rustique, érigée en 1620 et pour
laquelle Marie de Médicis avait fait construire à Arcueil un aqueduc destiné à amener au Luxembourg
les eaux de la fontaine de Rungis, dut être déplacée
lors des nombreux remaniements effectués vers la fin
du second Empire. Ornée de sculptures dues à Ottin
(le groupe principal représente *Polyphème surpre-
nant Acis et Galatée*, il date de 1852 et se substitua,
dans la niche centrale, à la nymphe qui s'y voyait
autrefois), cette fontaine, pour ainsi dire dénaturée
par de nombreuses restaurations, se trouve maintenant dans le jardin du Luxembourg.

FIG. 55. — *Portail de l'église Saint-Gervais*, par
Salomon Debrosse. Le portail de cette église pari-
sienne, seul, est de Salomon Debrosse. Il date de
1616, alors que l'église qui présente un mélange des

styles gothique flamboyant et de la Renaissance, re-
monte à 1420. Ce portail offre l'aspect original des
trois ordres, dorique, ionique et corinthien super-
posés. Il demeurera le type du portail d'église adopté
par la suite, pendant près de deux siècles. A remarquer sur les portes, les ornements géométriques de
pur Louis XIII, la torsion contrariée des palmes, tout
un ensemble de décor à cloisons rigides. Salomon
Debrosse à qui plusieurs auteurs donnent inexac-
tement le nom de Jacques au lieu de Salomon, était le
neveu de Jacques Androuet Ducerceau.

Fig. 57. — *Porte Dauphine* ou *Baptistère de
Louis XIII* (palais de Fontainebleau). Ce monument
singulier avec son dôme élégant qui couronne un premier ordre sans aménité, date de Henri IV, il a été
restauré en 1862. Il est situé dans la cour Ovale.
D'après la légende, le baptême de Louis XIII aurait
été célébré sous ce dôme. On remarquera que les
dômes, sous Louis XIII (voir aussi ceux des figures 31
et 47), sont aplatis et carrés. La couverture en ardoises
disposées en écailles de poisson, n'est pas moins
caractéristique.

Fig. 58. — *Ancien palais abbatial de Saint-Germain-
des-Prés* (rue de l'Abbaye, à Paris). Construit en
1586 par le cardinal Charles de Bourbon, proclamé

par Mayenne, roi de France, en compétition avec
Henri IV, ce bâtiment en briques et pierre fut restauré en 1699 et vendu comme bien national. Le sculpteur Pradier eut là son atelier, de 1823 à 1833, et des
œuvres religieuses et philanthropiques y siègent
maintenant. C'est dans ce palais habité par les
religieux desservant l'église abbatiale de Saint-Germain-des-Prés et où mourut son fondateur (1594),
qu'eurent lieu les massacres de septembre 1793. L'ancien hôtel Tubeuf devenu l'hôtel de Mazarin et ac-
tuellement dépendant de la Bibliothèque nationale
(sur les rues des Petits-Champs et Vivienne) est également en pierre et briques (*fig.* 56).

Fig. 59. — *Naissance de Louis XIII*, par Pierre-
Paul Rubens (musée du Louvre). Ce beau tableau appartient à la série des vingt et une compositions re-
traçant la vie de la reine Marie de Médicis. Le Louvre
n'en conserve que dix-huit. Ces vastes peintures dont
le célèbre peintre flamand fit les esquisses à Paris en
1622, se trouvaient autrefois au palais du Luxembourg,
dans l'aile droite maintenant occupée par l'escalier du
Sénat. On remarquera la richesse de la composition,
l'ampleur du dessin, la lourdeur généreuse des formes
et du modelé du tableau ici représenté, en restituant
au surplus, par la pensée, à l'épreuve en noir, l'éclat
et la virulence de son coloris. Un soupçon de vulga-

rité effleure l'ensemble des chefs-d'œuvre dus à l'exubérance et à la santé de ce pinceau.

FIG. 80. — *Sainte Marie-Madeleine*, par Jacques Sarrazin. Cette statuette en marbre, au musée du Louvre, provient de la chapelle de l'hôtel du chancelier Séguier.

FIG. 92. — *Chapelle de la Sainte-Trinité* (palais de Fontainebleau). Bâtie en 1529 par François Ier sur l'oratoire de saint Louis, cette chapelle fut décorée par Henri IV et le peintre Fréminet en peignit la voûte. Il se mit à l'œuvre deux ans avant la mort de Henri IV et continua l'exécution de ses 37 caissons, sous Louis XIII. Les peintures de Fréminet ont été restaurées vers le milieu du xixe siècle, elles représentent la *Chute des anges ; Noé faisant entrer sa famille dans l'arche ;* l'*Ange Gabriel recevant de Dieu l'ordre d'annoncer le Messie à la Vierge*, etc. L'autel de la chapelle fut richement décoré par l'Italien Bordogni, sous Louis XIII. Les statues en marbre de Charlemagne et de saint Louis figurent à droite et à gauche dans des niches encadrées de colonnes de brèche violette, et les quatre anges en bronze qui surplombent les colonnes, sont attribués à Germain Pilon. Au milieu, sur l'autel, on voit un tableau d'Ambroise Dubois : la *Descente de croix*. On aperçoit en haut de la gravure, au-dessus de l'autel, les pieds de deux anges de grande dimension qui supportent des écussons aux armes de France et de Navarre. Voir figures 95 et 96 le détail du décor et des portes latérales de cette chapelle.

FIG. 93. — *Plafond à caissons* de la précédente chapelle, œuvre de Fréminet et *tribune royale*. On lit sur les encadrements en stuc, couverts d'ornements dorés qui entourent ces peintures, les chiffres d'Henri IV, de Marie de Médicis, de Louis XIII et d'Anne d'Autriche. Au-dessus de la tribune royale figurent les armes des Médicis.

FIG. 94. — *Porte de la tribune royale* (chapelle de la Sainte-Trinité, palais de Fontainebleau). Ornements et filets se détachant en sombre (autrefois ils étaient dorés) sur des boiseries claires qui, elles-mêmes, ressortent sur un marbre vert foncé. Les panneaux de la porte sont marqués au chiffre de Louis XIII : deux L adossés que des palmes accompagnent, noués de lourds rubans et accompagnés des têtes d'Amours typiques. Au-dessus de la porte, des chérubins encore, mais d'une vérité saisissante à côté par exemple, de ceux de François Boucher, sous Louis XV. Dominant ces chérubins qui s'envolent, de chaque côté de la porte, on lit les armes des Médicis soutenues par des figures ailées. Pour juger de l'effet de la partie supérieure de cette porte, voir la figure 93. Le fronton en est lourd ainsi que sa sculpture, avec ses draperies, ses écussons, ses volutes sans grâce et ses quatre enfants — plutôt des nouveau-nés, répétons-le, que des Amours.

Fig. 97. — *Plafond Louis XIII à caissons* (palais de Fontainebleau). Ce plafond se trouve dans la salle du Trône. Seul il est de l'époque Louis XIII. Les boiseries datent du grand Roi. A gauche on aperçoit le trône de Napoléon Ier dessiné par Percier; les torchères, les tentures semées d'abeilles qui tombent du dais, sont du style du premier Empire. Dans un cadre au-dessus de la cheminée, on voit le portrait de Louis XIII d'après une peinture de Philippe de Champaigne brûlée en 1793. Cette grande salle qui servait jadis aux réceptions d'ambassadeurs fut ornée par Louis XIII en 1642, puis agrandie par Louis XIV.

Fig. 98. — *Cabinet en ébène* (palais de Fontainebleau). Ce meuble d'une somptueuse tristesse, est supporté par des colonnes cannelées et annelées comme celles dont Philibert Delorme donna le premier le dessin pour la construction du palais des Tuileries. Ces colonnes, dont d'espèces de colliers et de tambours masquent ingénieusement les joints des pierres, constituaient les colonnes dites françaises, caractéristiques dans notre architecture jusqu'au règne qui nous occupe. On remarquera la finesse et le fouillis délicat des sculptures très plates de ce cabinet concurremment avec des moulures à fort relief, le motif ondulé qui borde les compositions et sert aussi de filet. Les têtes d'Amours ailés placées entre les colonnettes, à l'extrémité supérieure du meuble, ne sont pas moins caractéristiques. Nous verrons à la figure 99 un autre aspect du même cabinet. Il est ouvert cette fois, afin de montrer le luxe de sa décoration intérieure ainsi que son aménagement aux subtiles complications.

Fig. 100. — *Armoire à deux corps*. Ce meuble montre bien les altérations de la précédente Renaissance : encombrement de moulures à gros reliefs (les panneaux demeurant plats, néanmoins), empâtement de la forme générale, goût moins fin aussi, de la forme, malgré que les sculptures ne cessent d'être admirables de fini et de richesse. Ce meuble est en bois de chêne. Cependant, dans l'armoire à deux corps (*fig.* 101), on saisit plus exactement l'originalité du style Louis XIII, son affranchissement de la Renaissance, sans pour cela démériter. L'énergie de ce meuble trapu aux moulures nerveuses, comme ininterrompues, la singularité de ses colonnes, l'esprit propre de son décor, dégagent une beauté d'essence particulière. L'ornement qui occupe le panneau latéral de ce dernier meuble (*fig.* 102) est purement Louis XIII, il équivaut à une signature.

FIG. 103. — *Bureau du maréchal de Créqui* (musée de Cluny). Ce bureau décoré de marqueterie de cuivre et d'étain sur fond d'écaille est l'une des anciennes œuvres de ce genre que l'on puisse citer. On ne sait s'il date des prédécesseurs de A.-C. Boulle ou bien s'il est sorti de ses mains. De ce doute il résulte que Boulle ne fut peut-être pas le créateur de la manière qu'il a illustrée, si toutefois c'est au célèbre ébéniste que l'on doit les meubles plus parfaits dans le genre qui porte son nom. L'Italie et la Flandre, d'ailleurs, ont produit à l'époque qui nous occupe, des meubles et principalement des tables incrustées d'ornements d'étain. On remarquera au sommet du bureau du maréchal de Créqui, une pendule Louis XIII, bien carrée suivant l'esprit du style. Sous Louis XIV, les pendules deviendront monumentales. L'horloge dite religieuse, de la figure 126, avec ses incrustations d'écaille et de métal, est parente du bureau précédent; elle date évidemment de la même période. Boulle n'a point encore réalisé son type d'horloge, si toutefois cette pièce peut être attribuée à ses débuts ou à ses prédécesseurs.

FIG. 106. — *Bas d'armoire en ébène* (musée de Cluny). On remarquera le peu d'épaisseur des sculptures par rapport à la saillie de leur cadre ; le motif ondulé qui court tout autour des motifs. Ce motif ondulé que l'on verra souvent dans les meubles en ébène, est d'origine flamande. La richesse triste de ce meuble est remarquable et, de même, les somptueux cabinets, que nous donnons, portent cette gravité et cette mesure à laquelle le style Louis XIII doit sa beauté essentielle. Voir figure 127 les motifs ondulés sur le cadre représenté, et aussi sur la cassette en ivoire (*fig.* 134) ainsi que sur la commode (*fig.* 107), dont on notera d'autre part, la construction singulière, la parure d'ébène que des incrustations d'ivoire égaient à peine, et les grosses boules servant de pieds.

FIG. 108 et 109. — *Tables*. La première, à neuf pieds, respire encore l'esprit de la Renaissance. Sa décoration toutefois, plus sobre, moins riante, est bien dans le goût du début du XVIIe siècle. Cependant, la seconde, avec ses godrons et ses colonnes torses, d'une lourdeur aussi plus caractéristique, marque plus essentiellement son époque. L'une est en noyer, l'autre en chêne.

FIG. 111. — *Table* (palais de Fontainebleau). Elle est, de même que celle de la figure 110, en ébène incrustée d'ivoire et témoigne du travail italien, à l'époque. On remarquera la lourdeur de ses balustres carrés, entre godrons ; ainsi que son entre-jambe singulièrement dentelé. On ne voit pas, sur notre gravure, l'incrustation particulièrement précieuse du plateau, incrustation d'ailleurs, d'un goût plutôt douteux, en son exagération.

FIG. 112. — *Fauteuil en cuir de Cordoue* (musée de Cluny). Ensemble carré. Dossier bas et rectangulaire comme le siège. Bâti de colonnettes torses, bases carrées. Les extrémités des bras portent des sculptures (bustes de femmes de l'époque). Cuir colorié et doré, fortement gaufré. Cornes d'abondance formant le départ d'une composition touffue. Des gros clous de cuivre bordent le cuir au capiton mesuré.

FIG. 113. — *Fauteuil canné* (palais de Fontainebleau). On remarquera la complication de ses sculptures, le manque d'harmonie de ses volumes entre eux mais aussi la richesse de l'ensemble, d'un goût plus flamand que français, néanmoins. Même observation pour les deux chaises (*fig.* 119 et 123). Celle de la figure 119 avec l'exubérance de sa base, affirmant une origine particulièrement flamande. Les fauteuils en cuir des figures 121 et 124 ne sont pas moins lourds avec le fronton qui marque leur base. A noter la bordure de gros clous et les deux motifs élancés également en cuivre, qui accompagnent le dossier, à son extrémité. Nous retrouverons l'esprit de ces motifs dans les petits ornements signalés aux lustres (*fig.* 128 et 135) et dans les chenets.

Fig. 114. — *Fauteuil* (musée de Cluny). Il appartient à la catégorie de ceux qui domineront, par leur dimension et leur carrure, sous Louis XIV. Cependant, le bâti godronné, sans autre ornement, ainsi que la tapisserie où le velours et la soie alternent dans un dessin qui rappelle les compartiments ménagés dans les boiseries du temps, désignent nettement un fauteuil Louis XIII.

Fig. 120 et 122. — *Chaise, canapé* (palais de Fontainebleau). Ces meubles sont recouverts d'une soie bleue de style Louis-Philippe. Ils sont dorés et nous les soupçonnons fort de n'être que des copies, d'ailleurs excellentes. On remarquera leur carrure et la longueur de leurs franges. L'épaisseur du siège de la chaise, accentuée par les franges, rappelle certains sièges du même style, descendant aussi bas, mais tout en cuir bordé de gros clous. Ces derniers sièges seraient plutôt d'origine espagnole. Comparer le fauteuil de la figure 118 à celui dont nous parlons ici (*fig.* 120) ; combien celui-ci est plus Louis XIV que l'autre, avec son

haut dossier ! Toutefois, nous avons dit que le Louis XIII
précéda aussi le Louis XIV dans certaine ampleur,
malgré que le style du roi Soleil ait encore accusé
cette ampleur. Le fauteuil de la figure 118 est en bois
naturel, ses sculptures abondantes et la physionomie
générale du meuble sont particulièrement typiques de
l'époque qui nous occupe, si l'on fait abstraction, cependant, de la garniture en soie cerise à ramages
jaune clair marquée du temps de Louis-Philippe.

Fig. 125. — *Grande armoire à deux corps* (collection
Gabriel Frémont). On remarquera la sobriété de son
décor à compartiments moulurés. Son couronnement
commence à s'arrondir et sa base prend du ventre ;
cette base sur laquelle on remarque un motif médian
à facettes ou à biseaux caractéristique, et des panneaux (à droite et à gauche) aux rectangles d'une
harmonieuse asymétrie. Les ornements en étoiles (ou
à « pointes de gâteau »), ainsi que les ornements en
pointes de diamant, appartiennent à la famille de ces
motifs à facettes ou à biseaux, ils se réclament nettement du xviie siècle et plus judicieusement du milieu
du xviie siècle, à cause de leur sécheresse, de leur sobriété, de leur tristesse ornementale. Il est vrai que,
à toutes époques, il y eut, par mesure d'économie, des
meubles plus ou moins ornementés.

FIG. 128 et 135. — *Lustres*. Les chenets de cette
époque sont également en cuivre et surmontés de
grosses boules comme celle qui ponctue ces lustres,
à leur base. Sur ces grosses boules s'étagent souvent
d'autres boules, allant en diminuant de volume jusqu'au sommet. Les grosses boules sont percées de
grands anneaux et portent sur des extrémités animales.
En Hollande surtout, et en Espagne, ces lustres et
chenets, plutôt trapus, étaient très répandus. Les bras
ou candélabres (*fig.* 129), ainsi que les chandeliers
(*fig.* 130) étaient en bois ou en métal, d'une pesanteur
caractéristique. L'ornement de petites boules en pyra-
mide, visible sur les branches du lustre de la figure 135
est typique et la tige elle-même de ce lustre, avec sa
succession de motifs renflés, ne l'est pas moins. On
retrouve dans les bâtis en bois des sièges, ces motifs
renflés (godronnés) lorsque les bâtis ne sont pas simplement carrés ou bien à colonnes torses.

FIG. 131. — *Cabinet*. Il est en ébène. Des cariatides
gainées soutiennent le corps principal. Sculptures
plates à profusion, encadrées dans des compartiments
géométriques bordés du motif ondulé que nous savons. Les cariatides à gaines aboutissent à des pieds
en boules. Toujours le même aspect riche et grave,
la pareille carrure.

F<small>IG</small>. 134. — *Cassette en ivoire* (palais de Fontainebleau). La disposition décorative en compartiments,
bordés de motifs ondulés, les ornements plats en balustres, l'aspect rigide de toute cette cassette, riche
mais sobre, est typique.

Pour faire apprécier d'une manière saisissante le
costume et l'intérieur de la maison sous Louis XIII,
dans le mouvement de la vie, nous n'avons pas cru
devoir mieux choisir nos gravures que dans l'œuvre
d'Abraham Bosse, spirituel et sincère évocateur de
son époque.

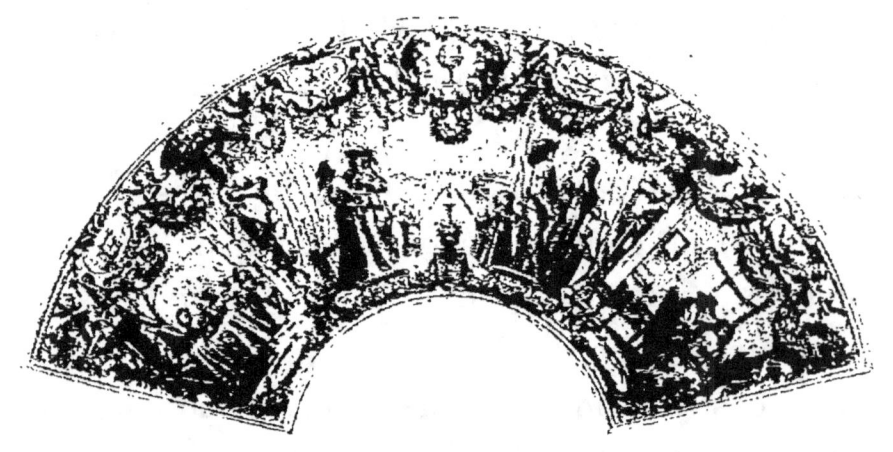

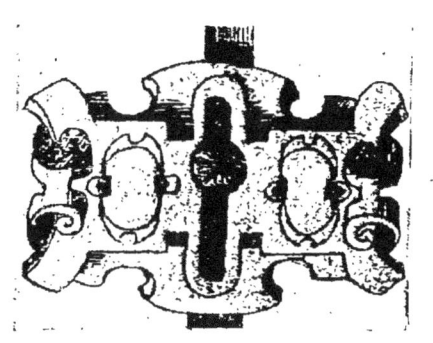

TABLE DES MATIÈRES

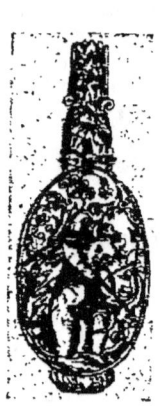

TOURS

IMPRIMERIE DESLIS FRÈRES ET Cie

6, RUE GAMBETTA, 6

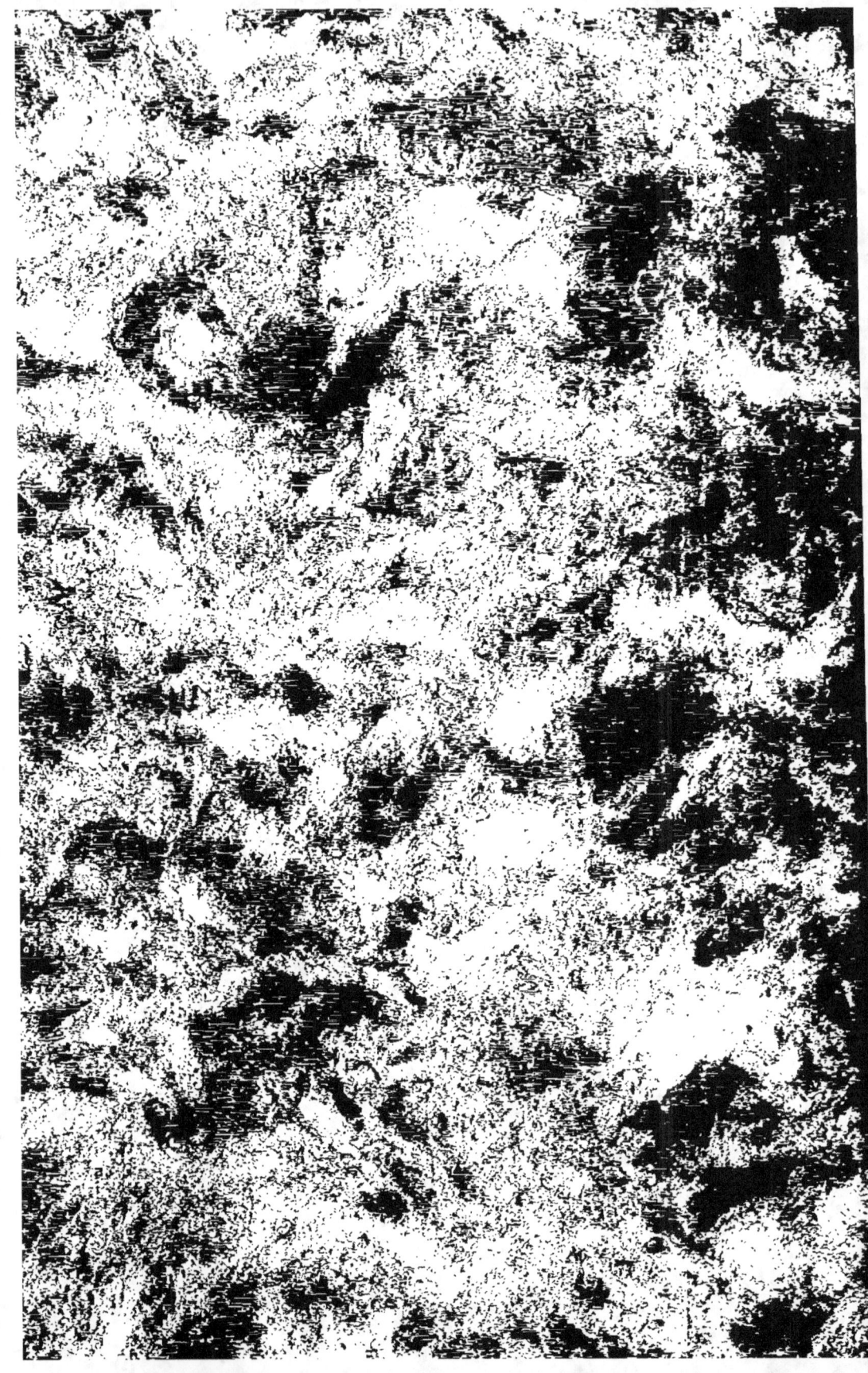